애착 효과

애착 효과

관계의 비밀을 여는 마음의 열쇠

피터 로번하임 | **노지양** 옮김

THE ATTACHMENT EFFECT

교양인
GYOYANGIN

차례

추천사 • 9
머리말 • 13

1장 | 애착, 생존을 위한 진화의 전략 • 23
   - 최초의 관계는 어떻게 일생을 좌우하는가

   존 볼비와 애착의 발견 | 철사 엄마와 헝겊 엄마 실험 |
   유전자에 새겨진 애착 욕구 | 세 가지 애착 유형 –
   안정형, 회피형, 불안형 | 애착 유형은 타고나는가? |
   위협에 민감한 불안형, 자립에 강한 회피형 |
   이미 형성된 애착 유형을 바꿀 수 있을까?

2장 | 나의 애착 유형 확인하기 • 53
   - 관계를 설명하는 다섯 형용사

   애착 유형, 성격과 행동을 이해하는 열쇠 | 나의 주 양육자는 누구였나 |
   분리와 거부의 기억 | 유년기 관계가 남긴 것 |
   아이를 기르며 부모도 성장한다

3장 | 안정된 아이, 불안한 아이 • 85
    - 아이의 애착 유형과 '낯선 상황' 실험

    안정형 – 긍정적 감정을 나누는 아이 |
    불안형 – 감정을 조절하지 못하는 아이 |
    회피형 – 거부당할까 봐 거부하는 아이 |
    혼란형 – "가까워지고 싶고 달아나고 싶어"

4장 | 뇌에 새겨진 관계 패턴 • 111
    - 신경과학으로 확인하는 애착 이론

    두뇌 반응으로 알아보는 애착 유형 |
    통증을 줄여주는 애착의 힘

5장 | 왜 나는 항상 비슷한 사람에게 끌릴까 • 133
    - 애착과 낭만적 사랑

    불안형과 회피형이 서로 끌리는 이유 | 애착과 섹슈얼리티 |
    이별과 상실이 유난히 힘든 사람들 | 첫 데이트

6장 | 엄마와 아기 사이 • 165
    - 안정적인 아이로 키우는 애착 육아

    엄마와 아기가 하나 될 때 | 아이의 신호 알아차리기 |
    애착 육아에 대한 몇 가지 오해

7장 | 매달리는 여자, 달아나는 남자 · *191*
　　- 결혼 생활과 애착 유형

　　애착 욕구가 충족되지 못할 때 | 관계 치료 1기 – 부정적 상호 작용
　　덜어내기 | 관계 치료 2기 – 애착의 상처 치유하기 |
　　관계 치료 3기 – 굳히기와 통합하기

8장 | 나의 친구, 나의 안전 기지 · *209*
　　- 애착과 친구 관계

　　청소년기의 애착 대상 변화 | 진정한 애착 관계가 된 친구들 |
　　친구가 불안정 애착 유형이라면

9장 | 노화와 죽음 앞에서 · *227*
　　- 삶의 마지막을 어떻게 맞을 것인가

　　인생 전환기를 대하는 태도 | 건강한 노년의 비밀 |
　　질병을 대하는 유형별 태도 | 뒤바뀌는 부모 자식 관계 |
　　마지막 말, "나는 평화롭구나."

10장 | 역동적이고 만족스러운 일터의 비밀 · *245*
　　- 애착 유형이 직장에서 작용하는 방식

　　직업 선택과 애착 유형 | '용기와 헌신'을 끌어내는 안정형 관리자 |
　　불안정 애착 유형이 겪는 어려움 | 보초병과 신속 대응자 |
　　다양한 애착 유형이 모였을 때

11장 | 최고의 경기를 위해 · 261
- 애착 이론과 스포츠

팀워크를 구성하는 요소 | '승리를 부르는 코치'의 비밀 |
홈 경기장의 이점

12장 | 애착과 정치 리더 · 283
- 우리는 안정형 지도자가 필요하다

리더십 유형을 결정하는 애착 | 극좌파, 극우파의 애착 유형 |
어떤 정치 지도자의 '성인 애착 면접' |
왜 대다수 정치인들은 회피형일까?

13장 | 세상에서 가장 안전한 피난처 · 309
- 죽음을 초월한 애착 관계

신은 애착 인물이 될 수 있을까? | 나를 위로하는 슬픔의 성모 |
안정 애착형 믿음, 불안정 애착형 믿음 |
참호에는 무신론자가 없다

에필로그 · 325
주요 용어 · 337
부록 – 친밀 관계 경험 검사 · 341
주석 · 345

처음 피터 로번하임이 연락해 로체스터대학에서 내가 진행하는 심리학 강의를 들어보고 싶다고 말했을 때 나는 얼마든지 환영한다고 말했다. 나는 청강생들을 좋아하고 특히 나이가 있는 분들의 연륜과 경험이 20대 초반 대학생들만 가득한 강의실에 조화와 균형을 더해줄 거라 생각한다. 피터는 분명 수업을 흥미로워했지만 나는 그가 이전의 다른 청강생들처럼 두세 번 정도 강의에 나오다가 소리 없이 점잖게 자리를 비울 거라 예상했다. 하지만 피터는 현재 활발한 연구가 이어지고 있는 이 방대한 학문을 겉핥기하는 것만으로는 만족하지 못했다. 피터는 강의를 누구보다 열심히 들었고 결석도 거의 하지 않았으며 수업이 끝나면 나와 스타벅스에 앉아 궁금했던 점을 묻곤 했다. 초반에 피터가 던진 질문들은 까다롭지는 않았지만 내 강의의 주제를 예리하게 탐색했고 관계에 대한 본능적인 호기심과 저널리스트로서의 분석 훈련이 더해져 우리 대화는 풍성할 수밖에 없었다. 우리 옆 테이블의 한 여성이 귀를 쫑긋 세워 우리 대화를 엿듣고 있었던 것도 놀라운 일은 아니었다.

관계는 어떻게 작동하는가. 왜 어떤 관계는 꽃을 피우고 어떤 관계는 시드는가, 왜 관계는 우리 삶에서 가장 감사하면서도 가장 고통스러운 순간의 원천이 되는가? 수천 년간 인류는 이 주제에 매혹되어 왔다. 인류 역사가 기록되기 시작했을 때부터 사람들은 관계의 '법칙'과 관념을 생성해 왔다. 그러나 과학적 연구가 시작된 건 비교적 최근의 일이고 학문으로 발전한 시기는 대략 20세기 중반이라 할 수 있다. 그리고 애착 이론이 우리가 지금부터 풀어보려는 이 주제에 관해 최상의 통찰력을 제공한다는 사실에는 큰 의심이 없다.

사회과학 이론에도 유행이 있다. 처음 등장하면 열렬한 환호를 받고 다양한 학회와 연구 활동이 급물살을 타다가 어느 순간부터 서서히 낡아 보이기 시작하고 더 참신하고 한 단계 더 발전한 이론이 중심 무대를 차지하게 된다. 애착 이론은 그렇지 않았다. 내가 처음 존 볼비의 애착 이론을 접한 것은 1982년, 덴버대학에서 안식년을 보낼 때였는데, 필립 셰이버와 신디 헤이전이 이제까지 주로 영유아와 양육자에게 초점을 맞추었던 애착 이론을 성인의 연애와 관계에도 적용하고 있었다. 그들의 선구적인 연구 논문은 학계를 흔들었고 이 분야는 그야말로 폭발적으로 발전해 수백 수천 편의 연구 논문이 쏟아져 나왔다. 나는 다른 이론들처럼 애착 이론의 열기가 식기를 기다렸으나 그런 일은 일어나지 않았다. 놀랍게도 애착 이론 연구에 대한 열정과 생산력은 조금도 수그러들지 않고 이어지고 있다.

왜 이 이론이 유독 오래 살아남을 수 있었을까? 피터는 애착 이론이 언제나 강의실의 학생들을 사로잡았다고 말한다. 내가 애착 이론을 강의할 때면 산만했던 학생들도 수업에 집중하기 시작했다는 것이다. 이 이론의 주요 논점은 다른 이론과 비교할 수 없을 정도로 강한 설득력을 갖고 있다. 대부분의 포유동물에게 공통적으로 나타나는 단순한 행동을 확장하고 몇 가지 사항을 더하면 양육자와 함께한 생애 초기 경험이 어린 시절부터 성인기까지의 관계를 규정한다는 이론이 탄생한다. 이 이론에 매혹되지 않을 사람이 어디 있을까? 애착 이론의 관찰은 현명하고 영리할 뿐 아니라 지극히 개인적인 부분을 건드리기도 한다. 애착 이론의 내용을 듣다가 '맞아, 정말 그래!'라고 생각하지 않기가 더 어렵다.

학자, 의사, 심리학자 들에게 애착 이론이 강력한 해석의 틀로 사용되고 있는 까닭은 이 이론이 진지하고 논리적이면서도 우리 인생의 가장 중요하고 가장 인간적인 관심사와 연결되기 때문이다. 독자들에게 약속할 수 있는 것은 이 책에서 만나게 될 애착 이론이 나와 타인이 맺는 관계, 나의 감정 생활을 새로운 눈으로 바라볼 수 있게 해주리라는 점이다. 그러나 진부한 자기 계발서가 제시하는 손쉬운 해답과는 다르며 적어도 '사랑과 연애에서 성공하기 위한 12단계'식의 접근은 아니다. 그보다는 인간들이 왜 연결되고 왜 멀어지는지 어떻게 그렇게 되는지를 깊이 이해시켜준다. 이 지식을 활용하면 현재 나의 관계를 최선으로 만드는 길이 열릴 수도 있다.

나는 트웰브 코너스 스타벅스에서 피터와 비정기적으로 만나 대화 나누는 시간을 점점 고대하게 되었다. 피터는 호기심과 탐구심이 넘치는 치밀한 관찰자였다. 그가 애착을 본격적으로 공부하고 지식이 쌓이며 종종 대답하기 어려운 질문을 던지기도 했다. 하지만 시간이 조금 더 흐르자 그의 사랑스러운 면들이 부각되기 시작했다. 독자들도 내가 알게 된 것처럼 피터가 얼마나 용감하고 진실한 영혼인지, 자신의 인생사를 객관적으로 분석하면서 자신의 생각과 관계를 가감 없이 펼쳐 보이는 사람인지 알게 될 것이다. (이러한 태도는 아마도 '획득된 안정'의 표시일 테지만, 어쩌면 그가 청년기에 불안 애착 유형이었다는 사실을 반영하는지도 모른다. 독자들 스스로 판단해보길 바란다.) 그의 이러한 장점들이 모여 학문에 더 친밀하게 접근하는 책이 탄생했다. 그는 학술 이론과 개인 경험을 병렬 배치했는데 그의 경험은 감정에 호소하면서도 애착 이론의 기본 메시지를 매끄럽게 전달한다. 나는 이 책이 나올 수 있었던 건 우연이 아니라고 생각한다. 애착 이론이 궁극적으로 아름다운 것은 우리의 관계와 감정을 비로소 이해하게 해준다는 점인데, 작가로서 피터의 역량이 애착 이론의 그 인간적인 측면을 구현했다. 마지막으로 이 책은 개인 서사를 풍부하게 담고 있지만 과학과 증거에 기반한 애착 이론의 실제 사례에 두 발을 굳게 딛고 서 있다. 존 볼비가 읽었다면 기뻐했을 것이다.

_ 해리 리스(로체스터대학 심리학 교수)

　수많은 로맨스가 그렇듯 우리 두 사람도 시작은 아름다웠으나 싸우고 헤어졌다 다시 만나기를 반복하는 사이가 되었다. 단순하게 이 관계를 설명하면, 상대 여성은 내가 주지 못한 헌신과 약속을 바랐고 나는 이 여성에게 얻을 수 없는 정서적 친밀감과 공감을 원했다. 우리는 수도 없이 결별했다가 화해하고 재회했다. 보통 헤어지자고 하는 쪽은 그녀였고 사과하고 다시 시작해보자고 한 건 나였다. 다시 만나면 똑같은 패턴이 시작되었다.

　우리의 만남은 이런 식으로 몇 년이나 이어졌다.

　최선을 다해 노력하고 투자한 관계가 아무것도 남기지 않고 끝나버렸을 때 둘 다 얼마나 상심했겠는가. 우리가 왜 함께하지 못했는지는 두 사람 모두 끝까지 풀지 못한 수수께끼로 남았다.

　마지막으로 헤어지고 몇 달 후 나의 눈을 번쩍 뜨이게 한 일이 있었다. 대학에 다니는 딸을 찾아갔다가 딸의 심리학 수업 교재를 무심

코 넘겨보았고 그 책에서 애착 이론이라는 주제를 다룬 글 한 편을 읽었다. 저자는 애착 유형이 다른 두 사람이 연인이 되었을 때 어떤 현상이 일어나는지 묘사했다.

> 이 커플은 …… 점차 심각하게 양극화된다. 불안 애착 유형인 사람은 초조해하면서 상대에게 더 많은 친밀감을 요구하는 반면 회피 애착 유형인 사람은 마음을 닫고 자기 안으로 숨는다. 그들은 아마 여러 차례 헤어졌다 만났다 하게 될 것이다. …… 이런 관계는 위기로 치달을 수 있다. 보통 떠나고 싶다고 말하는 사람은 회피 애착 유형이다.[1]

당시 '애착 유형'이 무엇을 뜻하는지도 몰랐고 '불안'이나 '회피'라는 용어도 낯설었지만 딸의 기숙사 방에 앉아서 읽은 몇 문장이 내 마음을 완전히 사로잡았다. 자신의 감정을 쉽사리 털어놓지 않고 갈등이 생기면 연락을 끊거나 피해버렸던 전 여자 친구의 성향은 이 책에서 말하는 회피 유형과 들어맞았다. 또한 서로 감정을 털어놓고 이해하길 바라며 혼자 남기보다는 매달려서라도 관계를 유지하고 싶어 하던 나의 성향은 불안 애착이라고 부를 만했다.

이 심리학 교재의 저자들은 이 두 애착 유형이 커플이 되는 일이 흔하다고 말한다. 실제로 어떤 학자는 '불안-회피의 덫'이라고 명명하기도 했다. 두 연인이 자신의 애착 유형을 이해하고 이를 바탕 삼아 노력하지 않으면 이 성향이 관계 파괴의 주범이 될 수 있다고 했다.[2]

이 발견이 이미 꺼져버린 나의 연애를 되살려줄 수는 없었지만 그날 이후 이 애착 이론에 강렬한 호기심을 느꼈고 이 신비로운 세계를 탐험하고자 하는 욕구가 발동했다.

애착 이론은 영국의 정신의학자이자 정신분석가인 존 볼비(John Bowlby, 1907~1990)가 착안했다. 2차 세계대전이 끝난 후 고아원에서 근무하던 볼비는 충분한 음식과 주거와 의료가 지원되지만 성장이 지연되는 아이들을 발견했다. 사실 그중에 다수가 사망했다. 기존의 아동 발달 이론으로는 설명할 수 없는 현상이었다.

이후 수십 년 동안 볼비는 진화생물학, 동물행동학, 사회심리학 같은 다양한 분야의 개념들을 가져와 자신의 애착 이론을 발전시켰다. 이 이론을 간단히 설명하면 다음과 같다. 스스로 아무것도 못하는 상태로 태어나는 무력한 인간의 아기에게는 유능하고 믿음직한 주 양육자를 찾아 애착을 형성하고자 하는 욕구가 (컴퓨터의 칩처럼) 내장되어 있다. 일반적으로 주 양육자는 엄마이지만 아빠일 수도 있고, 조부모나 유모일 수도 있고 아이 곁에서 기본적인 욕구를 채워주는 다른 성인일 수도 있다.

이 아기가 지속적인 돌봄을 받는 데 성공한다면 정서적 안정을 얻는 길로 가고 실패한다면 정서적으로 불안정한 사람으로 성장할 수 있다.

이 양육자 탐색의 성공 혹은 실패가 아기의 두뇌 발달을 좌우하기도 하고 핵심 감정과 성격 구조와도 직결되며 타인과 세상에 대한 전반적인 신뢰감과 기대를 형성하기도 한다. 결과적으로 애착은 연인이나 부부 관계는 물론이고, 어느 관계건 전 생애에 걸쳐 수많은 관계 속에서 우리가 어떻게 느끼고 행동하는지에 영향을 끼친다. 따라서 이것을 '애착 효과(attachment effect)'라 부를 수 있을 것이다. 요약하면 생애 최초의 애착은 너무도 중요하며 발달에 결정적일 수 있기에 잘못되었을 경우의 대가도 그만큼 크다.

대부분에게 이 초기 애착 경험은 우리의 최초 기억 이전인 두 살전에 일어나지만 이 경험이 생애 전체에 막강한 힘을 행사하며 볼비의 말처럼 "요람에서 무덤까지" 이어진다.[3]

왜냐하면 애착 체계는 생식 계통처럼 인간을 이루는 근본적이고 필수적인 요소이기 때문이다. 생존을 위한 자연의 섭리인 것이다. 인간은 태어나자마자 자신을 확실하게 보호해주고 생존 욕구를 채워주는 타인을 찾아 애착을 형성한다. 성인이 되면 사랑하는 특별한 사람들을 만나 그들에게서 안전을 느끼고 안정을 찾는다. 어쩔 수 없이 **우리는 관계 맺도록 태어났고 우리가 살아 있는 한 관계가 필요하다.**

볼비 이후 전 세계 수많은 학자들이 애착 이론을 연구하고 검증했고 볼비의 주장이 옳았음을 확인했다. 애착을 주제로 한 논문은 매해 수천 편까지는 아니라도 수백 편씩 쏟아지고 있다.

정신의학자인 토머스 루이스 연구 팀이 지적한 바에 따르면 생애 최초 몇 년 동안 우리는 관계 패턴을 형성하고 사랑이 어떤 느낌인지에 관한 인상을 축적한다.[4] 이 초반의 애착은 너무나 핵심적이고 결정적이기에 연인뿐 아니라 앞으로 만나게 될 수많은 타인들과 어떻게 관계를 맺는지에 속속들이 영향을 끼친다.

특히 최근의 애착 관련 논문에서는 초기 애착 경험의 영향력이 가족이나 연인과의 친밀한 관계를 넘어선다고 강력하게 주장한다. 생애 최초의 애착 경험이 모든 관계로 확장된다는 것이다. 직장에서는 동료나 상사와 어떻게 지내는지, 스포츠에서는 팀원, 감독과 어떻게 협동하는지에 영향을 끼친다. 정치적 성향은 물론이고, 누구에게 표를 행사하는지에도 영향을 끼친다. 정신의 영역에서도 어떤 종교를 갖는지 혹은 종교를 갖지 않는지, 신과 어떻게 관계 맺는지도 연결된다.

그렇다. 신과의 관계에까지 확장된다.

운이 좋게 안정적인 애착 관계 속에서 성장한 사람은 아동기는 물론 성인기에도 좀 더 만족스럽고 안정적인 관계를 누리는 경향이 있다. 자신이 사랑받고 보호받을 자격이 있다고 느끼고 자존감도 높다. 주변에 더 많이 베풀고 관대하며 질병이나 사랑하는 사람의 죽음 같은 인생의 고난 앞에서 놀라운 회복력을 보여주기도 한다. 따라서 부모로서 자녀들에게 주어야 할 가장 큰 선물은 이 애착과 안정이다.

불안정 애착 유형인 '회피형'과 '불안형'은 사람을 사귀고 관계를 지켜 나가는 일을 힘겨워하고 친밀감과 신뢰 문제에서 곤란을 겪기도 한다. 그러나 최근 논문에선 불안정 애착 유형인 사람들도 그들만의 강점이 있다고 말한다. 한 연구에서 실험 참여자가 위협적인 상황에 노출되었을 때(고장 난 컴퓨터로 인해 방 안이 점점 연기로 가득 차오를 때)는 위기에 민감하게 반응하는 불안형이 가장 먼저 위험을 감지한다. 독립심과 자립성에 높은 가치를 두는 회피형은 안전한 탈출 방법을 가장 먼저 알아낸다고 한다.[5]

대부분의 사람들이 영유아기에 형성된 애착 유형을 평생 유지하면서 살아가지만 도중에 애착 유형이 바뀔 가능성도 있다. 성장기에 교사나 멘토, 감독과 특별한 관계를 맺는다거나 혹은 안정적인 연인이나 배우자와 건강하고 오래가는 관계를 맺게 되면서, 혹은 자기 성찰과 상담 치료를 병행하면서 또는 자녀를 기르면서 어린 시절 신뢰와 반응이 부족했던 양육 때문에 불안정 애착 유형이 된 사람들이 서서히 안정 애착으로 변하기도 한다. 이를 '획득된 안정 애착(earned secure attachment)'이라고 부른다. (자신의 애착 유형을 알아보고 싶다면 이 책에 부록으로 실린 테스트를 참고하자.)

나는 나의 애착 유형을 파악하면서 인생이 달라졌다고 자신 있게 말할 수 있다. 애착 체계가 행동에 어떤 영향을 끼치는지 인식하면서 나의 평소 반응을 바꾸거나 늦출 수 있었고 특히 감정적인 상황에서 후회 없는 행동을 할 수 있었다. 예를 들어 누군가와 사귀고 있을 때 그 사람이 마지막 순간에 약속을 취소하면 그 사람의 말을 믿지 않거나 화를 내기도 했는데 이런 행동은 불안 애착 유형이 실제로 일어나거나 상상 속에서 벌어진 관계의 위기에 반응하는 전형적인 방식이다. 마찬가지로 병에 걸리거나 신체적인 고통이 있을 때 비합리적으로 최악의 경우를 상상하는 '파국화(catastrophizing)'로 치닫곤 했는데 이 또한 불안 애착인 사람들이 병에 반응하는 전형적인 모습이다. 내가 특정 방식으로 반응하는 이유 중에 하나가 불안 애착의 발현이라는 것을 이해하고 나서부터 그 순간에 멈춰 내 반응이 사실에 근거하고 있는지 질문해보았다. 그리고 보통 그렇지 않다는 답이 나왔다.

동시에 주변 사람들이 그들의 애착 유형에서 받는 영향도 눈에 들어오기 시작했다. 나와 비슷한 연배의 주변 친구들이 자녀를 대학에 보내고 빈 둥지 증후군을 겪거나 실직을 하거나 사랑하는 사람이 먼저 떠났을 때 어떻게 다르게 반응하는지 지켜보기도 했다. 젊은 친구들이 데이트하거나 짝을 찾는 과정에서도 애착 유형이 작용함을 알게 되었다. 내 아이들이 직업을 찾고 결혼을 하고 자신의 아이를 기르는 과정에서도 그 영향이 감지되었다. 사람들의 반응이 부분적으로 애착 유형과 관련되어 있다는 사실을 알면 서로 이해하고 지지하고 용서하게 된다. 나 자신과 더 잘 지낼 수 있는 방법을 찾아내기도 한다.

이 책을 쓰기 시작한 이유는 애착 이론에 대해 가능한 한 깊게 공부하고 싶어서, 그리고 애착이 구체적으로 어떤 영향을 주는지 다른 사람들에게 알리고 싶어서였다. 이 여정은 나의 이야기에서 시작하려한다. 내 애착 유형과 이 유형이 형성된 이유부터 이해하고 싶었다. 이를 위해 애착 분야의 저명한 전문가들을 직접 만나 상담했다. 나와 내 부모, 나의 유아기 양육자와의 관계를 탐색했고 유아기의 경험들이 성인기의 친밀한 관계에 어떤 영향을 끼쳤는지 살폈다. 따라서 이 책에는 굉장히 사적인 이야기가 담겨 있기도 하다.

나의 애착 유형을 이해하고 나자 다른 사람들의 애착 유형과 작동 방식도 이해하고 싶어졌다. 다양한 사람들을 만나 (일단 그들이 애착 유형을 인식한 후에) 애착이 그들의 삶에 어떻게 작용했는지 이야기를 들었다. 그들과 나눈 대화로 연애, 양육, 결혼, 직업, 노화, 상실, 스포츠, 정치, 영성이 애착과 어떻게 관련되어 있는지 이해하려 노력했다.

자신의 관계, 일, 삶을 훌륭히 가꾸어 가고 있는 사람들 이야기도 들었다.

– 안정 애착인 아이로 키우기 위해 애착 육아법으로 아들을 기르

는 엄마(6장)

 - 애착 이론을 바탕으로 한 상담 기법을 훈련받은 치료사와 상담하고 결혼 생활의 위기를 극복한 젊은 부부(7장)

 - 선수들의 애착 유형을 이해하면서 역량을 최고치로 끌어올린 코치(11장)

 또한 다른 사람들의 애착 체계가 상호 작용하는 방식을 이해하면서 개인적으로나 직업적으로 유익한 결과를 얻은 사람들도 만났다.

 - 애착 이론을 이용해 첫 데이트에서 상호 작용을 조금 더 자연스럽게 이끈 젊은이들(5장)

 - 애착 유형이 다양한 직원들이 협력하게 된 작은 사업체의 경영자(10장)

 애착 유형이 정치 지도자들과 그들의 통치력에 어떤 영향을 끼치는지도 알아볼 것이다. 이를 위해 전 미국 대선 후보와 성인 애착 측정의 표준인 성인 애착 면접을 실시했다.(12장)

 (이 책에 나온 주요 등장인물들은 허락을 받아 신원을 밝혔고 별도의 표시가 없으면 실명을 사용했다. 일부 장에서는 이야기의 효과를 위해서 시간 순서를 바꾸었다.)

 책을 통해 독자들이 우리 모든 인간의 생애 전체에 애착이 어떤 영향을 끼치는지를 배우고 그 다음에는 애착이 나의 관계와 삶에 영향을 끼치는지 생각해보길 바란다. 에필로그에서는 애착 이해를 통해 얻게 된 열 가지 교훈도 제시하는데 나와 주변 사람들의 삶의 질을 높이기 위해 할 수 있는 실질적이고 유용한 방법들이다.

오늘날 존 볼비의 획기적인 연구는 아동 발달이나 사회심리학 분야에서 기초 이론으로 인정받고 있으며 실제로 거의 모든 행동과학과 사회과학에 적용되고 있다. 이 분야의 대표 전문가인 메릴랜드대학의 주드 캐시디와 캘리포니아 데이비스대학의 필립 셰이버는 이렇게 주장한다. "애착 이론은 20세기와 21세기 심리학에서 가장 광범위하고 가장 심오하고 가장 창의적인 연구 분야다."[6] 윌리엄앤메리대학의 리 A. 커크패트릭 교수도 말했다. "애착 이론은 심리과학 분야에서 가장 성공한 이론 중에 하나다."[7] 캐나다의 심리학자이자 작가인 수 존슨 또한 볼비를 포함한 이 분야의 많은 사람들처럼 애착 이론에 자부심을 드러냈다.

심리학자이자 한 인간으로서 내가 누군가가 가진 최고의 아이디어에 상을 준다면 프로이트나 다른 누구보다 존 볼비에게 그 상을 주고 싶다.[8]

그 중에서도 특별한 찬사가 나왔는데 2005년 하버드 등산 팀이 키르기스스탄-중국 국경을 등반하며 발견한 5,791미터 높이의 산을 '존 볼비 산'이라고 이름 붙인 것이다.[9]

이 사회가 애착 이론과 애착 이론에 담긴 의미를 알게 된다면 어떤 일이 일어날까? 미국의 문화는 타인을 필요로 하지 않는 독립적인 인간이 가장 진화된 개인이라는 메시지를 지속적으로 전달하면서 잘못된 길을 가고 있다. 개척자 시대 고독한 모험가 카우보이 미화의 잔재인 이러한 독립성 찬양은 생물학을 무시한 결과라 할 수 있다. 우리가 갖고 태어난 애착 체계는 안전과 안정을 위하여 적어도 몇 명의 특별한 타인과 유대 관계를 유지해야 하고 상호 의존하여 진정 강인하고 나다운 내가 된다고 말한다.

연대보다 독립을 이상화하면서 너무 많은 사람들이 가족이나 이웃과 멀어지고 사회적으로 고립되어 대체로 홀로 외로움을 감당하며 살아간다. CBS 뉴스 기사에 따르면 미국인 4명 중 1명이 주변에 진정 신뢰할 사람이 단 한 명도 없다고 대답한다고 한다.[10] 정신의학자 토머스 루이스 연구 팀은 이 현상을 이렇게 묘사했다. "현대 미국 문화는 사람들이 가장 갈망하는 것을 박탈한 다음에 어떤 일이 일어나는지를 보여주는 실험이라 할 수 있다."[11]

애착 이론에 눈을 뜬 지 얼마 되지 않아 나의 고향인 뉴욕주의 로체스터대학에서 심리학 교수로 재직 중인 해리 리스를 만났다. 그가 다음 학기 강의에 애착 이론도 포함될 예정이라면서 원한다면 수업을 들어도 좋다고 말했다.

그의 관대한 제안을 그 자리에서 덥석 받아들였고 그때부터 나의 지식 탐구의 긴 여정이 본격적으로 시작되었다.

많은 사람들이 애착 이론이 어떻게 작용하는지를 깊이 이해하고 애착 지식이 학계 논문과 전문가들의 논점을 넘어서서 더 대중적으로 널리 퍼지길 바란다. 애착 이론 안에는 우리 삶을 더 나은 방향으로 바꾸고 관계를 더 풍요롭고 만족스럽게 키워 갈 수 있는 힘이 있다고 믿기 때문이다.

1장

애착, 생존을 위한 진화의 전략
최초의 관계는 어떻게 일생을 좌우하는가

나는 해리 리스 교수의 애착 이론 수업에 매번 지각했다. 로체스터 대학에서 해리의 강의가 시작되는 시간과 근처 대학에서 내가 진행하던 글쓰기 수업 시간이 겹쳤기 때문이다. 신호등을 모두 무사통과하고 주차 공간을 신속히 찾아내 최대한 빨리 강의실에 도착한다 해도 수업 시간이 10분 정도 지나 있을 때가 많았다. 그래서 보통은 반원형의 계단식 강의실 옆문으로 살짝 들어가 맨 뒷자리에 앉곤 했다.

알고 보니 강의실 뒷자리는 상당한 이점이 있었다. 뒤에 있으면 100여 명의 학생들이 모두 시야에 들어왔고 누가 수업에 집중하고 누가 딴짓을 하는지 한눈에 보였다. 첫 수업에서 내 근처에 앉은 남학생은 이메일을 확인했고 여학생은 페이스북 접속 중이었으며 또다른 남학생은 주식 시세를 들여다보고 있었다.

"이건 꼭 배우고 넘어가야 할 멋진 이론입니다." 첫날 내가 자리에

막 앉았을 때 해리는 이렇게 말했다. 1미터 90센티미터 정도의 장신인 그는 나직하게 울리는 목소리로 또박또박 천천히 강의를 이어 갔다. "이 이론으로 수백 가지 인간의 행동을 설명할 수 있습니다. 우리의 어린 시절은 물론이고 성인이 되어 만난 연인이나 부부와의 관계, 그리고 우리 삶 전반을 이루는 모든 관계를요."

미국에서 가장 활발하게 활동하는 관계심리학자인 해리 리스가 나의 고향인 뉴욕주 로체스터에서 애착 이론을 강의한다는 사실을 알고는 먼저 그에게 짧은 만남을 제안했다. 우리의 대화가 어느 정도 무르익었을 때 우리 옆 테이블에 앉아 있던 중년 여성이 갑자기 등을 돌려 우리를 바라보더니 큰 소리로 외쳤다. "와! 정말 잘 들었어요. 제가 두 분 커피 사야겠어요. 말씀하신 내용 구구절절 옳아요. 젊었을 때 알았다면 좋았을 텐데 말예요. 눈물 한 바가지는 아꼈겠네요!"

의외로 해리는 낯선 사람의 갑작스런 참견이 전혀 놀랍지 않다는 표정이었다.

"애착에 대해 들으면 대부분 이런 반응입니다. '내가 공부해보고 싶은 분야야. 이 부분을 이해하고 싶었어.'"

나 또한 나의 애착 유형을 이해하고 그것이 내가 타인과 맺는 관계와 나의 행동에 어떤 영향을 주었는지 이해하고 싶었다. 나는 이혼을 했고 한 사람과 길게 만나다가 헤어졌다. 애착이 무엇인지 알게 되면 앞으로 만족스럽고 안정적인 관계를 맺는 데 도움이 될 것 같았다. 처음에 원했던 건 딱 그 정도였다. 그러다 관심사가 확장되면서 애착이 사람들의 인생 전체에, 더 나아가 우리 사회에 어떤 영향을 미치는지까지 호기심이 생겼다. 사람들이 가족과 친구들과 어떤 관계를 맺고 있는지, 아이들은 어떻게 키우는지, 직장 동료들과는 어떻게 지내는지 알고 싶었다. 애착 이론을 통해 우리의 행동과 매일매일의 삶을 좀 더 깊이 이해할 수 있을까? 애착 이론이 그 열쇠가 될 수 있을까?

존 볼비와 애착의 발견

해리는 커다란 스크린으로 다양한 부모 사진을 보여주었다. 인간과 동물이 자기 새끼를 안거나 보호하는 장면이었다. 아기를 등에 업고 있는 엄마와 아들을 무릎에 앉힌 아빠가 있다. 어미 고양이가 두 마리 아기 고양이에게 젖을 먹인다. 북극곰은 자신의 몸으로 새끼를 감싸고 있다. 해리가 말했다.

"첫 번째 슬라이드를 볼까요? 종이 다르지만 공통점이 하나 있어요. 몸이 굉장히 가깝게 붙어 있죠. 보호하고 있고 양육자와 새끼 사이에 유대감이 있습니다."

강의실은 백 명의 학생들이 노트북으로 강의 내용을 기록하며 내는 키보드 소리만 빼면 고요했다. 펜으로 노트에 필기하는 나만 다른 세대였다.

해리가 보여준 다음 슬라이드는 울 스웨터에 트위드 코트를 입은 위엄 있는 중년 남성의 흑백 사진이었다.

"2차 세계대전 중에 영국의 아버지들은 전부 전쟁에 나가 있었겠죠. 런던은 폭격당해서 어머니들이 목숨을 잃었고요. 이전에 비하면 굉장히 많은 아기들이 고아원에 보내졌습니다. 그때 고아원에서 일했던 사람이 영국 정신의학자이자 정신분석을 공부하던 청년 존 볼비였습니다."

레이저 포인터의 붉은 빛이 이 위엄 있는 남성 사진에 머물렀다.

"볼비는 이 아기들에게서 이상한 점을 발견했어요. 분명히 아기들은 세균 없는 청결한 공간에서 살았어요. 영양 공급도 제대로 받고 질병이 있으면 치료도 받았어요. 그런데 잘 자라지 못했어요. 대부분 저체중이었고요. 점점 침울해지고 일부는 죽기도 했죠."

내 앞에서 페이스북을 들여다보던 여학생이 노트북에서 고개를 들었다.

"볼비는 또 다른 점을 발견했습니다. 아기들이 계속 무언가를 요구하고 울고 문을 보면서 엄마가 들어오는지 확인하는 겁니다. 볼비는 그것을 '추구 행동'이라고 불렀습니다. 볼비는 이런 아기들의 행동과 어린 동물의 행동이 동일하다고 보았습니다. 아기 고양이나 강아지는 방에 낯선 사람이 들어오면 어떻게 하나요? 무서워서 재빨리 어미 등 뒤로 숨지요."

철사 엄마와 헝겊 엄마 실험

해리가 그날 언급하지는 않았지만 볼비가 고아원 아이들에게 모성 부재가 어떤 결과를 낳는지 알아챘을 때쯤 위스콘신대학의 심리학자인 해리 할로(Harry Harlow)는 원숭이에게서 비슷한 현상을 관찰하고 있었다. 할로의 연구는 이후에 볼비에게도 영향을 주었다.

할로의 가장 유명한 실험은 아기 붉은털원숭이 실험이다. 새끼가 태어난 직후에 어미로부터 떨어뜨려놓고 두 종류의 '가짜 엄마' 중 하나를 제공했다. 하나는 철사를 얼기설기 엮어 만든 엄마지만 우유병을 들었고 다른 가짜 엄마는 철사지만 부드러운 헝겊으로 덮여 있으며 우유병은 없었다. 결과는 어떠했을까? 새끼 원숭이 대부분은 포근한 헝겊 어미에게 매달렸다. 깜짝 놀랐을 때에도 헝겊 엄마에게 달려갔다. 철사 엄마는 우유 먹을 때만 사용했다. 심리학자 리 커크패트릭은 이렇게 말했다.

"이 실험은 심리학계의 전설이다. 그만큼 획기적이고 위대한 실험이다. 적어도 붉은털원숭이들 사이에서 새끼들이 엄마를 찾는 이유가 음식이나 젖이 필요하기 때문만은 아니라는 사실을 밝혀냈다. 원숭이들은 자발적으로 육체적인 접촉에서 안정을 찾으려 했다."[1]

유전자에 새겨진 애착 욕구

아기 한 명만 존재하는 글이나 그림은 없다. 아기를 묘사할 때는 언제나 아기와 누군가를 같이 그려야 한다. 아기는 혼자 존재할 수 없으며 기본적으로 언제나 관계의 일부로서 존재한다.[2]
– 소아과 의사이자 정신분석학자 도널드 위니컷

해리 리스는 교탁에서 한 발 걸어 나와 학생들을 마주보고 말했다.
"말은 태어나고 하루 이틀 만에 달릴 수가 있습니다. 그 동물만의 생존 방식이죠. 하지만 우리는 그렇게 못 합니다. **인간의 아기는 지구상 어느 종보다 타인에게 의존해야 하는 기간이 길어요.** 전체 인생에서

7년이나 8년 정도죠. 그 기간에 곁에 돌봐주는 사람이 없다? 상상하기도 싫죠. 아마 죽을 겁니다. 만약 호랑이가 다가온다면 어떨까요? 아기가 도망을 가겠습니까?"

해리가 잠시 말을 멈추고 학생들을 둘러보았다.

"여러분이 갓난아기라고 생각해보세요. 지금 호랑이가 다가오고 있어요. 여기서 생존할 수 있는 유일한 방법이 뭘까요? 보호자를 찾아서 곁에 꼭 붙어 있는 거죠. 양육자는 아마 그동안 의식주를 제공한 사람이었겠죠. 호랑이가 오면 그 양육자가 여러분을 데리고 도망을 가거나 막아줄 겁니다. 이게 바로 여러분의 생존 방식이었습니다."

"그런데 양육자는 어디 있을까요? 어떻게 하면 그 양육자가 내 옆에 있게 할 수 있을까요?"

그가 움직이면서 학생들의 대답을 기다렸다. 강의실에 긴장감이 감돌았다.

"양육자를 찾아내서 멀리 못 가게 해야 됩니다. 어떻게 할 수 있나요?" 해리가 반복했다.

"울면 되죠!" 그가 정답을 말했다. "울음은 무슨 뜻일까요. '지금 무슨 일이 일어나고 있어. 무서워! 누가 날 보호해줬으면 좋겠어!'"

아기들은 우는 것 외에도 다른 '추구 행동'을 한다고 해리가 설명했다. 고개를 좌우로 돌리고 양육자를 쳐다보고 손을 뻗는다. "볼비는 울거나 양육자에게서 떨어지지 않으려는 아기들 특유의 행동이 물리적인 거리를 가깝게 유지하기 위한 장치라고 주장했죠. 그렇게 하는 아기들만 살아남을 확률이 높으니까요."

다시 말해서 아기들의 이러한 행동은 이유 없이 생긴 것이 아니라는 뜻이다. 유능하고 믿음직한 양육자를 찾아내고 밀착하려는 본능은 인간 아기에게 장착된 생물학적 생존 장치다.

해리가 사진 속 트위드 코트 입은 남자를 다시 포인터로 가리켰다. "볼비는 여기서 중요하고 심오한 개념을 끌어왔죠. 물론 지금 보면 너무 단순하고 당연해 보입니다만, 인간의 진화 체계 안에 애착 체계라는 것이 존재한다는 사실입니다." 그가 설명을 이어 갔다.

"이 애착 체계가 하는 일은 아주 단순합니다. 신생아와 양육자가 신체적 친밀감을 느끼게 만들고 그 친밀감을 유지시키는 겁니다. 이러한 행동을 하는 아기들과 이에 반응하는 양육자들의 유전자는 다음 세대로 이어질 가능성이 높아집니다. 이런 행동을 하지 않는 아기들, 그러니까 '호랑이가 귀엽다'고 생각하면서 호랑이에게 가서 말을 걸려고 하는 아기들, 혹은 자기 일에만 신경 쓰느라 갓난아기에게 다가가지 않는 어른들의 유전자는 후세에 전달되지 않겠죠.

지극히 단순하고도 직설적인 진화 전략인 거죠. 여러분 모두 보유하고 있어요. 그러니 상점에 가서 애착 체계라는 프로그램을 구입할 필요는 없습니다. 태어날 때부터 내장되어 있어요. 그 프로그램이 설치된 채로 세상에 나온 겁니다."

해리가 이 말을 할 때 테트리스를 하고 있던 내 옆의 남학생이 고개를 들었다.

애착 인물 : 나와 가까운 거리에 있는 안전 기지이자 안전한 피난처

해리는 설명을 이어 갔다. "어떤 아이한테 '애착 인물(attachment

figure)'이 있다고 말할 때 그건 애착 체계의 세 가지 필수 기능을 충족해주는 사람을 가리킵니다. 보통은 엄마지요. 첫 번째 기능은 '근접성 유지(proximity maintenance)'입니다. 양육자란 안전과 안정을 위해 아기를 가까이 두는 사람입니다. 두 번째와 세 번째가 바로 '안전 기지'와 '안전한 피난처'입니다. 아이들에게는 세상을 마음껏 탐험하게 해주는 든든한 안전 기지, 무섭고 두려울 때 돌아올 수 있는 안전한 피난처가 필요합니다."

아이든 어른이든 진정한 애착 인물은 다음 두 가지 추가 조건을 충족해야 한다. 애착 인물과 분리될 위기는 불안을 야기하고 이때 대체로 저항이 따르며(이럴 때 아기가 운다) 애착 인물 상실은 슬픔과 고통을 유발한다.

해리는 계속했다. "아기들이 당연히 지니고 태어나는 애착 체계는 일종의 레이더처럼 작동합니다. 생명을 위협하는 일, 이를테면 호랑이가 나타났다거나 배를 곯았다거나 하면 레이더가 작동하기 시작하고 아기는 생각하죠. '내 애착 인물이 근처에 있을까? 내 불편 신호를 감지하고 해석해서 지금 나한테 필요한 도움을 줄까?'"

일반적으로 아기들은 애착 인물을 여럿 갖고 있다. 부모 두 명일 수도 있고 조부모 한 명이나 두 명, 나이 많은 형제자매, 고정적인 양육 도우미일 수도 있다. 그러나 아기의 관점에서 이 사람들은 서로 바꿀 수 없다. 애착 인물에도 순위가 있으며 한 명의 특별한 주요 인물(보통은 엄마)이 가장 상위에 있다. 리 커크패트릭 교수는 설명한다. "아이가 갑자기 놀랐을 때, 여러 명의 애착 인물들이 한 줄로 서 있다면 아기가 가장 먼저 달려가는 사람이 주 애착 인물이다."[3]

심성 모형 – 내적 작동 모델

생후 1, 2년 동안 …… 아기는 자신이 맺은 관계에서 일정한 패턴을 끌어낸다. …… 그리고 사랑이 어떤 느낌인지에 대한 인상을 저장한다.[4] – 정신의학자 토머스 루이스 연구 팀

해리의 강의는 계속 이어졌다. "볼비는 아이가 성장하면서 중요한 사람들을 통해 타인에 대한 신뢰감과 기대감을 형성해 간다고 했죠. 아기들은 알게 되는 거죠. '나를 돌봐주는 사람들은 나를 이런 식으로 대하는구나.' 이러한 믿음은 애착 인물과 함께한 초기 경험에서 비롯되는데 보통 그 초기는 생후 2년을 말합니다. 이 믿음이 바로 아기의 '심성 모형(mental model)'이 됩니다. 실제로 두뇌에 특정한 패턴이 그려지는 거죠. 이 패턴이 앞으로 관계에서 무엇을 기대하고 관계 속에서 어떻게 행동하는지에 영향을 끼치게 됩니다. 유아기뿐만 아니라 삶 전체에 영향을 끼칩니다. 볼비는 이렇게 표현했습니다. '요람에서 무덤까지'라고요."

유아기의 경험이 이후 성인기 행동까지 영향을 끼치는 것은 바로 이러한 심성 모형 때문이다. 해리가 덧붙였다. "이 점이 바로 볼비와 프로이트의 차이점이죠. 프로이트는 아기의 머릿속에서 온갖 이상한 생각들이 나타난다고 믿었어요. 아시겠지만 아기들이 이성 부모에게 리비도적인 욕구를 상상한다고도 했죠. 볼비는 그 이론을 믿지 않았어요. 그보다는 엄마와 아기의 **실제 상호 작용**이 중요하다고 느꼈죠. 상호 작용 속에서 형성된 심성 모형이 아기의 초기 경험을 어쩌면 평

생 지속될 수도 있는 성격 특성으로 변화시킨다는 거죠. 이 초기 믿음이 다른 사람과 관계를 맺는 자아를 움직인다고도 할 수 있겠네요." 해리가 이어 설명했다. "내가 사랑스러운가? 나는 다른 사람들이 소중히 여기고 돌봐줄 만한 사람인가? 나는 누군가와 가까이에 있을 때 편안한가, 다른 사람에게 얼마나 의지할 수 있나, 다른 사람 앞에서 약해질 수 있나? **내가 누군가 필요할 때 그 사람은 내 곁에 있어줄까?**"

"만약 그 대답이 그렇다라면, 아기는 안정감이 무엇인지 경험한 거죠." 해리는 여기서 과장되게 깊은 한숨을 쉬었다. 엄마에게 안겨 호랑이를 피해 동굴로 대피했을 때 안도의 한숨을 쉬는 아기를 흉내 내는 것 같았다. "'그래, 별거 아니었어. 난 괜찮아.' 이제 위험한 일은 일어날 리 없다는 자신감까지 생성되는 거죠. 레이더 작동이 멈추고 모든 게 괜찮아집니다."

타인들이 대체로 내게 호의적으로 반응한다고 믿는 아동기를 보낸 사람은 이렇게 생각한다. "사람들을 믿을 수 있어. 사람들과 가까워질 수 있어. 친밀해져도 두렵지 않아."

이것이 안정 애착이다.

"하지만 레이더 장치가 아니라고 말한다면요?" 해리가 질문했다. "만약 아기가 능숙하고 믿음직한 애착 인물에게 보호받지 **못한다고** 느낀다면?"

그럴 경우에는 두 가지 방어 반응이 나올 수 있다.

"첫 번째, 아이는 울고 또 울겠죠. 그런데 양육자는 본 척도 안 해요. 대답도 안 하고. 아기를 혼자 내버려 두죠. 근접성도 충족되지 않고 안전한 피난처도 없고 안전 기지도 없어요. 아기는 생각하겠죠." 여기서 해리는 깜짝 놀란 아기 목소리를 흉내 냈다. "나를 보호해주고 위험을 막아줄 양육자가 내 주변에는 없네. 나는 갓난아기인데. 나는 기어갈 수도 없는데. 그래도 이 양육자에게 붙어 있어야 해. 다른 선택지가 없잖아. 하지만 이 양육자와 가까워지지 않을래. 반항도 하지 않을 거야. 저항해봤자 소용없다는 걸 알아.'

"**대체로 거의 항상** 반응해주지 않는 양육자를 둔 아이는 마음을 닫고 친밀감을 회피합니다."

이것이 '불안정 회피 애착'이다.

"양육자가 **일관성**이 없을 때도 아이가 방어적이 되죠. 양육자가 어느 때는 반응하다가 어느 때는 안 하는 겁니다. 내 곁에 와주기도 하고 그러지 않기도 해요. 안전한 피난처와 안전 기지가 되어주기도 하고 그렇지 않을 때도 있어요. 이때 아기들은 이렇게 생각하죠. '어떻게 하면 이 양육자가 내게 다가와 나를 돌보아줄지 도무지 모르겠어. 어떻게 하면 좋을까. 버림받은 느낌인데 어쩌지? 그래. 내가 가진 모든 에너지를 써서 이 사람을 **지금 당장** 내 옆에 오게 해야겠어.'"

"마음을 닫지는 않죠. 아기는 더 많이 저항하고 더 크게 울어요. 더 매달리고 자기가 스트레스 받았다는 신호를 보내기 위해 가능한 모든 방법을 동원합니다. '당신은 내 양육자고 나를 보호해야 하잖아!'"

이것이 바로 '불안정 저항(불안) 애착'이다.

여러 논문에 따르면 미국 인구 중에 55퍼센트가 비교적 안정 애착 유형에 가깝고 25퍼센트는 회피형, 20퍼센트는 불안형이라고 한다.

"비율은 대체로 고정적입니다." 해리가 말했다.

전 세계적으로도 비슷한 결과가 나타난다고 한다. 논문에 따르면 애착 유형의 비율은 모든 국가가 비슷한데 서구 국가와 비서구 국가 사이, 선진국과 후진국 사이에 약간의 차이는 존재한다.

나는 해리가 설명해준 심성 모형에 관한 핵심 내용이 깔끔하게 요약되어 있는 글을 찾았다. 리 커크패트릭 박사는 이렇게 썼다. "기본적으로 심성 모형은 다음과 같은 질문에 대한 아기의 반응이라 할 수 있다. '나의 애착 인물이 내가 필요로 할 때 나타나고 반응해준다고 믿을 수 있는가? 나올 수 있는 세 가지 대답은 다음과 같다. 그렇다 (안정), 아니다(회피), 그럴 수도 있다(불안)."[5]

존 볼비도 정서적으로 불안한 아동기를 보냈다. 20세기 초반, 영국 전형적인 중상류층 가정에서 성장한 그와 형제들은 부모와 거의 접촉하지 않았다. 존 볼비의 전기를 쓴 수잔 반 디켄에 따르면 "에드워드 시대 대부분의 중상류층 가정 어머니들처럼 존의 어머니도 육아를 유모와 하녀들에게 전담시켰다."[6]

볼비의 어머니는 자기중심적이고 아버지는 독선적이었다고 심리학자이자 작가인 로버트 캐런은 썼다. "엄격한 그의 부모는 감정 표현을 극도로 자제했다." 자식들과는 완전히 거리를 두었고 존과 형제들을 '냉담한' 유모 손에 맡겼는데 그 여성이 그나마 그 집 자녀들 곁에 안정적으로 존재하는 유일한 사람이었다. 그 밖에 '육아 누나'들이 몇 명 있었지만 모두 어린 소녀들이었고 그 집에 오래 머문 사람은 없었다. 여덟 살에 기숙 학교에 들어간 존 볼비는 후에 아내에게

이렇게 말했다고 한다. "그 나이에는 개도 기숙 학교에 보내지 않을 것"이라고.[7]

이 어린 시절이 볼비의 관점에서는 "일생에 걸쳐 부정적인 후유증을 남겼다."

볼비의 어린 시절에 관해 읽다가 나의 어린 시절 한 장면이 스쳐 갔다.

내 인생 최초의 기억은 세 살 무렵 아침에 아버지가 회사에 출근하는 장면이다. 아버지와 나는 함께 아침을 먹었다. 어머니와 형과 누나는 2층에서 옷을 갈아입거나 등교 준비를 했다. 아버지는 곧 나가야 했다. 나는 거실로 달려가 진입로가 내다보이는 창문틀에 올라가 아버지의 차가 움직이기 시작하면 발을 구르고 창문을 주먹으로 때리면서 아빠에게 제발 가지 말라면서 울었다.

아마 밖에서는 창문에 찰싹 달라붙은 고무 인형같이 보였을 것이다.

이후로 한참 시간이 지나 부모가 된 다음에야 궁금해졌다. 어머니는 당시 일을 하지 않았고 집에 계셨는데 아버지가 출근한다고 나는 왜 그렇게 심하게 떼를 쓰고 성질을 부렸을까?

강의 전후로 가끔 해리 리스와 따로 스타벅스에서 만났다. 그는 청바지와 플리스 재킷을 입고 하이킹 부츠를 신고 나왔다. 가까이 서 있으니 190센티미터에 달하는 그와 172센티미터 정도인 내가 대비되었다. 나는 그에게 유아기의 기억과 그 사람의 애착 역사가 어떤 연관성이 있는지 묻고 싶었다. 특히 내 기억은 나에게 어떤 의미일지 궁금했다.

먼저 내 어린 시절을 털어놓기로 했다. "아주 어린 시절의 기억인데 그게 저의 애착 유형과 관련이 있는지 궁금합니다." 나는 어머니에 대한 기억은 많지 않고 아버지와 나보다 일곱 살 많은 누나에게 돌봄을 받았던 기억이 있으며 볼비처럼 지금은 얼굴이 기억나지 않는 보모가 여러 명 있었다고 말했다.

"사실 누가 제 주된 애착 인물이었는지도 잘 모르겠습니다." 내가 고백했다.

아버지에 관해서는 여러 기억이 섞여 있다. 아주 어렸을 때는 아버지가 나를 업고 2층 내 방까지 데려다주던 기억이 있다. 아버지 목을 꼭 끌어안고 내 볼을 아버지 볼에 갖다 댔는데 밤에 잠자리에 들기 전 까끌까끌한 아버지의 턱수염에 얼굴을 부비면 마음이 편안해졌다. 하지만 아버지는 굉장히 엄한 분이기도 했다. 가끔 심한 말을 했고 회초리로 때리기도 했으며 유치원에 가기 싫다는 나의 팔을 잡아 집에서 강제로 끌어내기도 했다

"이런 경험이 안전한 피난처와 안전 기지와 관련이 있는지, 내가 어떤 애착 경험을 했는지 잘 모르겠어요." 내가 해리에게 말했다.

해리는 먼저 그 정도로 어릴 때의 기억은 정확하지 않을 수도 있으며 부모님, 가족, 때로는 나 자신과 관련된 기억도 왜곡될 수 있다고 말했다. 그 경고를 받아들이면서 나 또한 자녀 셋을 키운 부모로서 내 아이들이 기억 속 몇 장면만으로 어린 시절 전체를 규정짓지 않으면 좋겠다는 생각이 들었다.

그렇다 하더라도 그 시기에 일어났을 법한 모든 일 중에 남아 있는

기억이 하필 어머니 혹은 일관된 양육자와 애착이 부족했다는 기억이라는 게 계속 신경 쓰였다. 물론 그 기억이 정확하다고 확신할 수는 없었다.

다행히 그 기억의 사실 여부를 알아낼 기회가 남아 있었다. 어머니는 6년 전에 세상을 떠났지만 아버지는 아직 살아 계셨다. 95세의 연세치고는 건강히 지내시는 편이었다. 아버지는 지팡이나 보행 보조기에 의지하긴 하지만 아직 잘 걷고 혼자 살면서 운전을 하고 친구들과 외식을 하기도 했다. 최근에 몇 번 넘어지긴 했지만 큰 부상으로 이어지진 않았다. 특히 정신이 맑았다. 늘 책을 가까이 하며 얼마 전에는 600페이지짜리 린든 존슨의 전기와 고대 카르타고 역사책을 읽기도 하셨다. 대공황 시기에 큰아버지와 함께 설립한 인쇄소에서 일하다 은퇴한 지 오래된 아버지는 길게 이어진 혼자만의 시간을 별다른 불평 없이 스스로 헤쳐 나가고 있었다.

해리는 아직 남아 있는 아버지와의 시간을 현명하게 이용해보라고 했다. "어린 시절 아버님이 돌봐주셨기 때문에 아마 아버지가 돌아가시면 상심이 클지 모릅니다. 그 상실감에 적절하게 대처하셔야 할 겁니다."

'적절하게'란 무슨 뜻일까?

"선생님이 아버지에게 정보건 가족사건 감정적 유대건 원하시는 게 있겠지만 그것들을 얻지 못할 수도 있다는 점은 알고 계시는 게 좋을 것 같습니다."

얼마 후 아버지를 정기적으로 찾아뵙는 날 오후에 아버지 아파트에 가보니 평소 모습 그대로였다. TV와 독서 램프를 켜 두고 거실 구석에 놓인 흰색 가죽 리클라이너 의자에 앉아 신문을 가슴에 펴놓은 채 낮잠을 주무시고 계셨다.

아버지 손등과 이마의 피부는 종이처럼 얇았고 보라색 멍이 점점이 보였는데 심장을 위해 복용하는 혈액 응고 억제제 때문인 듯했다. 머리 양 옆과 뒤통수 일부에 살짝 남은 회색 머리카락을 제외하곤 머리카락이 없었다. 두터운 눈썹은 새하얀 색이었다. 양쪽 귀에는 보청기가 끼워져 있었다. 아버지의 턱과 두 볼에는 저녁 무렵이면 거뭇거뭇 돋아나곤 하는 익숙한 수염이 자라 있었다. 물론 이젠 그 까끌까끌한 수염 대부분이 회색이었지만.

아버지를 조심스럽게 깨워 날씨를 주제로 삼아 잠깐 대화를 하다 물었다.

"아버지, 여쭤볼 게 있는데요. 어렸을 때 기억 중에 궁금한 게 있어요. 여쭤봐도 괜찮을까요?"

"어떤 기억 말하는 거지?" 아버지는 청력이 좋지 않아 내게 다시 물으셨다. 하지만 목소리는 여전히 굵고 발음도 정확했다.

"제가 여쭤볼 게 있어요."

"그래. 물어봐라."

나는 서너 살 때 아버지가 출근할 때마다 내기 창문에 매달려서 화내고 울었던 기억에 대해서 물었다.

"그래. 맞아. 네가 짜증을 많이 냈지." 아버지는 별다른 감정의 변화 없이 차분하게 말했다. "내가 출근할 때 몇 번 심하게 성질을 부렸어."

아버지가 '몇 번'이라는 단어를 썼기에 나는 그 일이 한 번 이상 일어났다고 짐작했다.

내가 물었다. "그런데 어머니가 집에 계시지 않았어요?"

"뭐라고?"

"어머니는 전업주부였잖아요." 더 큰 목소리로 말했다. "집에 계셨을 텐데요."

"그래, 집에 있었지. 그래서 너를 엄마한테 넘기려고 했지." 아버지가 말했다.

내가 얼마나 오래 그런 반응을 보였는지 물으면서 아마 며칠이나 길어야 몇 주 정도라고 예상했다.

"아마 일 년 동안 그랬을 거다."

아, 그랬구나.

"그래도 이걸 알아야 해. 당시 네 엄마는 건강이 안 좋았어."

어머니는 이십 대 후반에 경미한 소아마비로 진단받은 병을 앓았다고 한다.

"내가 우리 집에서 가장 건강한 사람이었지. 그래서 두 가지 일을 했어. 널 재우고 깨우고 너희들 식사도 내가 도맡았다. 하지만 나도 시간이 없었지. 널 빨리 학교에 데려다주고 출근해야 했으니까. 그래서 우리 집에 가정부들이 여럿 있지 않았니.

너희들에게 말하곤 했지. '언젠가 내가 죽으면 비석에 이렇게 새겨 달라고 말야. **그는 아버지였을 뿐만 아니라 어머니였다.**'"

아버지와 나는 잠시 말없이 앉아 있었고 아버지는 다시 잠들었다. 나는 독서 램프를 끄고 TV 볼륨을 줄였다. 아파트에서 나오기 전에 아버지에게 부드럽게 키스하면서 내 볼을 아버지의 뺨에 대고 그 까끌까끌한 감촉을 느꼈다.

아버지가 언급한 "여러 가정부"는 두 명의 입주 도우미를 말한다. 먼저 우리 집에 들어올 때 이미 일흔에 가까웠던 켈리 여사가 있었다. 아버지는 다락에 그분 방을 마련해주었고 그분은 내가 태어나자마자 입주했다. 하지만 내가 한 살 되던 해에 심장 마비로 갑작스럽게 돌아가셨다. 부모님은 또 다른 입주 도우미인 햅번 여사를 고용했다.

켈리 여사나 햅번 여사에 대한 기억은 없지만 세 살 즈음에 어머니와 함께 소아정신과 병원에 간 일은 기억한다. 내가 말을 더듬었기 때문이다. 소아정신과 병원 상담실에서 나는 커다란 의자에 앉아 의사 선생님의 질문에 대답했다. 의사는 나에게 바깥에서 잠깐 기다리라고 말하고 어머니와 대화를 했다.

몇 년 후에 어머니에게 그 병원 이야기를 물었다. 그 의사는 어머니에게 햅번 여사를 내보내는 편이 좋겠다고 조언했고 부모님은 그렇게 했다고 한다.

"그 선생님은 왜 가정부를 해고하라고 하셨어요?"

"내가 직접 너를 키우는 게 좋겠다고 하시더구나. '이 아이는 지금 누가 엄마인지 모릅니다'라고 말하셨거든."

해리의 다음 강의 시간에는 스크린에 시험 공지가 있었다. 하지만 그는 다음 슬라이드에 유령 그림과 '해피 할로윈' 문구를 띄워 분위기를 가볍게 했다.

"다음 주에는 제가 가장 좋아하는 명절이 있죠. 적절하면서도 멋진 의상을 입고 온 학생에게 그에 맞는 적절하고 멋진 상을 드리겠습니다." 해리가 고개를 숙여 노트를 바라보더니 잠깐 멈추었다가 고개를 들었다. "대학생처럼 차려입었다고는 하지 말아요."

해리는 심성 모형이라는 개념을 다시 복습하면서 강의를 시작했고 애착 유형이 한번 형성되면 나이가 들수록 "그 애착 유형이 친밀한 관계뿐만 아니라 많은 다른 종류의 상황에서도 우리의 행동에 영향을 끼친다"고 말했다.

애착 이론은 반려동물이나 신과 맺는 관계에도 "완벽하게 적용된다"고 했다.

반려동물과 신이라고?

"반려동물이나 신과의 관계를 특별히 여기는 사람들이 있죠. 물론 제가 지금 신과 반려동물을 동일 선상에 놓고 이야기하는 것은 아닙니다. 그 과정이 비슷하다고 말하고 싶은 거죠. 우리는 신에게 안정적으로 애착을 느낄 수도 있고 불안정 애착을 느낄 수도 있습니다. '신이 나를 과연 생각해줄지 걱정이 되고, 어떻게 하면 하느님을 기쁘게 해드릴까 매일 고민해.' 혹은 회피 애착일 수도 있겠죠. '신은 나에게 어떤 일이 일어나건 말건 상관하지 않아.'"

해리는 우리에게 머리로 체험을 해보자고 했다.

"눈을 감아보세요. 여러분의 어머니나 아버지, 혹은 연인이 여러분의 신뢰를 얻을 수 있는 방식으로 행동했던 장면을 떠올려봐요. 그다음에는 신뢰를 떨어뜨렸던 행동도 떠올려보십시오."

나는 그 즉시 혼자 옷을 입으려고 하는데 어떤 발에 어느 쪽 양말을 신어야 할지 몰랐던 세 살 때로 돌아갔다. 어머니는 다른 방에서 전화 통화를 하고 있었다. 엄마를 부르면서 양말을 어느 쪽 발에 신어야 하냐고 물었다. 어머니는 대답했다. "상관없어, 아무 발에나 신으면 돼." 그러나 나는 어머니가 진실을 말한다고 생각하지 않았고 양말을 신지 않았다.

해리는 막대그래프가 그려진 슬라이드를 켰다. 사람들이 위의 질문에 대답을 얼마나 빨리 생각해내는지 조사한 연구였는데 안정 애착 유형은 부정적인 기억보다 긍정적인 기억을 더 빨리 기억해냈다. 회피 유형이나 불안 유형은 부정적인 기억을 더 먼저 떠올렸다.

"내면에 있는 이러한 심성 모형 때문에 우리는 항상 특정한 종류의 믿음이나 기대를 품기 쉽지요. 우리 정신 가장 위쪽에 있어서 쉽게 활용할 수 있습니다." 그가 설명했다. "컴퓨터의 운영 체계(OS) 같은 겁니다. 시스템의 명령 아래 컴퓨터가 좋아하지 않는 건 하지 않도록 하는 겁니다."

그런 다음 해리는 '성인기의 애착 유형'이라는 제목의 슬라이드를 펼쳤다.[8] 이 슬라이드에는 두 축이 있었다. 하나는 '회피'이고 다른 하나는 '불안'이었다.

"이제 더는 엄격하게 셋으로 나누어서 이야기하지 않겠습니다." 해리의 말에 따르면 우리는 보통 이 축 안의 어딘가에 위치하는데 비교적 회피가 높고 불안이 낮을 수도 있고 회피는 낮고 불안이 높을 수도 있으며 둘 다 낮게 위치하면 안정되었다고 할 수 있다. 어떤 개인들은 불안과 회피 수치가 모두 높을 수 있는데 사분면의 '혼란형 애착'에 속한다. 이 유형은 방치되거나 학대받은 아동들에게서 나타난다. "물론 가장 안 좋은 위치라고 할 수 있겠죠."

자신의 수업을 듣는 이들이 대학생임을 잘 알고 있는 해리는 다음

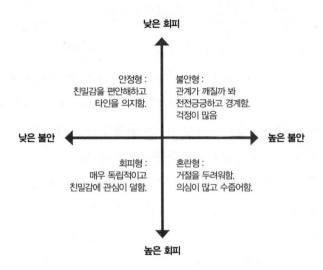

에는 애착 유형이 성인기의 연애에 어떤 영향을 끼치는지 요약해주겠다고 말했다.

세 가지 애착 유형 — 안정형, 회피형, 불안형

어머니의 품과 연인의 품은 실로 연결되어 있다.[9]
– 심리학자 시어도어 워터스

안정 유형

생애 초기에 신뢰할 수 있고 유능한 양육자가 있었던 사람들, 즉 안정 애착 유형은 대체로 친밀한 관계에서 편안함을 느낀다고 해리는 설명했다. 이 유형은 사람들을 기꺼이 믿고 마음을 연다. 다른 사람들이 기본적으로 선하다고 믿고 좋은 의도로 행동한다고 가정한다. 연인과의 관계도 파트너가 사랑이 많고 내게 반응해줄 거라는 기대를 품고 시작한다. 자신의 욕구를 잘 표현하고 파트너의 욕구에 관심을 둔다. 거절에 과하게 예민하지 않으며 버림받을까 두려워하지 않는다. 자존감이 충분히 높은 편이라 관계가 안 풀리더라도 사랑하고 사랑받을 수 있는 다른 사람을 찾게 되리라 믿는다.

질병, 실직이나 사랑하는 사람의 죽음 같은 심각한 위기 앞에서도 감정을 잘 다스리는 편이고 죽음에 대한 두려움도 잘 관리한다. 예컨대 병이 생겼을 때 안정적인 사람들은 자신의 현 상태를 현실적이고 객관적으로 바라보고 의사와 치료법을 신뢰하면서 장기적인 질환에도 적응해 나가고 회복할 가능성에 집중한다.

운이 좋게 어린 시절을 안정 애착 상태에서 지나온 사람은 최상의 파트너가 될 가능성도 높다고 해리는 결론 내렸다. "여러분이 안정 애착이 아니고 안정적인 파트너를 만나지 못한다면 다섯 걸음 뒤처져 있다고 할 수 있죠."

회피 유형

해리는 아이에게 적절하게 반응해주지 않고 "조심해라" 같은 말을 기본적으로 하는 양육자에게서 자라면 다음과 같이 말하는 성인으로 자랄 수 있다고 설명했다. "사람들과 너무 가까워지면 불편해. 믿을 수도 없고 마음을 열기도 어렵고 타인에게 의지하는 건 원치 않아. 그런데 상대는 내가 편안하게 느끼는 것 이상의 친밀함을 원해."[10]

"회피 유형인 사람들은 관계에 투자를 덜 하죠. 그저 상대에게 신경을 덜 쓴다고 할까요. 이런 말을 자주 하죠. '사는 데 애정 표현이나 친밀감 같은 게 꼭 필요한가?'" 이들은 자신의 독립성에 높은 가치를 두고 인생의 모든 문제는 스스로 해결해야 한다고 믿는다. 자기 노출을 꺼리고 너무 쉽게 자신을 드러내는 사람도 못마땅해한다. 사회에서 만난 회피 유형은 매력적으로 보일 수 있는데 너무 질척거리지 않는 데다 다른 사람들을 재미있게 해주는 재능이 있는 경우가 많다. 회피형은 누군가를 사귈 때 상대가 필요한 지지를 해주는 데 서툴고 갈등이 생기면 거리를 두는 경향이 있다.

이들은 감정을 자제하는 데 탁월하다. 위협적인 상황에서도 자신의 감정을 부정한다. 질병, 실직, 상실 앞에서 다른 이들의 도움에 의지하지 않고 스스로 문제를 해결하려는 성향이 있다.

불안 유형

영유아 때 일관성 없는 양육을 받은 사람들은 성인기에 친밀감을 유난히 갈구하는 경향이 있다. 또한 관계에 위협이 되는 요소를 경계하고 일어나지 않은 일을 미리 걱정한다. 해리는 이렇게 설명했다. "불안한 사람들은 이런 말을 하죠. '애인이 내 곁을 떠나면 어쩌지? 왜 사람들은 내가 원하는 만큼 나와 가까워지려 하지 않을까. 그 사람을 완전히 알고 싶고 하나가 되고 싶어. 이런 욕구가 부담스럽다면서 떠나는 사람도 있어.'"[11]

그는 말을 이었다. "이런 마음은 다음과 같은 최초의 경험에서 비롯했을 수 있죠. '엄마가 날 안아주고 위로해주길 바랐지만 엄마는 그렇게 하지 않았어. 적어도 엄마가 나를 안아줄 거라 확신할 수 없었어. 그러니까 난 그렇게까지 사랑스러운 사람은 아닌가 봐. 다른 사람들이 내 쪽으로 오도록 계속 노력해야 해.'" 불안한 사람들은 '이리 와, 저리 가'의 성향도 갖고 있다. 친밀감에 대한 욕구 안에서 밀고 당기기를 하려 하는데 가까워지고 싶은 강렬한 욕구를 느끼면서도 동시에 그 사람이 없을 때 불안하다고 느끼면 화가 나는 것이다. 이들은 파트너에게 지나치게 비판적이고, 파트너가 살짝 멀어졌다고 느끼면 몹시 실망하거나 거절당한 기분으로 절망한다. 또 관계에 지나치게 집중하는 경향도 있다. 집착한다고도 할 수 있다.

"감정 기복이 굉장히 심한 편이죠. '바로 이 느낌이야! 아니, 이건 아니야!' 연결되고 싶은 강한 욕구를 느끼면서도 불안정함에 분노하죠. 이 애착 유형의 대표적인 특징이기도 합니다. 전반적으로 양가감정이 깔려 있다고 할까요."

실존적 위협에 직면했을 때 불안한 사람들은 감정 조절에 어려움을 겪는다. 사랑하는 사람이 사망했을 때 다른 사람보다 더 오래 더 깊이 슬퍼하기도 한다. 아플 때는 다른 사람이 '더 나아지게 해주길' 간절히 바라면서 최악의 상황을 상상하고 담당 의사를 믿지 못하기도 한다.

애착 유형은 타고나는가?

로또와 같은 유전이 내 앞에 놓인 카드를 정해줄 수는 있다. 그러나 카드를 돌리는 손은 경험이다.[12] – 토머스 루이스 연구 팀 해리는 강의를 이어 가다 질문을 하나 던졌다. "그런데 이런 성향도 유전적으로 물려받았을 가능성이 있지 않을까요?"

다른 사람들도 속으로 궁금해했을 질문이라는 생각이 들었다.

"충분히 나올 수 있는 질문이죠. 하지만 애착 유형을 결정하는 요소로서 유전은 그렇게까지 절대적이지 않습니다."

그는 '교차 양육' 실험을 이야기했다. "불안에 취약한 유전자를 가진 쥐로 실험을 해볼 수 있겠죠. '이 쥐를 안정적인 엄마가 키우게 하면 어떨까. 이 쥐는 엄마처럼 안정적일 것인가 아니면 유전자대로 불안해할 것인가?'"

'불안 유전자'는 세로토닌 수용체(5HHT) 중 하나로 신경 전달 물질 세로토닌의 재흡수를 조절하기 때문에 불안과 우울의 원인이 될 수 있다.

"실험 결과 불안 지수가 높은 양육자와 불안 유전자가 **결합**했을 때 가장 불안한 자녀가 나타났습니다."

"양육자의 행동이 아이 내면의 불안을 유발하는 듯했고 아이는 더 불안해지죠." 해리가 말했다. "태어날 때 우리의 두뇌는 가소성이 큽니다. 구조와 기능이 바뀔 수 있는 거죠. 경험이 엮어주는 대로 엮일 수 있습니다. 하지만 시간이 흐르면 가소성이 떨어지죠. 양육자가 이 불안한 두뇌 회로의 발달을 강화할 수도 있고 약화할 가능성도 있습니다."

사실 많은 연구가 있었지만 유전자와 애착 간에 확실한 연관성이 있는지는 밝혀지지 않았다. 250만 명 이상의 게놈을 분석한 연구에서도 학자들은 유전자와 애착 유형의 유의미한 연관성을 발견해내지

못했다.[13]

위협에 민감한 불안형, 자립에 강한 회피형

안정 애착은 개인이 배우자를 찾고 장기적으로 안정적인 관계를 유지할 가능성을 높일 수는 있지만 불안정 애착을 일종의 장애 혹은 평생 동안 지옥 같은 관계를 맺게 된다는 선고로 받아들일 필요는 없다. 이미 인구의 절반 이상이 불안정 애착 유형이기에 우리는 진화적인 관점에서 이들에게도 장점이 부여되었을 것이라고 생각할 수 있다. 사실 영유아기에 불안정 애착은 적응력을 높일 수 있다. 이상적이지 않은 관계에서는 이 성향이 아이를 보호해줄 수 있다. 불안한 아이는 엄마나 다른 양육자가 관심을 갖도록 유도할 수 있으며 회피형 아이는 거절당했을 때 상처를 덜 받기도 한다. 이러한 상황에서는 계속해서 안정적인 아이처럼 행동하는 것보다 불안형이나 회피형인 것이 더 효과적일 수 있다.

최근에 주목받은 연구 결과를 보면 불안형과 회피형인 성인들에게는 개인뿐만 아니라 지역 사회에도 도움이 되는 소중한 장점들이 있다고 한다.

이스라엘 심리학자인 사치 아인도르 연구 팀에 따르면, 초기 인류 사회에서 불안 애착 유형 부족원은 위험 신호에 매우 민감하여 '보초병' 역할을 하면서 다른 사람들에게 위험을 알렸다. 회피 유형 부족원은 독립심이 강하고 자립적으로 행동하는 경향이 있어 '신속 대응자'가 되어 마을을 보호하기 위해 중대하면서도 위험한 행동을 먼저

취할 수 있었다.[14]

개인 수준에서도 불안정 애착 유형만이 지닌 장점들이 있다. 회피 애착은 자립심이 강하고 타인과 밀접한 접촉을 불필요하게 여기므로 출장이 잦거나 장시간 혼자 일하는 직업에서 두각을 나타낼 수 있다. 그리고 앞서 말했듯이 위협에 민감한 불안 애착 유형은 일종의 조기 경보 시스템으로서 '보초병' 역할을 잘 해낼 수 있다.

또한 불안한 사람들은 감정적인 환경에 매우 민감해서 작가, 음악가 등 예술을 통해 인간의 조건을 표현하는 사람들 중에 이런 유형이 많은 편이다. 존 레넌의 노래 〈마더〉 첫 구절을 보자. "당신은 날 가졌죠. 하지만 나는 당신을 가진 적 없어요." 물론 이 노래 가사와 반대로 어머니의 한결같은 사랑에 찬사를 보내는 폴 사이먼의 노래도 있다. 〈바위처럼 굳게 나를 사랑하시지〉의 가사를 보자. "엄마는 나를 사랑해. 엄마는 나를 사랑해 무릎을 꿇고 나를 안아주시지."

해리가 강의를 마무리하기 시작했다.

"지금 여러분이 불안형이라면 앞으로도 영원히 불안형으로 살게 될까요?"

대답은 그렇기도 하고 아니기도 하다.

볼비가 주장했듯이 애착의 심성 모형은 '견고하게 유지되는 경향'이 있기 때문이다. 최근 연구에서 평생 동안 애착 유형이 유지될 확률은 70~75퍼센트이다. "그 말은 우리가 사람들을 애착 유형 분류표에 넣을 때 70~75퍼센트의 사람들은 앞으로도 변함없이 같은 범주 안에 머물며 살아간다는 뜻이죠."

이미 형성된 애착 유형을 바꿀 수 있을까?

한번 형성된 불안정 애착 성향이 평생 동안 지속되는 경우가 많기는 하지만 해리는 학생들에게 '획득된 안정'이라는 개념을 이해시켜 주려 했다.

이때 특히 모든 학생들이 집중했다.

"'획득된 안정'이란 뭘까요? 조건으로 보면 불안정할 수밖에 없는데도 그렇지 않은 사람을 말합니다."

획득된 안정은 두 가지 방식으로 이루어질 수 있다. 첫째, 주 양육자가 아닌 다른 사람이 양육자의 대체자가 되어 그 사람과 단단하고 의미 있는 관계를 맺는 것이다. 어린 시절이나 청소년기에는 이모나 삼촌, 양부모, 학교 교사, 멘토, 코치가 대체자가 될 수 있다.[15] 성인기에는 연인이나 배우자와 이어 가는 안정적인 생활이 도움이 될 수 있다. 때로는 심리치료사가 도움을 줄 수도 있다. "다른 사람과 함께한 귀하고 소중한 경험은 인생에 강력한 영향을 끼치게 됩니다." 해리는 설명했다. 둘째, 획득된 안정은 스스로 자신의 인생을 깊이 성찰하고 고민하여 의미 있는 통찰을 이끌어내는 데서 생기기도 한다. 상담의 도움을 받으면서 스스로 이렇게 설득하는 것이다. "그래, 내 어린 시절은 한마디로 거지 같았지. 하지만 난 더 나아질 수 있어."

해리는 획득된 안정은 대부분 단단하고 의미 있는 관계에 깊은 성찰이 결합된 결과라고 말했다. "획득된 안정 유형은 누가 봐도 엉망진창인 어린 시절을 겪었지만 수많은 경험을 거치면서 안정 애착을 얻게 된 사람입니다. 여전히 어떤 수준에선 불안이나 회피 성향일 수는 있지만 그 성향을 어떻게 다루어야 할지를 아는 거죠."

수업이 거의 끝나 갔다.

"하지만 '내가 변할 수 있을까?'보다 더 좋은 질문이 있지 않을까
요?" 해리는 강의를 마치기 전에 한 가지만 더 당부하고 싶어 했다.
"'내 애착 유형을 그대로 갖고도 나쁜 상황을 자초하지 않으면서 삶
을 살아갈 수 있을까?'가 되겠죠. 대답은 '그렇다'입니다. 안 좋은 결
과를 초래하는 과정을 뒤집는 법을 배울 수 있습니다. 애착 유형을
바꾸지 못한다 해도 이 성향의 영향력을 숙지하고 있다면 결과만큼
은 바꿀 수 있습니다. 결과를 바꿀 수 있다면 애착 유형이 무엇이건
크게 상관없지 않을까요?"

수업이 끝나고 나는 니트 셔츠나 코트를 입은, 이제 고등학교를
갓 졸업한 앳된 학생들을 둘러보았다. 노트북을 정리하고 백팩을 매
는 모습을 보면서 이들 모두 통제할 수 없고 기억도 나지 않을 영유
아기의 경험이 형성한 애착 유형을 끌고 다니고 있겠다는 생각이 들
었다. 앞으로 이 학생들이 하게 될 선택이나 맺는 관계 또한 애착 유
형의 영향권 안에 있을지도 모른다. 어떤 우정은 유지될 것이고 어떤
우정은 깨질 것이며 사랑하고 이별하고 결혼하고 어쩌면 이혼도 할
것이다. 이들의 직업 선택에도 애착 유형이 영향을 끼칠지 모른다. 대
학교 교양 수업에서 배운 지식이 이들의 앞날을 조금이라도 수월하
게 만들어주길 바랐다.

내 입장에서는 이 수업을 통해 내가 이제까지 무엇을 안고 살았는
지 드디어 깨달은 기분이었다. 거의 60년 동안 내가 안고 살아온 것

은 바로 불안 애착 유형이었다. 물론 해리는 정도의 차이가 있다고 했다. 그렇다면 나는 얼마나 불안한 유형일까? 해리의 말대로 나 또한 불안 애착 유형의 긍정적인 부분을 활용하며 나쁜 부분을 피해 갈 방법을 찾을 수 있을까? 내 애착 유형은 이미 몇십 년 전에 완성되었지만 우리 성격과 우리 삶의 가장 핵심적이고 매혹적인 이 분야에 대한 나의 탐구는 이제 막 첫 걸음마를 뗀 셈이었다.

2장

나의 애착 유형 확인하기

관계를 설명하는 다섯 형용사

애착 유형, 성격과 행동을 이해하는 열쇠

해리 리스의 수업을 청강하고 몇 달 후 나는 정신의학자 모리시오 코르티나와 워싱턴 D.C.에서 만나 커피를 마시기로 했다. 이미 몇 주 동안 메일을 주고받았고 통화도 한 번 했지만 직접 대면은 처음이었다. 이야기 도중 그가 우리가 나눈 대화만으로도 나의 애착 유형을 알아맞힐 수 있는지 궁금해졌고 그러다 이렇게 나를 어떻게 생각하는지 궁금해하는 것 자체가 불안 애착 유형의 증거일 수도 있음을 깨달았다.

67세의 모리시오 코르티나 박사는 보통 체격과 둥근 얼굴, 숱이 적은 머리와 온화한 목소리를 가지고 있었다. 환자를 진료하지 않는 화요일이었기에 폴로셔츠, 카키색 바지에 스니커즈를 착용한 캐주얼한 차림이었다. 그는 그날 시간을 내어 나에게 성인 애착 유형을 측정하는 가장 정확한 기준으로 일컬어지는 성인 애착 면접(Adult Attachment Interview, AAI)을 해주기로 했다. 아동의 애착 유형을 판단할 때 사용하는 '낯선 상황' 실험*과는 다르게 성인 애착 면접은 현재 성인인 사람의 애착 유형 검사가 목적이다.

코르티나는 1970년대에 정신과 병원에서 진료를 시작할 무렵 존 볼비의 책을 읽었다.

"그때 이렇게 중얼거렸던 생각이 나네요. '와. 이거 대단한데. 훌륭한 저서야.' 취약한 관계와 신뢰 관계에 관한 이론이잖아요. 물론 이 이론이 모든 걸 다 설명해주진 않죠. 애착 외에도 사람의 성격을 형성하는 요소들이 있으니까요. 하지만 애착 이론은 본질적이고 핵심적인 부분을 포착해냅니다."

그는 애착 이론을 일찍 받아들여 워싱턴 정신의학학회에 '애착과 인간 발달 센터'를 설립하기도 했다. 또한 성인 애착 면접을 실시하는 방법을 교육받고 자격증을 취득했다.

성인 애착 면접은 1980년대에 캘리포니아 버클리대학의 심리학 교수 메리 메인과 동료들이 고안했으며 성인의 애착 유형을 평가할 수 있는 질문들로 구성되어 있다. 면접 대상자는 전문가에게 어린 시절 부모와의 관계에 관한 자유 응답식 질문을 받고, 불편하게 느꼈거나 위협당했거나 거절당한 경험이 성인기 성격에 어떤 영향을 끼쳤는지

낯선 상황 실험 영유아의 애착 유형을 측정하기 위해 캐나다 태생의 발달심리학자 메리 에인스워스가 고안해낸 실험이다. 낯선 장소에서 엄마와 아이가 분리되었다 재회했을 때 아이의 반응을 관찰한다.

에 관한 질문도 받는다. 이 검사의 목표는 면접 대상자의 유아기 경험이 실제로 어떠했는지 평가하는 것이 아니다. 그렇게 하기에는 우리의 기억은 신뢰할 수 없는 편이다. 그보다는 그 사람이 다른 사람과 맺은 관계 속에서 자신을 어떻게 보는지와 관련된 '심성 모형'을 알아내는 것이 목표다.[1] 2009년 네덜란드의 연구자들은 25년간 10,500건의 성인 애착 면접을 실시하고 성인 애착 면접이 "국가와 문화를 초월해 타당한 근거를 갖고 있다"고 결론 냈다.[2]

"애착 이론은 이제 제 뼛속 깊이 배어 있다고 할 수 있죠." 코르티나가 말했다. "가끔은 심리 치료에도 활용해요. 아기를 키우는 내담자들과 애착 이론을 이야기하다 보면 대부분 이렇게 말하죠. '알죠. 너무 중요하죠!' 자신과 아기의 관계가 발달에 결정적이라는 사실을 **직감적으로** 아니까요."

"성인들이 자신의 애착 유형을 알면 도움이 되나요?" 내가 물었다.

"물론입니다. 정서적인 면에서 다른 사람에게 어떤 기대를 품고 있는지가 사람들의 심리와 관계에서 중요한 부분을 차지하죠. 그 사람에게 의지할 수 있나? 그 사람은 나에게 기댈 수 있을까? 물론 그게 심리학의 전부는 아닙니다만 심리학의 가장 중요한 부분 아니겠습니까?"

이후 코르티나와 애착 유형은 개인의 전반적인 인생관과 행동에서 한 측면일 뿐이라는 이야기를 나누었다. 안정 애착인 사람이라고 해서 앞으로 관계에서 스트레스나 골칫거리나 우울을 겪지 않으리라는 보장은 전혀 없다. 애착 외에도 다양한 요소들이 동시에 작용하기 때문이다.

코르티나는 성격 형성에 영향을 주는 요소로 유전을 언급하며 어떤 유전적 요소가 표출되고 표출되지 않는지는 문화적 환경(가족, 경제, 양육 환경)이 결정한다고 했다. 형제자매와 또래 친구, 제도와 학교 같은 더 광범위한 문화적 요소도 언급했다. 이 외에도 수많은 다양한 요소가 인간의 성격을 형성한다. 또한 애착 외에도 성격을 묘사할 수 있는 다른 방식도 많다. 예컨대 심리학자들은 인간의 성격 특성을 다음 다섯 가지로 크게 나누기도 한다. 외향성(extroversion), 친화성(agreeableness), 개방성(openness), 성실성(conscientiousness), 신경성(neuroticism).

코르티나는 이렇게 말했다. "그렇다 해도 애착 이론은 많은 임상 심리학자들에게 인간의 성격과 행동을 이해하기 위한 중요한 도구로 사용되죠."

너무 성급하거나 사적인 질문이 되지 않기를 바라면서 내가 물었다. "혹시 선생님의 애착 유형은 어느 쪽인지 아십니까?"

그는 동료가 한번 검사를 해준 적이 있는데 공식적으로 몇 점인지는 듣지 않았지만 '약간 회피 성향이 있는' 안정형으로 나온 것 같다고 말해주었다.

(정확하게 말하면 성인 애착 면접은 사람들을 '안정형' '거부형 dismissing' '집착형preoccupied'으로 분류한다. 이 용어는 내가 이 책에서 사용하는 좀 더 보편적인 용어인 '안정형' '회피형' '불안형'과 유사하기에 편의상 이 용어를 계속 사용하기로 한다.)

코르티나 박사는 자신의 애착 유형의 뿌리를 설명하기도 했다. "어머니는 늘 제 곁에 있긴 했지만 제 감정에 민감하게 반응해주셨다고 말하기는 어려워요. 부모님은 저를 사랑하셨고 아버지와 관계는 좋은 편이었지만 저는 대체로 사람들에 대한 기대가 적었죠. 물론 심리 치료를 통해 발견하기 전까지는 전혀 인식하지 못한 면이기도 했지요."

그의 어머니는 100세까지 사셨고 바로 전해 겨울에 돌아가셨다.

어머니와 이런 것들에 관해 대화를 나누어본 적이 있을까?

"아뇨. 없습니다. 어머니는 의식하지 못하셨어요. 아마 제가 말을 꺼냈다면 상처받으셨을 겁니다. 자녀를 온 마음으로 사랑하셨고 그에 대해서 확신하셨기에 어린 시절의 제 감정을 꺼내는 건 아무 효과가 없었을 겁니다. 더 깊이 들어갔다면 어머니 마음만 아프게 만들었을 겁니다."

그의 애착 유형에 대해 이야기를 나누기 시작하면서 우리는 자연스럽게 마음을 열었고 코르티나는 자신의 개인사에 대해서 더 많은 이야기를 털어놓았다. 그는 이혼하고 재혼했으며 두 번째 아내를 만난 건 '인생의 가장 큰 행운'이라고 믿지만 재혼 초기에는 공황장애를 겪으며 힘겨운 나날을 보내기도 했다고 한다. 그 시기에 부모 역할에도 자신이 없었는데 당시 심리치료사가 될 준비를 하고 있던 성인 자녀, 또 손자손녀들과도 관계를 어떻게 원만하게 유지해 나가야 할지 고민스러웠다. 또한 어머니가 돌아가시고 유산 관리인이 되면서 유언장을 놓고 여섯 명의 형제들 사이에 일어난 분쟁도 해결해야 했다.

나는 정신과 의사가 이렇게 사생활을 스스럼없이 털어놓는 데 놀라기도 했고 역시 내 인터뷰 기술이 뛰어나서 그럴지도 모른다며 내심 뿌듯해하고 있었다. 그런데 그 순간 박사가 이렇게 말했다. "피터, 일부러 이런 이야기를 꺼내봤습니다. 나중에는 내가 매우 개인적인 질문을 해야 할 테니까요. 어쩌면 고통스러운 기억을 꺼내게 될지도 몰라요. 그래서 먼저 저 자신에 대해서 약간 털어놓았습니다. 그래야 공평하지 않겠습니까."

아, 그랬구나.

우리는 메릴랜드주 실버스프링에 있는 그의 자택 겸 사무실로 같이 차를 타고 갔다. 그곳에서 나의 성인 애착 면접을 실시했다.

나의 주 양육자는 누구였나

코르티나 박사는 책상 위에 작은 녹음기를 올려놓더니 말했다. "준비되었으면 시작할까요."

카페에서 집으로 오는 사이에 그와 더 편해졌다고 느꼈고 그를 성이 아닌 이름으로 불렀다.

"준비됐어요, 모리시오." 나는 노트를 꺼냈다.

우리는 평범한 2층 주택 끝에 있는 크고 책이 빼곡한 방에 앉아 있었다. 그는 책상 뒤 회전의자에 앉아 나를 보았고 나는 책상 가까이에 있는 소파에 자리를 잡았다.

성인 애착 면접은 대략 한 시간 정도 걸리는데 20개의 질문을 차례대로 묻고 각 질문에 구체적인 질문이 덧붙을 수 있다. 이 인터뷰를 녹음하고 녹취록을 작성하여 제3자가 평가한다. 이 질문지를 고안한 연구자 중 한 명인 버클리대학의 에릭 헤스는 성인 애착 면접을 받는 것은 "쉬워 보일지 모르지만 그렇지 않다"고 경고한다. 당사자는 자신의 인생사에 관한 까다로운 질문에 대답해야 하는데 그중에 많은 질문이 '이제까지 한 번도 받지 못했던 질문'이다. 검사는 '빠르게' 진행되는데 그래야 "무의식을 건드릴 수 있기" 때문이다. 헤스는 다시 경고한다. "대체로 이 경험은 예상보다 훨씬 더 강한 인상으로 남을 수도 있다." 나중에 평가자가 이 면접에서 중점적으로 찾게 될 것은 인터뷰 내용 자체보다 이 서술자가 일관성 있고 논리정연하게 말하는지 혹은 답변이 '모순되거나 일관성이 부족한지'가 될 것이다.[3]

나는 독자들이 이 면접이 어떻게 진행되는지 지켜보면서 밀도 높은 경험을 시뮬레이션해볼 수 있게 내 답변을 이 지면에 자세히 기록하려 한다.

(전문적인 애착 유형 검사를 받고 싶다면 코르티나 박사처럼 성인 애착 면접을 교육받은 공인된 전문가를 만나는 편이 좋다. 어떤 연구자들은 성인 애착 면접을 그리 추천하지 않기도 하는데 인터뷰어나 평가자가 실수를 하면 부정확한 결과를 얻을 수도 있기 때문이다. 만약 내가 평소에 상담받는 심리치료사가 공인된 성인 애착 면접 전문가라면 그 사람에게 검사를 받는 편이 나을 수도 있다. 환자를 더 잘 파악하고 있는 의사나 치료사에게 해석을 맡기는 편이 정확하다는 뜻이다. 그러나 다른 애착 전문가들은 성인 애착 면접을 통해 자기 자신에 대해 알게 되는 건 단점보다는 장점이 많다고 주장한다. "성인 애착 면접 결과로 본인에게 유용한 정보를 얻을 수 있습니다." 코르티나 박사도 이렇게 말했다. 모든 검사는 결국 인간이 하는 일이기에 실수가 있을 수 있다는 점을 기억하고 만약 인터뷰를 하기로 했다면 그 결과를 적절하게 해석하고 받아들이면 된다. '친밀 관계 경험Experiences in

Close Relationships' 검사를 해볼 수도 있는데 그 질문지는 이 책의 부록에 수록되어 있다. 이 검사는 성인 애착 면접과는 다른 요소를 평가하지만 한편으로 검사 대상자의 애착 유형을 대략 판단하게 해준다.)

"자, 그럼 첫 번째 질문부터 시작합니다." 코르티나가 녹음 버튼을 눌렀다.

여전히 온화한 목소리였지만 전문가다운 어조로 바뀌었다. 그가 정신과 의사 모드로 전환되었다고 느꼈다.

"먼저 가족 이야기부터 들어볼까요. 지금 어디에 사는지, 어디에서 태어났고, 이사를 많이 다녔는지, 아버지와 가족의 직업은 무엇이었는지 전반적인 소개부터 시작합시다."

녹음기 안의 소형 카세트가 돌아가는 소리를 제외하곤 방은 고요했다.

내가 입을 열었다. "저는 뉴욕주 로체스터에서 태어났습니다. 위로 형제가 둘인데 열 살 위인 형, 일곱 살 많은 누나가 있습니다. 아버지는 형제들과 사업을 하셨습니다. 인쇄소를 세워 운영하셨어요."

"이사를 자주 다녔나요?" 코르티나가 물었다. 내가 처음 질문에서 그 답변을 빼놓은 것이다. 우리 가족은 1957년 내가 네 살 때 도시에서 교외의 새로 지은 집으로 이사 갔다. 우리 가족도 전형적인 50년대 대규모 도심-교외 이동 인구였다.

"집에 다른 어른들도 함께 살았나요?" 그가 물었다.

"네." 우리 집에는 입주 도우미가 있었다. "어머니가 누나를 낳은 이후에 경미한 성인 소아마비 증세를 보이셨어요. 그래서 제가 태어난 후 저를 돌봐줄 나이 지긋한 여자분을 고용했어요."

"그분에 대한 기억이 있나요?" 그가 물었다.

"아니요. 사실 두 분이었습니다. 한 분은 돌아가셨고 다른 분은 우리 부모님이 내보냈어요."

"그렇다면 누가 당신을 길렀다고 볼 수 있을까요?"

코르티나는 시작한 지 2분도 채 지나지 않아 나의 유아기에서 가장 핵심적인 문제로 들어갔다.

"그건 6만 4천 달러짜리 질문인데요?" 내가 불안하게 웃으며 말했다. "사실 누가 저를 키웠는지 저도 모르겠습니다. 그런데 어머니는 아닌 것 같아요."

"그렇군요." 코르티나는 아무런 감정도 내비치지 않았다.

"답변의 범위를 어떻게 정하면 될까요? 사실 이 질문만으로도 한참을 이야기할 수 있거든요."

"당신이 느끼기에 당신을 키운 사람이 누구인지가 궁금한 거죠." 그가 말했다.

30여 년 동안 정신과 진료를 해온 사람답게 코르티나의 인터뷰 기술은 역시 능숙했다. 그날 아침에 분명 그는 준비된 질문지를 따랐을 뿐이었지만 나는 꼼짝 없이 내게 쏟아지는 집중적인 관심을 받아내야 했다. 그의 속삭이는 듯한 작은 목소리가 번잡한 커피숍에서는 잘 들리지 않아 약간 짜증스럽기도 했지만 고요한 사무실에서는 날 안정시켰고 조심스레 달래는 것처럼 들리기도 했다. 이내 마음이 편안해졌고 내가 할 수 있는 한 가장 정직하고 충실하게 답했다.

"저를 키운 건 아무래도 아버지 같습니다. 어머니에 대한 기억이 거의 없다시피 합니다. 그리고 유모에 대한 기억은 아예 없습니다.

듣기로는 제가 한 살 때 처음 왔던 유모가 심장 마비로 돌아가셔서 두 번째 유모가 들어왔다고 합니다. 두 번째 유모의 사진을 보긴 했는데 기억이 나지 않았습니다. 제가 말이 트일 무렵 말을 더듬어 부모님이 걱정하셨고 어머니가 소아정신과에 데려갔더니 그 의사가 유모를 내보내는 편이 낫겠다고 권했다고 들었습니다. 몇 년 후에 어머니에게 물어보니 의사가 했던 말을 전해줬어요. '이 아이는 누가 엄마인지 모릅니다. 도우미는 보내시고 어머니가 직접 키우시는 편이 좋겠습니다.'"

코르티나는 그 일이 언제 일어났는지 물었고 나는 아마 세 살 정도였을 거라고 대답했다.

그의 관심과 자상한 말투에도 불구하고 이렇게 사적인 이야기를 오늘 처음 만난 사람에게 털어놓자니 기분이 묘해졌다. 내가 한 모든 대답은 사적이었고 감정이 들어가 있었으며 일부는 부끄럽기도 했다. 그런데 듣고 있는 사람은 아무런 의견이나 위로 없이 곧장 다른 질문으로 넘어갔다. 나중에 성인 애착 면접이 어떻게 구성되는지를 읽다가 이 빠른 진행은 검열 없이 솔직한 대답을 끌어내기 위해 의도적으로 기획된 전제라는 사실을 알게 되었다. 하지만 당시에는 꺼내기 쉽지 않은 이야기를 털어놓은 후에 상대에게 빈말로라도 '힘들었겠네요' 같은 대답을 전혀 듣지 못하니 약간은 당황스러웠다.

"계속합시다. 부모님과의 관계를 형용사 다섯 개로 묘사해볼 수 있을까요. 시간이 걸려도 됩니다. 형용사를 다섯 개나 떠올리기가 쉽지 않으니까요. 그 다음에는 왜 그 단어를 골랐는지 물어볼 겁니다. 누구부터 시작할지는 알아서 선택하시면 됩니다."

어쩐지 이상한 요구 같았지만 어쨌든 충실히 따라가고 싶었다.

"알겠습니다. 어머니부터요. 어머니를 다섯 단어로 묘사하라고요."

"어머니와 당신의 관계를요."

"아, 관계요. 알겠습니다. 그런데 어느 시기의 어머니죠?"

"가능한 가장 오래된 어린 시절 기억으로요. 거기서부터 시간 순서대로 하시면 됩니다."

이후에 알게 된 바에 따르면 이 '다섯 개의 형용사'가 성인 애착 면접의 핵심이었다. 에릭 헤스는 이를 '형용사 별자리'라고도 불렀는데 질문받은 사람이 즉시 '어린 시절 관계의 일반적인 성격'을 보여주는 개요를 제공하게 되기 때문이다. 형용사를 일단 말하고 나면 그 사람은 부모와 맺었던 관계에 대해 '특정한 입장'을 취하게 된다. 그 다음에는 선택한 각 단어를 뒷받침할 수 있는 특정 기억을 떠올리도록 '재촉'받게 된다.[4]

내가 제시한 첫 두 형용사는 "거리감 있는"과 "믿을 수 없는"이었다.

"하지만 우리가 이사한 다음, 다섯 살 때부터는 '따스하고' '다정하고' '신뢰를 주는'이 되었습니다.

그는 각각의 형용사를 뒷받침할 수 있는 특정 기억을 생각해보라고 했다.

"먼저 '거리감 있는'부터 해볼까요." 코르티나가 말했다.

"제가 '거리감 있는'이라고 말한 이유는 어머니와 신체를 접촉한 기억이 없기 때문입니다. 어머니가 저를 안아주거나 위로해준 기억이라든가 제 곁에 있어주었던 느낌이 단 하나도 떠오르지 않아요." 내가 대답했다.

"'믿을 수 없는'은요?" 그가 물었다.

나는 코르티나에게 어머니에게 양말에 오른쪽 왼쪽이 있냐고 물었다가 상관없다는 대답을 듣고는 어머니가 진실을 말하고 있지 않다고 생각했던 일화를 말했다. 또 어머니가 집에 계셨는데도 아버지가 출근할 때 심하게 떼를 쓰고 짜증을 부렸던 일도 이야기했다.

"그러면 다음 형용사로 넘어가죠. '따스한'."

"새로운 동네 새로운 집으로 이사 가고 저도 새 학교에 다녔죠. 그때부터는 어머니가 항상 곁에 계셨던 기억이 있어요. 밤마다 제 침대 곁에 와서 재워주시고 학교 행사에도 꼭 참석하셨습니다. 다른 엄마들처럼요."

코르티나는 더 자세한 답을 원했다. "어머니가 항상 곁에 있었다는 구체적인 기억이 있나요?"

없었다. 그러나 다른 누군가가 언제나 내 곁에 있긴 했다.

"다른 사람을 한 명 더 소개해야 할 것 같아요." 내가 말을 돌렸다.

"누구일까요?"

"새집으로 이사하면서 집에 가사 도우미가 생겼어요. 이름은 아이린이었고요. 남부에서 가족과 함께 이주해 온 지 얼마 안 된 흑인 여성이었어요. 아마 지금은 흑인 대이동*이라고 부르는 시대 상황의 일부였겠지요. 저는 그분과 매우 가까웠어요. 사실 학교를 마치고 집에 돌아오면 항상 그분이 맞아주셨어요. 잘은 모르겠지만 제 기억으로

흑인 대이동(Great Migration) 1910년대부터 1970년 무렵까지 남부 흑인 인구가 북부로 대거 이주한 현상을 일컫는 말.

는 집에 왔을 때 어머니는 자주 안 계셨지만 아이린은 있었어요. 그 시간이면 집안일을 마치고 제 간식을 챙겨주셨죠. 가끔 같이 카드놀이도 했고요. 어머니와는 달리 강인한 분이었어요. 신체적으로 건강하고 체격도 크고요. 정서적으로도 안정되어 있었죠. 저는 그분의 그런 면을 참 좋아했습니다."

그리고 우리는 '다정한' '신뢰를 주는'이라는 말에 대해 이야기했다. 유아기에서 점차 아동기로 옮겨 갔고 초등학교와 중학교 시절까지 이어졌다. 모두 새로운 동네의 새로운 집에서 일어난 일이었고 어머니와 서로 사랑하고 신뢰하는 관계를 맺었던 기억에 관한 이야기는 어렵지 않게 흘러나왔다.

"이제 똑같은 과정을 아버지와 관련해서 해볼까요? 형용사 다섯 개. 먼저 가장 오래된 기억부터 거슬러 올라가죠."

나는 시간을 끌지 않고 바로 '보살펴주는' '무서운' '거리감 있는' '사랑하는' '바쁜'을 말했다.

"먼저 '보살펴주는'부터 시작할까요?"

아버지가 나를 업고 침대로 데려다주셨던 기억에 대해서는 확실히 말할 수 있었다. "그 장면은 정말 또렷이 기억나요. 밤중이었고 제 볼을 아버지 볼에 꼭 붙이고 있었는데 아버지 뺨에서 꺼끌꺼끌한 수염의 감촉을 느낄 수 있었거든요. 아침에 면도를 해도 오후면 거뭇거뭇 돋아나는 수염이었겠죠. 아버지 등에 업히면 얼마나 안전하게 느껴졌는지, 아버지 목에 팔을 감았을 때 얼마나 가깝게 느껴졌는지 지금도 기억합니다."

"새집으로 이사 가기 전의 기억인 거죠? 대략 네 살쯤?" 코르티나가 물었다.

"아마 세 살 무렵이었을 겁니다."

그때 녹음기가 딸깍 소리를 냈다.

"테이프 바꾸어야 하나요?" 내가 물었다.

코르티나 박사가 녹음기를 살펴보는 동안 나는 방을 둘러보았다. 책상 바로 옆 책장에는 챙이 넓은 여름 모자를 쓴 매력적인 노년의 여성 사진이 담긴 액자가 있었다. 나중에 코르티나 박사가 확인해준 바에 따르면 사진 속 여성은 내 예상대로 그의 어머니였다. 내 눈에는 어머니가 매우 자상해 보여서 코르티나 박사가 묘사한 '무심한' 느낌이 전혀 없었다. 하지만 나는 그분의 아들이 아니고 그분은 나를 키우지 않았으니 어떻게 알겠는가.

"이제 됐네요." 코르티나는 녹음기를 눌렀다. "당신 아버지를 묘사한 '보살펴주는'이라는 형용사를 다시 한번 짚어보겠습니다. 아버지에게 '체감각(kinesthetic, 후각, 미각, 촉각)'의 기억을 갖고 있네요. 무슨 단어인지 아시죠?"

"체감각이라고요?" 내가 물었다.

"촉각이죠." 그가 말했다. "그 장면을 한 번 더 묘사해보세요."

"아, 아버지가 저를 입고 침대로 데리고 가셨어요. 그때 내 볼을 아빠의 까끌한 수염이 자란 얼굴에 비볐죠."

"그렇군요. 그런데 그 다음 단어는 '무서운'입니다."

"네. 어쩌면 양육의 다른 면이라고 할 수도 있죠. 엄하시기도 했어요. 기억하는 날이 있는데 아마도 서너 살 때였을 겁니다. 제가 유치원에 가지 않겠다면서 구석방 큰 소파 뒤에 숨었는데 아버지가 당장 나오라고 명령했어요. 제가 나오지 않자 의자 뒤로 오시더니 팔을 잡아당긴 다음 말 그대로 집 밖으로 끌고 나갔죠."

코르티나 박사가 물었다면 나는 아버지가 내 팔의 어느 부분을 잡아당겼는지 보여줄 수도 있었다. 물론 자국이 남았을 리 없고 아버지가 나를 때리거나 다치게 한 적도 없었다. 하지만 이런 일은 그냥 기억에 남는 그런 것이다. 무려 56년이 지난 지금도 아버지가 잡아당긴 부분이 팔의 어디인지를 정확히 짚을 수 있다.

세 번째 언급한 형용사는 '거리감 있는'이었다.

나는 성장하면서 아버지와의 관계는 '약간 의무적이거나 어색한' 느낌이 되었기 때문이라고 말했다. 컵스카우트(보이스카우트 가운데 초등학생을 대상으로 하는 조직)에서 아버지와 함께하는 만찬 시간이 있었는데 사실 그런 행사에 아버지와 같이 가고 싶어 하는 마음이 부끄럽기도 했다. "가긴 갔는데 내내 어색했죠." 아버지에게 TV 광고에서 본 서커스장에 데려가 달라고 부탁했을 때도 부끄럽고 어색했다. 아버지는 형과 누나의 숙제를 도와주거나 학교 행사에 갈 때 나와 함께할 때보다 더 편안해 보였다.

"그래도 이런 일도 있었습니다. 6학년 때 학생회장 선거에 나가서 전교생 앞에서 연설을 했어요. 그때 학교에 오셔서 강당 뒤에 서서 제 연설을 들어주셨어요. 저한테 큰 의미였어요."

"그렇군요. 그러면 네 번째 단어인 '사랑하는'은요"

"그건 앞에서 말하지 않았나요?" 나는 웃으며 물었다. "아버지가 저를 사랑한다고는 확실히 느꼈죠."

"그 느낌을 뒷받침할 일화가 있나요?"

"말한 대로 저를 침대로 데려갈 때 다정하셨고." 여기서 잠깐 말을 멈추었다. "더 많은 일화가 생각났으면 좋겠는데 잘 안 나네요."

잠시 침묵이 이어졌다.

"아버지는 성공한 사업가였습니다. 가족의 생계를 책임지셨죠. 그 것 또한 우리를 향한 사랑의 표현이었다고 생각합니다. 매일 저녁 집에 와서 가족과 함께 저녁 식사를 했어요. 아마 4학년 때부터는 제 숙제도 도와주셨던 것 같습니다."

"이제 마지막 단어로 갑시다."

"제가 뭐라고 했죠." 나는 몇 분 전에 말한 다섯 번째 단어가 기억나지 않아 민망해 웃어버렸다.

"'바쁜'이었죠."

"아, 네. 집안에는 계셨지만 사춘기 이후에 대화는 보통 어머니와 했던 것 같아요." 나는 대강 그렇게만 말하고 다음으로 넘어갔다.

코르티나 박사가 다음 질문을 위해 질문지를 훑어보고 있을 때 만약 너무도 사랑하는 내 자녀들이 나와의 관계를 묘사하는 다섯 개의 형용사를 제시하라고 하면 어떤 단어를 떠올릴까 궁금해졌다.

"어렸을 때 울컥하거나 화나면 어떻게 했나요?"

"울었죠. 떼쓰고요. 누나한테 달려갔어요. 누나도 한결같이 저를 돌보아준 사람 중에 한 명이죠. 날 잘 챙겨주고 내 편을 들어줬어요. 특별히 숨는 장소는 없었습니다. 안전하게 느꼈던 장소가 기억나진 않네요.

제 눈에 어머니는 사람 자체가 좀 약한 것처럼 보였습니다. 그래서 어머니의 보살핌이나 양육이 크게 안 다가왔는지도 모릅니다. 항상 아버지한테 의지하는 편이었죠. 그래서 살림을 도와주던 씩씩한 아이린 아주머니가 멋있어 보였나 봐요. 그분은 도시에 살아서 우리 집에 오려면 버스를 갈아타야 했는데 버스 정류장에서 우리 집까지 1.5킬로가 넘는 길을 비가 오나 눈이 오나 심지어는 폭풍우 속에서도 걸어 오셨으니까요. 우리 집에서 오전 9시부터 오후 4시까지 근무한 다음 다시 버스 정류장으로 걸어가 버스를 갈아타고 집으로 가셨죠. 퇴근 후에는 자신의 가족들을 돌보았겠죠. 항상 그 자리에 한결같이 계셨고 인내심 있었고 신체적으로 강건했고 저를 보살피고 저와 놀아줄 시간까지 마련하셨어요. 제가 하교할 시간에 비가 많이 오면 버스 정류장까지 데리러 와서 같이 집까지 걸어왔죠. 그분의 관심을 받지 못한 적이 없었어요. 그래서 학교 끝나고 집에 갈 때 그분한테 간다고도 생각했더랬죠."

그 도우미에 대해 생각보다 긴 독백을 하고 갑자기 정신이 났다. "아 그런데 우리가 무슨 이야기 하다가 이야기가 딴 데로 흘렀을까요?" 나는 웃으며 말했다. "무슨 이야기 하고 있었는지 잊었네요."

"울컥하거나 화나면 어디로 가는지 이야기하고 있었죠."

그가 말을 이었다. "이 질문은 대답이 된 것 같네요. 또 하나 중요한 질문이 있습니다. 선생님이 화나거나 다쳤을 때 부모님 중에 한 분이 안아주거나 위로해준 적이 있나요?"

내가 아플 때 안아준 사람은 어머니였을 거 같지만 언제 어떻게 안아주셨는지 기억나지는 않는다고 했다.

분리와 거부의 기억

코르티나 박사는 기억 속에서 부모님과 처음으로 분리되었던 때가 언제였냐고 물었다.

"분리요?"

"이를테면 캠프에 간다거나 했던 경험이죠."

"아홉 살 때 처음으로 캠프에 갔습니다. 여름 방학 내내 캠프에 있었는데 지금 생각해보니 그렇게 길게 머물 필요가 있었나 싶지만요. 그보다는 분리라고 하면 다른 기억이 하나 떠오릅니다. 우리 가족이 전반적으로 어땠는지 말해주는 일화 같아요.

일곱 살이었고 일요일이었는데 집 앞에서 자전거를 타고 있었어요. 그때 아버지가 집 앞으로 나오시더니 말씀하셨어요." 그러고 나서 나는 당시 일곱 살이었던 나의 귀에 들렸던 아버지의 굵은 목소리를 흉내 냈다. "'자전거 당장 들여놔라. 지금 병원에 가야 된다. 오늘 편도선 제거 수술 받을 거다.' 아, 그렇구나. 생각했죠. 그런데 편도선 제거라는 말은 그때 처음 들었거든요."

이야기하면서도 웃음이 터졌다.

"그 시절에는 어린이들의 편도선 수술이 유행 같았어요. 물론 얼마나 흔했는지는 알 리가 없었고 문제는 제가 병원에 가기 직전까지 아무도 말을 안 해줬다는 거죠. 어쨌건 자전거를 들여놓고 차에 타 부모님과 병원에 갔어요. 그리고 한 시간 후에는 파자마를 입고 병실 침대에 누워 있었는데 부모님이 그러시더군요. '괜찮을 거야. 하루 여기서 자고 내일 아침에 보자.' 그런 다음 '병원에서 아이스크림 줄 거다'라고 하셨죠.

그날 저녁에 수술을 받은 다른 아이들과 같은 병실로 들어갔습니다." 그때 생각을 하면서 자꾸 웃음이 나왔다. "속으로 이랬었네요. '이게 뭘까? 여기는 어디고 나는 왜 여기 있지?'"

"부모님이 이튿날 오셔서 퇴원시켰고 집에 가서 마저 회복했죠. 한참 더 나이가 들어서 그날을 돌아보니 아무래도 이상한 겁니다. 그렇지만 또 그런 일이 우리 집에서만 일어난 특이한 일인 건지는 모르겠습니다. 당시의 부모들은 수술은 그렇게 갑자기 시켜야 한다고 서로 조언했을까요? 지금도 가끔 가족들과 농담 삼아 그 이야기를 꺼냅니다."

"처음 부모님과 떨어졌을 때 부모님은 어떻게 반응하셨나요?"

"글쎄요. 아버지는 아마도" 나는 여기서 다시 한번 낮고 무뚝뚝한 목소리를 흉내 냈다. "'마음 단단히 먹어라'라고 했겠죠. 어머니는 저하고 싶은 대로 하게 두시는 편이었고요." 나는 여기서 가늘고 떨리는 목소리를 냈다. "'너 가기 싫으니? 꼭 수술 안 해도 되는데? 내키지 않으면 말해. 우리가 데리러 올게.' 돌아보면 그것 또한 아주 건강한 방식은 아닌 것 같고요. 하지만 우리 집의 전형적인 풍경이었죠. 아버지는 감정적인 나약함은 거부하고 어머니는 최악의 두려움과 불안에 빠지시고요. 아주 훌륭한 조합입니다." 웃으면서 덧붙였다. "별로 추천하진 않겠습니다!"

이제 질문지는 다음 장으로 넘어갔다. "그러면 어린 시절에 거부당했다고 느낀 적이 있습니까?"

"누구에게요?"

"부모님에게요."

"얼마나 어릴 때 말인가요?"

"나이는 상관없습니다."

"거부라는 게 어떤 의미일까요?"

"위로나 관심을 얻으려고 시도하거나 노력했는데 거절당했다고 느낀 거죠. 아니면 그런 욕구를 품는 것 자체를 거부당했다거나?"

"전에 살았던 옛날 집에서 그런 기분을 종종 느꼈습니다. 특히 밤에 침대에 누워 있으면 가족들한테 관심을 못 받아서 외롭다고 느꼈어요. 근데 새집으로 이사 가면서부터 점점 나도 이 가정의 중심이라고 느꼈죠. 특히 형과 누나가 대학을 가면서요. 형과 누나보다 학교 성적이 좋았거든요. 모범생이었고 학생회 활동도 적극적으로 했습니다. 그 모든 게 부모님에겐 새로운 경험이었고 마침내 자식 키우는 재미를 느끼셨던 게 아닐까 싶어요."

"새집에서는 무시당한다는 느낌은 안 받았나요?"

"네. 그런데 과연 제 기억을 신뢰할 수 있을지 여부는 선생님도 생각해보셔야 할 것 같습니다. 장소 하나 바뀌었다고 우리 부모님의 행동이 그렇게 극적으로 변했다고 보기는 어렵잖아요."

"그렇다면 선생님이 어렸을 때 부모님은 왜 그렇게 행동했다고 생각하십니까?"

"악의가 있었을 리는 없고요. 아마 부모 역할은 그 정도면 된다고 생각하셨던 것 같습니다. 열 살 아들과 일곱 살 딸에게 줄 관심도 부족했을 테니까요. 사실 형이 정서적으로 약간 불안해서 손이 많이 가는 아들이었어요. 아버지는 본래 감정을 표현하는 분이 아니셨고요.

지금도 그렇지만. 어머니는 소아마비 때문에 몸이 워낙 약했죠. 하지만 제 생각에 어머니의 더 큰 문제는 일상적인 두려움과 불안이었어요. 어릴 때 제 느낌이 어땠냐면, 이 가족은 이미 충분히 완성되었는데 갑자기 내가 나타난 거고 나는 이 가족과 어울리지 않는다는 거였어요. 사실 지금도 그렇게 느낍니다. 하지만 부모님에게 악의가 있었다고는 생각하지 않아요."

"부모님이 어떤 방식으로든 위협한 적이 있습니까?"

"아버지가 가끔 무서웠습니다. 체벌하신 적도 있었고요. 탁구채로 엉덩이 몇 번 맞았습니다. 그 정도였어요. 심하진 않고."

"신체적 학대는요."

"없었습니다."

"무시하거나 모욕한 적은요?"

"아니요. 놀림을 받았다고 해야 하나. 제가 너무 예민하다고 하셨어요. 5, 6학년 때까지도 말을 가끔 더듬었거든요. 가족들 사이에서는 남부끄러운 일이었는지 이에 대해 터놓고 대화한 적은 없습니다. 그 시대에는 다들 그랬죠. 가끔 저녁 식탁에서 제가 무슨 말을 하려다 더듬으면 아버지가 한마디 했어요. '천천히 말해라!' 약간 날카롭게요. 저를 동정하거나 이해한다기보다는 이런 느낌이었죠. '너 때문에 내가 창피하다.' 혹은 '꼭 그래야겠니!'"

"수치스러웠나요?"

"그랬습니다. 수치스러웠습니다. 하지만 일부러 그러신 건 아니었으니까요."

"일부러 망신을 주려던 건 아니라는 거죠?"

"네."

"하지만 수치스러웠잖아요."

"그렇죠."

"가족 말고 다른 사람들 중에 위협하거나 벌을 주거나 수치심을 주는 식으로 영향력을 행사한 사람이 있습니까?"

"영향력이라고요? 6학년 때 담임 선생님이 농구부 감독님이기도 했는데요. 어떻게 묘사해야 할까요? 굉장히 품이 넓은 분이었어요. 아마도 저라는 사람을 인간적으로 이해하고 믿어주고 자신감을 키워주신 최초의 남성이 아니었나 싶습니다. 너무나 좋은 스승님이었고 지금까지도 연락하고 있습니다."

"매우 중요한 인물이었네요."

"그렇죠. 그분이 남성이었다는 점이 중요했던 것 같습니다."

"아까 말했던 집안일을 도와주던 여성분은 어떠셨나요? 그분과는 연락하시나요?"

"계속 연락했습니다. 성인이 된 다음 댁에도 찾아갔었고요. 돌아가시기 전에 양로원에서 호스피스 케어를 받으실 때도 찾아뵀었죠."

"그렇다면 그분도 당신에게 중요한 인물이었다고 할 수 있겠네요."

"네, 일종의 대안 부모 같은 분들이었죠." 나는 웃었다. "당시에는 전혀 그렇게 생각 못했습니다. 하지만 지금 와서 돌아보니⋯⋯."

인터뷰 중에는 언급해야 한다고 생각하지 않았지만 아이린은 내가 열두 살 정도 되었을 때 우리 집 일을 그만두고 흑인 주민 지역 사회에서 적극적으로 활동했다. 대형 양로원에서 식당을 운영하며 자녀

들을 대학까지 보냈고, 여러 세대의 흑인 신학교 학생들과 많은 젊은
이들의 멘토가 되었다. 은퇴했을 때는 로체스터 시장이 '아이린 샌더
스 데이'를 선포했다. 아이린을 위한 기념 만찬회가 열렸고 부모님과
나도 행사에 참석했다.

유년기 관계가 남긴 것

"알겠습니다. 이제 다음 질문으로 넘어가죠. 전반적으로 부모와의
관계가 당신의 성인기 성격에 어떤 영향을 주었다고 생각합니까?"

나는 다시 웃었다.

"글쎄요. 여기 이 상담실에 와서 애착 검사를 받는 사람이 되었네
요? 우리 부모님은 어떤 사람과 결혼하고 자녀를 어떻게 키워야 하
는지에 굉장히 깊은 영향을 주었습니다. 좋은 아버지가 된다는 게 가
장 중요하다고 생각하게 되었고 지금도 그렇습니다. 어릴 때 가족들
한테 자주 이런 비난을 들었거든요. '넌 왜 애가 이렇게 예민하니?'
최근에 랍비인 친구에게 그 이야기를 했더니 이러더군요. '지금은 알
지? 만약 가족들이 네가 너무 예민하다고 비난할 때는 이렇게 대답
해야 해. 고마워. 그렇게 말해줘서.' 그 친구의 말이 어떤 의미인지 잘
압니다. 저의 모든 경험이 저를 예민한 사람으로 만들었고요. 그리고
그 섬세함과 예민함이 부분적으로는 아내와 함께 아이들을 잘 보살
피고 양육할 수 있게 했죠. 그 예민함 덕분에 작가가 되었고 중요한
주제들을 탐구할 수 있었어요. 그러니까 저의 그런 면은 장점이었던
거죠."

코르티나가 다시 물었다. "예민한 성격의 부정적인 부분은요? 성장을 지연시켰다고 생각하는 부분은 없나요?"

"물론 있습니다. 저는 대체로 제가 원하는 만큼 유능하다는 느낌을 받지 못한 채 살아왔습니다. 특히 제 판단을 믿지 못했죠. 결혼 생활은 아이들을 건강한 방식으로 키우기에는 적합했지만 인생의 동반자로서 저의 전 배우자는 이상적인 선택은 아니었습니다. 아내 입장에서도 그랬을 겁니다. 결국 이로 인해 우리는 이혼에 이르게 됐고, 마음 깊이 회한이 남습니다. 좋은 면이건 나쁜 면이건 성인으로서 저라는 사람의 뿌리를 어린 시절 경험에서 봅니다. 사실은 아직도 극복을 못했고 분투 중입니다. 하지만 저의 장점들은 잘 살려 왔던 것 같습니다."

"그렇다면 당신이 어렸을 때 부모님이 왜 그렇게 행동했다고 생각하십니까?"

"아까 이야기하지 않았나요?"

"네. 하지만 어떤 질문은 같은 문제를 다른 관점에서 볼 수 있게 합니다."

"대체로 그 세대 부모님들의 문제였다고 생각합니다. 그 시대에는 모두 아이를 그렇게 키웠잖아요. 그리고 우리 부모님들에게도 부모님이 계셨지요. 아버지의 부모님은 오스트리아와 헝가리에서 이민온 1세대 이민자였어요. 독일 문화권이라 집에서는 독일어를 사용했습니다. 경제 공황 시대에 어린 시절을 보냈고요. 아버지는 막내아들이었고 형들과 셋이 한방을 썼다고 합니다. 가난을 늘 의식했고 아홉 살 때부터 일을 했습니다. 아버지는 똑똑했지만 집안 사정으로 대학에 갈 수 없었죠. 가족 부양을 위해 직업 전선에 뛰어들어야 했고요. 전해 들은 바로는 할아버지는 대체로 부재했고 굉장히 강한 할머니가 가정의 중심이었다고 합니다. 너무 대찬 성격이라 사납고 무섭기도 했다고 해요. 그러니 우리 아버지는 그런 환경에서 최선의 결과를 만들어냈다고 할 수 있고 부모로서 책임을 다했습니다. 이해합니다.

어머니는 세 딸 중 막내로 아버지에 비해 여유 있는 중산층 가정에서 자랐습니다. 어린 시절 정서적인 문제가 있었던 것 같은데 제대로 해결하지 못했고 그래서 성숙한 여성으로 성장하지 못했던 것 같습니다. 특별히 큰 기대를 받지 않고 자란 그 세대 미국 교외 출신 여성이었죠.

부모님의 양육 방식은 미국의 다른 교외 가정과 크게 다르지 않았다고 생각합니다."

코르티나는 질문지를 보더니 바로 다음 질문으로 넘어갔다.

"잠깐 쉬면서 혹시 더 하실 말씀 있는지, 놓친 게 있는지 봅시다. 녹음테이프 확인하고요."

그는 이제 질문이 몇 개만 남아 있다고 했다.

"짧은 시간에 서로에 대해 많은 걸 알게 된 것 같네요." 쉬는 시간에 내가 말했다.

"말씀드렸죠. 강도 높을 거라고."

"해보니 정말 그렇네요." 내가 동의하며 웃었다.

"다시 녹음을 시작하죠. 피터, 아버지가 아직 살아 계시다고 했는데요. 어머니도 살아 계시나요?"

"아니요. 어머니는 6년 전 88세로 돌아가셨습니다."

"어머니와의 이별에 대해 이야기해볼까요? 어떻게 반응했고 어떤 느낌이었죠?"

나는 웃어버렸다.

"정말 알고 싶으세요?" 나는 또 웃음으로 무마하려 했다. "사실 편안하게 가셨어요. 부모님 두 분만 아파트에서 사셨고요. 어머니는 정신도 끝까지 맑으셨는데, 몸이 점점 쇠약해지다가 폐렴 때문에 입원을 하셨고 바로 다음 날 돌아가셨죠."

"사실 가슴이 터질 것처럼 슬프진 않았습니다." 내가 말을 이었다. "지금도 그렇습니다. 그렇지만 이런 일이 있었어요. 어머니가 입원하기 며칠 전에 아버지가 전화해서 어머니가 넘어졌는데 일으킬 수가 없다고 하셨어요. 바로 건너갔죠. 어머니는 바닥에 무력하게 누워 계셨고 당연히 가서 일어나는 걸 도와드렸죠. 그런데 이상한 건 몸을 숙여서 어머니를 안아 일으키려고 하는데 난데없이 화가 나는 겁니다. '내가 안아 달라고 할 때는 어디 계셨어요?' 물론 입 밖으로 내지는 않았죠. 그냥 생각만 했고 일으켜 드렸습니다.

실은 그때 힘든 시기를 보내고 있었습니다. 만나던 사람과 헤어지고 나서 완전히 버려진 기분이었고 외로웠어요. 그 무렵에는 이미 상담을 오래 받아 온 터였기에 제 과거를 이해하고 있었고 연인과 관계에서 반복되는 문제가 어느 정도는 어린 시절 경험에서 비롯되었다고 생각하고 있었습니다. 그래서 그때는 전반적으로 늘 화가 나 있었죠. 혼자라는 사실에요. 그때 부모님 댁에 가서 어머니를 안아드리고 돌봐드리려고 하는데 그냥, 짜증이 났더랬습니다."

내가 잠시 멈추었다.

"질문이 뭐였죠?" 내가 웃으며 물었다.

"다음 질문으로 넘어가겠습니다. 아동기가 지나고 어른으로 성장하는 과정에서 부모님과 관계에 변화가 있었나요?"

이 주제는 대답하기 쉬웠다.

"중학교, 고등학교 때는 부모님과 원만하게 지냈습니다. 졸업 후 직업을 찾는 과정에서 약간 갈등이 생겼는데 아버지는 제가 어떤 사람인지 잘 모르셨고 저는 정말 하고 싶은 일을 찾기까지 오랜 시간이 걸렸습니다. 결국 글 쓰고 가르치는 사람이 되었는데 아버지는 법률가나 사업가가 되길 바라셨습니다. 그 시대 어른들이 선호하기도 하고 그나마 조금은 아는 영역이었으니까요.

저는 17년 동안 결혼 생활을 했습니다. 결혼 생활이 삐걱대기 시작할 때 아이들을 다 키운 상태에서 제 어린 시절을 돌아봤는데 우리 부모님에 대해 사랑과 원망과 서운함이 섞인 복합적인 감정이 드는 겁니다. 보통은 굳이 이야기하지 않고 지나갔어요. 하지만 결혼도 깨지고 그 이후의 여러 관계도 깨지면서 혼란스러운 심정일 때 부모님께 제가 어린 시절에 어떻게 느꼈는지 말씀을 드렸습니다. 상담가가 제안을 했거든요. 물론 결과는 좋지 않았습니다. 솔직히 말하면 방금 전 선생님이 어머니에게 서운한 감정을 느꼈지만 그에 관해 따로 대화는 하지 않았다고 하신 말씀을 듣고 생각했습니다. '나도 차라리 그 이야기는 꺼내지 않는 편이 좋았을 텐데.' 왜냐면 그런 이야기가 아버지 마음을 상하게 했다는 걸 깨달았고 그 대화로 아버지가 저를 더 잘 이해하게 된 것 같지도 않았으니까요. 아무 이득이 없었어요. 그래서 선생님 선택을 존중합니다."

"고맙습니다." 코르티나 박사가 말했다.

"지금은 아버지와 관계가 어떤가요? 어떻게 말할 수 있나요?"

"대체로 좋습니다. 이전보다 가까워졌습니다. 그렇지만 관계가 약간 복잡하기도 해요. 아버지는 제가 말씀드렸던 어린 시절 감정에 대해 여전히 서운해하시고 저는 아직도 아버지가 저를 잘 모른다고 느끼고 제 성취를 인정하지 않는다고 생각합니다. 하지만 매일 전화 드리고 일주일에 몇 번씩 찾아뵙고 저녁도 같이 먹고 누나와 번갈아 건강도 챙기고 있죠. 그래서 복잡한 상태입니다.

하지만 아버지도 돌아가실 텐데 아버지의 죽음이 제게 어떤 영향을 끼칠지 걱정이 되기도 합니다. 아버지가 제 주 양육자였고 애착 인물이라고 생각하니까요. 또 별다른 감정 변화가 없었던 어머니 때와 달리 아버지가 돌아가시면 다를 거라고 확신합니다."

다른 말은 없었다.

"다른 관계로 넘어가봅시다. 자녀와 관계는 어떠세요? 자녀들과 분리되었다는 사실을 어떻게 느끼십니까? 자녀들과 따로 산다는 부분에서 걱정이나 근심은 없었나요?"

"드디어 제가 좋아하는 이야기로 넘어왔네요. 우리 애들은 스물여덟 살, 스물다섯 살, 열여덟 살입니다. 전 아내와 저는 아이들과 단란하게 잘 지냈습니다. 사실 아내와도 무난하게 잘 지냈죠. 기본적으로 애정이 있었고 이혼 후에도 같이 아이를 키웠습니다. 아이들도 잘 지내고 있어요. 지금 딸은 워싱턴에서 약혼자와 같이 지내고 있고요. 뉴욕에 사는 또 다른 딸과도 가깝습니다. 아들은 대학교 1학년인데 학교생활 잘하고 있죠. 우리 아이들에 대해서는 부정적으로 할 말도 없고 큰 문제도 없습니다."

코르티나는 종전까지와 다른 태도를 보이며 내게 다행이라고 말했다.

"본인의 어린 시절 경험에서 무엇을 배웠다고 생각하세요? 어린 시절을 그렇게 보냈기 때문에 얻은 것이 있다면?"

마무리 질문 같았다. 성인 애착 면접도 거의 끝을 향해 가고 있었다.

"부모가 된다는 것이 어떤 건지 배웠습니다. 전 아내와 저는 각자 나름대로 어린 시절에 상처가 있었지요. 그래서인지 아이들 양육 문제를 굉장히 진지하게 여겼습니다. 우리는 서로 사랑하고 아끼며 안전한 가정을 만드는 방법을 찾아냈고 아이들의 개성을 파악하며 아이들이 있는 모습 그대로 자랄 수 있도록 격려하려 노력했습니다. 아이들 셋 모두 성격도 제각각이고 부모와도 다르거든요. 아마도 자녀 양육 부분이 제가 어린 시절 경험을 통해 배운 가장 중요한 교훈 같습니다."

나는 너무 감상적인 소리로 들리지 않길 바랐다.

아이를 기르며 부모도 성장한다

"앞으로의 이야기를 해볼까요? 이제 마지막 질문을 하고 마치죠. 자녀들이 선생님의 양육 방식에서 무엇을 느꼈기를 바랍니까?"

"우리 애들이 어린 시절에 사랑과 보호를 받으며 자랐다고 느끼길 바랍니다. 자기 모습 그대로 이해받고 받아들여졌다고요. 자기다운 사람이 될 수 있었고 다양하게 탐험하고 시도할 수 있게 격려받았다고 생각하길 바랍니다. 아내와 나는 교육 철학이 같았고 자녀 양육에 대해서 늘 배우고 싶어 했어요. 가족 전체가 그 일을 어떻게 하면 잘할지 고민했죠. 부모로 사는 것이 너무 행복했고 이혼을 깊이 후회합니다. 당연히 아이들에게 좋았을 리는 없으니까요. 하지만 그렇더라도 우리는 꽤 잘해냈다고 생각하고 자녀들이 나의 가장 큰 성취라고 생각합니다."

"그렇군요. 피터." 코르티나 박사가 녹음기에 손을 뻗으면서 말했다. "이쯤에서 마치면 되겠습니다." 그가 정지 버튼을 눌렀다.

"와, 저를 너무 많이 드러낸 느낌입니다." 내가 멋쩍게 웃었다.

"그렇죠. 많이 드러내게 되지요. 면접을 점수로 확인하길 바라나요?"

나는 그렇다고 대답했는데 내 애착 유형을 알고 싶어서였다.

"결과에 대해 개인적인 의견을 먼저 드리자면요."

"그럴 수 있으세요?"

기대하지 않았던 부분이었다.

"선생님은 전형적인 획득된 안정 유형입니다."

'획득된 안정'은 해리 리스가 지난 수업에서 강의한 내용이었다. 완벽하지 않은 어린 시절을 보낸 사람들이 바랄 수 있는 최대치의 목표였다. 대략 75퍼센트의 사람들이 평생 같은 유형으로 살아가지만 일부는 변한다.

"정말입니까? 그렇게 생각 못했는데 놀랍네요."

"왜냐하면요, 이게 바로 성인 애착 면접의 멋진 점인데요." 그가 설명했다. "경험이 아니라 그 경험을 어떻게 서술하느냐가 중요합니다. 서사의 일관성을 중점적으로 보죠. 선생님의 경우가 전형적인 예입니다. 아버지와 어머니 이야기를 들어보면 선생님의 어린 시절은 어떤 면에서는 이상과 거리가 멀다고 할 수 있습니다. 하지만 중요한 건 선생님이 제게 그에 대해 망설임 없이 말하고 묘사할 수 있다는 겁니다. 이것이 획득된 안정의 표시입니다. 획득된 안정 유형인 사람은 불우한 어린 시절을 보냈을 수도 있고 선생님이 아버지를 묘사할 때처럼 모순된 형용사를 쓸 수도 있죠. 하지만 여기서 잠깐 심리학 용어를 빌려와 말하자면 그 안에 방어적 이상화나 방어적 중상(中傷)이 없습니다. 그냥 있는 그대로 말하고 있습니다."

"저는 제가 전형적인 불안 애착이라고 생각했습니다."

"그래서 이 면접이 참 좋은 방식이죠. 선생님이 성찰적인 사람이 아니었다면, 긍정적인 점과 부정적인 점에 대해 균형 잡힌 시각을 보여주지 않았다면 저는 아마도 선생님이 불안 애착에 가깝다고 할 수도 있었겠죠."

"그런데 왜 저는 지금도 안정적이라고 느끼지 못할까요? 특히 이성 관계에서 그렇습니다."

"아마도 이성과의 관계에서는 원하는 만큼 확신이 부족해서겠죠. 어린 시절의 문제들이 모두 없어지는 건 아닙니다. 획득된 안정형이라고 해서 모든 것이 다 괜찮고 아무 문제가 없다는 뜻이 아닙니다. 그 시절을 충분히 이해했고 충분한 거리를 두어서 이제 객관적으로 묘사할 수 있다는 뜻입니다. 이것 또한 안정적인 사람의 특징이죠."

"그동안 꾸준히 심리 상담을 받은 보람이 있네요." 내가 말했다.

"그럼요." 코르티나가 공감했다. "선생님의 육아 경험과 그에 대한 생각도 그렇고요. 선생님한테는 특히 자녀 양육이 굉장히 효과적이었다고 봅니다. 그건 자신의 인생 경험이니까요. 그에 대해서 많은 생각을 하게 되죠. 그래서 저는 선생님이 결국 획득된 안정 유형이 되었다고 생각합니다."

나는 획득된 안정에 대해 공부하고 조사한 내용을 말해보았다. 획득된 안정은 심리 치료와 자기 성찰을 통해 성취 가능하며, 멘토나 안정된 동반자를 통해서도 얻을 수 있다고 했다. 그러나 육아를 통해 얻을 수 있다는 말은 아직 들어보지 못했다.

"글쎄요. 양육은 이 문제를 강제적으로도 성찰하게 하는걸요. 애착이라는 중요한 문제에 대해 깊이 생각하게 하죠. 양육이 애착 유형을 바꿀 수 있다는 관점에 대해서는 아직 학문적 연구가 이루어진 것 같진 않습니다. 하지만 제 생각은 그렇습니다."

나는 회의적이었지만 코르티나 박사의 판단이 옳기를 진심으로 바랐다. 나의 인터뷰 점수가 나왔을 때도 그의 평가가 옳기를 바랐다.

3장

안정된 아이, 불안한 아이
아이의 애착 유형과 '낯선 상황' 실험

애착 이론 발달 초기에는 존 볼비조차도 영유아의 애착 유형을 어떻게 측정해야 할지 알지 못했다. 결국 볼비의 제자인 메리 에인스워스(Mary Ainsworth)가 방법을 찾아냈다.

남편과 런던에서 살고 있던 에인스워스는 연구 조교를 구한다는 볼비의 구인 광고를 보고 지원서를 보냈다. 합격한 후에 볼비가 연구하던 모자 관계와 관련된 여러 문제를 깊이 연구했다. 얼마 후 에인스워스는 우간다로 이주해 작은 마을에서 엄마와 아기들을 관찰했고 그런 다음 볼티모어의 존스홉킨스대학에서 가정 안에서 엄마와 아기의 행동을 연구했다. 그 연구 중에 어린아이들의 애착 유형을 측정할 수 있는 실험 절차에 대한 아이디어를 떠올렸다. 바로 '낯선 상황' 실험이다.

낯선 상황 실험은 엄마, 아이, 낯선 사람 간에 일어나는 분리와 재회 상황을 다룬 여덟 개의 에피소드로 구성된다. 에피소드가 진행되면서 아이는 점점 더 스트레스를 받게 되는데—심장 스트레스 검사의 감정 버전이라 할 수 있다—이것이 애착 체계를 활성화하고 아이의 애착 유형을 노출한다. 결과적으로 이 실험은 유아의 마음 안에 형성되어 있는 관계의 '심성 모형'을 드러낸다. 이 실험 절차의 정점이며 에인스워스의 뛰어난 통찰력을 엿볼 수 있는 에피소드는 거의 마지막에 나온다. 아이와 엄마의 애착 관계를 알고 싶으면 엄마가 떠났을 때가 아니라 엄마가 다시 돌아왔을 때 아이의 행동을 집중적으로 관찰해야 한다는 것이다.

낯선 상황 실험은 대략 한 살부터 두 살까지 유아기 애착을 평가하는 방법으로 이론의 여지 없이 널리 인정받게 되었다. 실제로 애착 이론 분야에서 에인스워스의 업적은 지대하며 이런 사실을 알고 나면 하버드 등산가들이 존 볼비 산 옆에 있는 봉우리에 메리 에인스워스의 이름을 붙인 것에 고개를 끄덕이게 된다. 애착 이론이 서로 특별한 사람들 사이에 가까운 거리를 유지하는 일에 관한 이론인 만큼 나란히 붙은 두 산봉우리에 두 사람의 이름이 붙은 것도 상징적이라 할 수 있다.

낯선 상황 검사는 영상 촬영을 하고 그 영상을 실험에 참가하지 않은 제3자인 전문가가 측정한다. 이것을 코딩(coding, 영상 해석과 평가)이라고 한다. 메인주 사우스 포틀랜드의 수전 패리스는 이 분야의 대표적인 전문가이다.

"대부분의 비디오테이프를 수전에게 보냅니다. 이 방면에서 대가죠." 메릴랜드대학의 연구원장이 내게 말해주었다. "아마 수전이 미국은 물론 전 세계의 영상을 분석하고 측정할 겁니다."

나는 수전 패리스의 집을 방문했고 수전은 낯선 상황 실험에서 유아들의 애착 유형을 어떻게 평가하는지 보여주었다.

안정형 — 긍정적 감정을 나누는 아이

"먼저 매우 안정적인 아기를 볼까요?" 수전은 자신의 컴퓨터로 생후 15개월 남자아이의 동영상을 보여주었다.

우리는 조용한 교외에 있는 소박한 단층 주택의 아늑한 서재에 자리를 잡았다. 수전은 50대 중반으로 보통 체격, 짧은 은발 머리, 푸른 눈에 잘 웃는 인상이었다. 낮에는 공립학교에서 특수 교육 담당 교사로 일하지만 거의 30년 동안 낯선 상황 동영상을 분석해 왔다.

동영상이 시작되자 긴 갈색 머리의 30대 초반 여성이 15개월 아들을 안고 있는 모습이 보였다. 금발머리인 남자아이는 공룡 그림이 그려진 회색 티셔츠를 입고 있었는데 고무줄 반바지 안에 기저귀를 찬 것을 바로 알 수 있었다.

수전은 우리가 보게 될 '낯선 상황'은 미국의 한 대학에서 실시한 실험의 하나라고 설명해주었다. 수전은 그 실험이 정확히 무엇에 관한 실험인지 몰랐다. 처음에 영상을 분석했을 때도 마찬가지였다고 한다. 그녀가 설명했다. "사실 알고 싶지 않아요. 아무래도 사람이 하는 일이니 편견이 개입할 수밖에 없죠. 그래서 실험 대상이나 연구 목적에 대해서 가능한 모르는 상태에서 작업을 하고 싶어요."

(연구자가 수전에게 허가를 해주어 연구나 참여자에 관한 정보가 노출되

지 않는 일부 낯선 상황 영상을 나와 함께 볼 수 있었다.)

영상에서 엄마는 아들을 바닥에 앉히고 자신은 근처 의자로 다가 간다. 엄마가 움직이자마자 아들은 엄마에게 아장아장 걸어간다. 엄 마는 바닥에 아기와 같이 앉고 이 모자는 공과 다른 장난감을 갖고 논다.

"보기 좋죠. 상호 작용이 잘 되고 있어요." 수전이 말했다.

수전은 이 소년이 낯선 장소에서도 점점 편안해하고 있다고 지적 했다. 아이가 엄마에게서 약간 떨어져서 장난감을 만져보고 있었다.

"안녕하세요. 저는 메리입니다." 그때 한 젊은 여성이 방에 들어오 면서 인사한다. 낯선 사람을 연기하는 이 여성은 아마도 그 실험을 주관한 심리학과의 대학원생일 것이다.

"안녕, 메리." 엄마가 인사한다.

수전이 말했다. "자, 보세요. 아기가 손으로 뭘 하고 있죠? 자기 옷 을 잡아당기고 있어요."

다시 보니 아이는 두 손으로 티셔츠 끄트머리를 만지작거리고 있 었다.

"아직 확신을 못하는 거죠. 이 사람은 안전한 사람인가? 위협이 되 진 않나? 그러다 아기는 생각할 겁니다. '그런데 엄마가 불편해하는 것 같지 않네. 나도 마음을 놓아도 되겠어.'"

아이가 놀고 있을 때 엄마는 의자로 돌아가서 낯선 사람과 이야기 를 나눈다.

"애착이란 다른 곳을 탐험했다가 돌아갈 수 있는 안전 기지를 갖 는 것에 관한 일이라는 이야기를 들어보셨죠?" 수전이 물었다. "이 어린 소년이 애착의 그 일면을 잘 보여주고 있어요. 아이는 낯선 사람이 뭘 하는지 관심이 있고 알고 싶어 하죠. 그래서 낯선 사람에게 다가갑니다. 그러다 깨닫겠죠. '엄마하고 너무 멀어졌나?' 그러곤 다시 엄마한테 다가가려고 하죠. 이게 균형입니다."

엄마가 아이를 낯선 사람과 둘만 남겨 두고 자리를 떠나자 아이는 조금 울다가 다시 스스로 추슬렀다. 엄마가 돌아오자—두 번의 재회 에피소드 중 첫 번째다—아이는 무척 기뻐하며 반긴다.

"와, 우리 엄마다!" 수전은 아기의 목소리를 흉내 내며 말했다. "지금 이 순간 가장 보고 싶은 사람이었겠죠. 바로 엄마에게 가까이 다가갑니다. 엄마가 나타나자마자 아기는 곧바로 엄마 쪽으로 돌아서죠. '지금은 엄마 생각밖에 없어!' 아기는 엄마에게 다가가 엄마의 팔에 안깁니다. 이것이 바로 애착의 보증 수표죠." 수전이 말한다.

"사랑해!" 영상 속 엄마가 아들에게 말하고 아이는 얌전해진다. 엄마는 아기를 내려놓는데, 수전이 보기에는 너무 빨리 내려놓았다. 아이가 보채고 엄마는 아기를 다시 안아 올린다. 몇 분 후에 수전은 엄마의 품에서 안전함을 느끼는 아기를 가리킨다. 엄마는 아기를 내려놓고 아이는 다시 장난감을 만지작거린다.

엄마의 타이밍이 관건인 듯하다고 내가 말했다. 아기가 원하는 것을 그 순간에 얻는지 아닌지가 중요한 것 같았다.

"맞습니다." 수전이 동의했다. "가끔은 아이를 사랑하고 열심히 돌보려고 하는 엄마와 아빠 들도 이유가 무엇이 되었건 적절히 조율하지 못하죠."

애착 용어로 '조율(attunement)'은 부모가 아이의 정서적 욕구를 알아채고 응답해주는 것을 말한다. "어느 누구도 100퍼센트 잘할 수는 없습니다." 나중에 수전이 내게 말했다. "하지만 엄마가 아기가 보내는 신호를 좀 더 정확하게 해석하고 그에 따라 행동할수록 그 엄마가 조율을 잘한다고 말할 수 있죠." 단순하게 말하면 조율이란 아이의 신호를 읽고 따라가는 걸 말한다. 아기 입장에서는 먹여주기, 거슬리는 외부의 접촉을 최소화해주기, 예측 가능한 패턴으로 함께 움직이고 눈 맞춰주기, 기분을 방해하지 않고 맞춰주기 등이 포함될 것이다.

우리는 계속해서 동영상을 보았다. 신호에 따라 엄마가 일어나서 방을 나간다. 아기는 즉시 비명을 지른다. 수전이 성우처럼 말한다. "내가 최고로 무서워하는 상황이야! 엄마가 또 나갔어!"

"아이는 결국 울음을 멈추긴 하죠. 하지만 이번에는 확실히 부담되는 상황이죠." 낯선 사람도 방을 떠나면서 아이는 방에 혼자 남겨진다.

"자, 이제 낯선 사람이 다시 돌아옵니다." 설정된 대로 낯선 사람이 먼저 돌아왔을 때 우리는 아이가 어떻게 반응하는지 보고 이후에 아이와 엄마가 재회하는 마지막 에피소드에서 아이가 보이는 반응과 비교해볼 수 있었다.

수전의 설명에 따르면 어떤 아이들에게는 이 상황이 가장 스트레스가 심한 순간이다. "아이들은 문을 열고 들어오는 사람이 엄마이길 간절히 바라겠죠. 하지만 그렇지 않아요. 사실 아이들도 이 상황을 간신히 버티고 있을 텐데 문소리가 나면 반갑겠죠. 그런데 엄마가 아니라 낯선 사람을 보게 되니 울고불고하는 거죠."

하지만 이 동영상 속 아이는 낯선 사람이 달래주자 차분해졌다. 적어도 처음보다는 나아졌다. 울음소리가 잦아들었고 숨을 고르려고 노력했다.

"이 아기는 자신의 감정이나 반응을 조절하는 능력을 지니고 있는 거죠." 아이는 겉으로는 장난감을 갖고 노는 척하면서 가끔 고개를 돌려 문을 바라보았다.

"조금만 기다려. 엄마 곧 오실 거야." 낯선 사람이 말한다.

아기의 어깨가 올라갔다가 내려온다.

"아기가 정말로 애쓰고 있네요." 수전이 말했다.

"이 부분을 특히 눈여겨보세요." 마지막 에피소드가 시작되고 엄마가 방으로 들어오는 장면에서 수전이 말했다. "엄마가 들어옵니다!" 아이가 엄마 쪽으로 바로 달려간다. "아이가 엄마한테 가네요!"

엄마가 아이를 들어 올리고 눈물을 닦아주자 아기는 양팔로 엄마의 목을 감는다. 수전이 말했다.

"엄마를 안고 있고 확실히 편안해 보이죠. 그렇지만 고개를 엄마한테 파묻지는 않았어요. 엄마와 합체(mold)된 건 아니죠."

"합체라고요?" 내가 물었다.

"완전히 안심했다는 뜻이에요." 수전은 주먹 쥔 손을 다른 손으로 감싸는 모양을 보여주면서 두 개가 완벽히 맞는 형태를 비유했다. "코딩할 때 아기의 몸이 양육자와 합쳐진다는 의미로 '합체'라는 용어를 사용합니다. 가능한 한 많은 면적을 접촉하는 거죠. 가슴 대 가슴, 심장과 심장이 맞닿은 겁니다."

엄마는 아기를 내려놓고 의자로 돌아간다. 아기는 잠시 그대로 서 있다가 주변을 둘러보고 장난감을 갖고 놀기 시작한다.

"지금은 기분이 좋죠. 숨소리가 고르지는 않지만요." 수전이 지적한다. "확실한 건 아기가 스스로 달래려고 노력하고 아까 울었던 걸 잊어버리려 한다는 거죠."

아기가 엄마를 뚫어지게 쳐다본다. 수전이 관찰하며 말한다.

"여기서 뭔가 더 필요하죠. 엄마와 상호 작용이 더 필요한 겁니다. 그래서 엄마를 보면서 웃죠. 그 다음 다시 장난감으로 돌아가고요. 이 부분이 굉장히 중요한데요. 자기가 잘한 일이 있으면 엄마와 같이 기뻐하고 싶은 겁니다. 놀다가도 엄마를 보면서 웃죠. 공감의 표시입니다. 회피도 없고 주저함도 없죠. 아이는 말하고 있는 겁니다. '나 잘했지? 엄마가 알아줬으면 해.'"

이렇게 낯선 상황 실험은 종료되었다.

"이 아이는 자신의 감정을 조절하기 위해 무척 노력하는 모습을 보이죠. 자제를 하죠. 낯선 사람이 들어왔을 때도 스트레스를 낮추기 위해서 다른 사람을 이용할 줄 알죠. 마지막에는 다시 장난감을 갖고 놀면서 엄마와도 같이 놀려고 하죠. 이게 가장 중요한 겁니다. 긍정적인 감정을 공유하는 것. 이 아이는 굉장히 견고한 안정 애착 유형에 속한다고 할 수 있어요."

수전의 설명에 따르면, 실제로 이 영상을 코딩했을 때 '신뢰성 코더'라고 불리는 다른 코더가 있었다고 한다. 이 '신뢰성 코더'는 이 영상을 적어도 20퍼센트 정도 따로 확인한다. 그리고 같은 영상을 코딩한 두 사람의 결과를 비교한다. "점수가 90퍼센트 정도 일치하죠. 어긋난다고 해도 아주 살짝이고요. 그러니까 이 절차는 상당히 신뢰할 수 있어요."

불안형 — 감정을 조절하지 못하는 아이

수전은 이번에는 불안 애착 유형인 한 살 여자아이의 영상을 보자
고 했다. 말하지는 않았지만 나는 사실 이 영상을 보기 전부터 긴장
이 되었다. 코르티나 박사가 나의 성인 애착 면접을 실시하고 '획득
된 안정 애착'이라고 '업그레이드'해주긴 했지만 기본적으로 나의 애
착 유형은 불안형이었고 특히 어렸을 때는 확실히 불안 애착이었다.
어떤 영상을 보게 될지 걱정되어 미리 조마조마해졌다.

영상에서는 금발의 체격이 좋은 엄마와 창백하고 마른 여자아이가
나왔다. 아기의 머리카락은 두 가닥으로 바짝 당겨 묶여 있었다. 아
기는 큰 0자가 쓰여 있는 흰색 티셔츠를 입었는데, 내겐 어쩐지 안 좋
은 조짐처럼 느껴졌다.

초반 에피소드에서 엄마는 장난감 자동차를 아기의 팔 위에서 굴
리면서 놀아주려고 한다. 수전이 말했다. "불안한 아이의 엄마들은
이런 식으로 침범하는 경향이 있죠. 야단스럽게 논다거나 간지럼을
태운다거나 하면서요. 그냥 접촉만으로는 아기를 안정시킬 수 없다
는 것을 알기 때문이 아닌가 싶어요. 그래서 다른 행동을 시도하는
거죠."

낯선 사람이 아직 들어오지 않았는데 벌써 아이는 울고 있다.

수전은 불안한 아이들은 엄마를 안전 기지로 이용하는 데 익숙하
지 않다고 설명했다. "그것이 불안 애착 유형의 핵심입니다. 안정을

찾고 싶지만 안정이 안 되는 거죠. 이제까지 일관적이지 않았고 신뢰할 수가 없었기 때문입니다. 엄마를 원하긴 하지만 엄마와의 접촉을 이용할 수가 없어요. 그래서 화가 나죠." 혹은 한 연구자의 표현대로 "이 유형의 전형적인 특징은 신체 접촉을 찾지만 막상 접촉이 이루어지면 화내면서 거부하는 것이다."[1]

낯선 사람이 등장하자 아기는 잠시 동안 혼란스러워하더니 다시 울기 시작했다. 아기는 계속 안겨 있지만 엄마에게서 몸을 떨어뜨리려고 한다. 확실히 '합체'는 없었다.

엄마는 아이를 내려놓았고 아이는 칭얼거렸다.

수전에 따르면 이 아이는 아까 본 안정적인 아이에 비해 언제나 자기 감정을 조절하는 능력, 스스로 자신을 달래는 능력이 부족하다.

엄마가 방을 나가자 아기는 큰 소리로 울부짖기 시작했다. 엄마가 돌아오자 엄마에게 다가가고 엄마가 안아 올리지만 아기는 화가 나 보이고 엄마에게서 고개를 돌린다.

엄마가 돌아오자 도리어 화를 내는 이 불안한 아이를 보면서 세 살 때 부모님이 여행에서 돌아오시던 날이 떠올랐다. 부모님이 집에 들어오시는 그 순간을 보려고 나는 현관이 잘 보이는 계단 중간에 앉아 기다리고 있었다. 하지만 부모님 얼굴을 흘끗 보자마자 너무 화가 나서 내 방으로 올라가버렸다. 당시에는 나 또한 내 반응을 이해할 수 없었다.

영상에서 아기는 여전히 엄마의 팔에 안겨 있지만 고개를 돌리고는 계속 칭얼거린다. "이제 엄마가 어떻게 할까요?" 수전이 물었다. "엄마가 '우리 아기, 괜찮니?'라고 물어보나요. 아니죠. 엄마는 아기에게 잡지를 보여줘요!" 엄마는 의자 근처 탁자에서 뉴스 잡지를 가져오더니 아기의 얼굴 앞에서 흔든다.

아기는 더 멀리 몸을 빼더니 소리를 지른다. 엄마가 말한다. "괜찮아. 이제 그 사람 갔어. 그 언니 갔어." 수전은 지적했다. "엄마는 아이가 화난 게 그 낯선 사람 때문이라고 생각하지만 사실 아이가 화내는 대상은 엄마죠." 엄마는 아이를 가까이 당겨 안으려 하지만 아기는 더 멀리 몸을 떨어뜨린다. 그런 다음에 턱만 엄마에게 기댄다. "보세요. 어색하죠." 수전의 목소리도 불안해졌다. "누구한테 안길 때 턱만 갖다 대진 않잖아요."

영상에서 아기는 점점 더 심하게 칭얼대고 몸부림친다.

"괜찮아. 이제 괜찮아." 엄마가 달래보지만 도움이 되지 않는다.

수전은 이렇게 결론 냈다. "매우 전형적인 형태의 극단적으로 불안한 아이죠."

이 어린아이의 미래는 어떨까요? 수전이 테이프를 꺼낼 때 물었다.

"제 예상으로는, 아마 유치원에 데려다 주고 부모님이 떠나면 너무 심하게 울어서 달래기 힘들었을 거예요. 아마도 하루 일과 중에 조금만 짜증스러운 일이 생겨도 어려움을 겪을 거고요. 이를테면 다른 애가 내 장난감을 잡으려고 하면 화내고 운다거나."

이 아이는 정서적 안정을 되찾을 수 있을까?

"그럴 수도 있죠. 하지만 처음에 얻을 때만큼 좋은 걸 얻을 수는 없다고 생각해요. 생후 몇 년은 아이의 정신 건강에 절대적으로 중요합니다. 그때 안전과 안정을 경험하지 않고 나중에 다시 찾게 되기란 굉장히 어렵습니다."

회피형 — 거부당할까 봐 거부하는 아이

다음 영상은 18개월 여자아이로 애착 유형은 회피형이었다. 해리 리스의 수업이 기억났는데 돌봄을 받는 데 계속 실패하면서 돌봄을 찾는 걸 포기해버린 아이들이라고 했다.

첫 영상의 안정적인 아기와 두 번째와 세 번째의 불안정한 아기의 대비는 충격적이었다. 이번 영상 속 이 18개월 여자아이는 엄마가 나가도 눈에 띄는 반응을 보이지 않았다. 반응이 전혀 없었다. 장난감 사이에 조용히 앉아 있었고 겉으로는 엄마를 전혀 그리워하지도 않는 듯했다. 나중에 혼자 남겨졌을 때도 조용히 놀았다. 낯선 사람이 들어오자 아이는 일어났고 그 사람을 바라보고 무슨 말을 건넸다. "우리는 보통 아이가 낯선 사람이 아니라 엄마에게 반응하는 걸 보고 싶어 하죠." 하지만 마지막 에피소드에서 엄마가 돌아오자 아기는 엄마를 흘끗 보고 고개를 돌린다. 아기는 계속해서 장난감에만 집중한다. 고개를 돌리고 엄마 쪽은 쳐다보지도 않는다.

애착을 다룬 책이나 논문에서 이 유형의 아이들이 어떻게 행동하는지 읽은 적이 있었다. 엄마를 무시하거나 고개를 돌린다고 했다. 하지만 실제로 아이가 그런 행동을 하는 걸 보니 마음이 무거웠다.

"나중 두 영상은 보고 있기도 힘드네요." 수전에게 말했다.

"그렇죠. 혼란형 아이를 보여드렸다면 더 보기 힘드셨을 겁니다."

"혼란형이요?" 내가 물었다.

혼란형은 애착 유형의 네 번째 범주다. 해리 리스는 강의에서 이 이야기를 잠깐 짚고 넘어갔다. 어떤 사람들은 회피와 불안 성향이 둘

다 높을 수 있다. "당연하지만 혼란형은 최악의 위치에 있다고 할 수 있죠."

일반적으로 어린이 중 약 5퍼센트만이 혼란형으로 분류된다. 하지만 아이가 학대를 당하거나 경제적 요인 또는 가정 내 스트레스 상황이 엄마-영아 관계에 부담을 줄 경우에 아이가 혼란형 애착을 보일 확률이 가파르게 올라간다. 몇몇 연구에 따르면 불우한 환경에서 자란 아이가 혼란형이 될 확률은 60퍼센트에 이른다. 아이를 방치하거나 학대하는 부모에게 자라는 경우에는 확률이 80퍼센트 가까이 높아진다. 또 고아원이나 그 밖의 기관에서 자라는 아이들이 혼란 애착 유형이 될 확률이 높은 것으로 나타났다.[2] 이 현상은 동유럽의 고아원에서 입양된 아이들에게서 자주 볼 수 있었다. 하지만 희망적인 한 연구에 따르면, 루마니아의 시설 보호 아동들에게서 나타난 혼란형 애착의 징후가 아이들이 양부모 집에서 살게 된 뒤로 많이 감소했다고 한다. 특히 두 살 이하의 아이가 안정 애착 유형인 데다 매우 세심한 양부모를 만나는 경우에 그랬다.[3]

그날 수전은 혼란 애착 유형인 아이 영상은 보여주지 않았다. 하지만 나는 직접 보고 싶었고 관련 기관에 연락해 약속을 잡고 혼란 애착 유형의 아이들이 엄마와 재회했을 때 어떤 반응을 보이는지 살펴보기로 했다.

혼란형―"가까워지고 싶고 달아나고 싶어"

금속 탐지기와 여러 개의 보안문을 통과해서 '먼로 카운티 소아과 방문 센터'에 입장했다. 정문 옆 경고문에는 소지가 금지된 품목이 적혀 있었다. 잭나이프, 면도날, 커터칼, 곤봉, 망치, 드라이버, 렌치, 날붙이류(수저, 포크, 버터나이프), 전기 충격기, 금속제 머리 핀 따위였다.

버터나이프는 왜 금지인지 궁금해하던 차에 한 직원이 설명하길, 어떤 소녀의 목에 흉터가 나 있었는데 그 소녀의 아버지가 불에 달군 버터나이프로 낸 것이었다고 했다.

실내 대기실의 크리스마스트리에는 곰 인형들이 달려 있었다. 트리 옆에는 보라색 곰 인형을 꼭 안은 두 살짜리 남자아이가 있었는데, 앞으로 이 아이 이름을 아이제이아라고 부르기로 한다. 아이제이아가 타고 온 봉고차에는 유아 세 명과 카시트에 앉은 아기도 둘 있었다. 모두 보육원이나 위탁 가정에 있다가 정기 방문을 위해 온 아이들이었다. 이 센터는 나의 고향인 뉴욕주 로체스터의 아동 보호 기관으로 보육원이나 위탁 가정에서 보호받는 아이들이 법원 명령으로 일주일에 한 번씩 생부모를 만나는 장소였다.

(지금 여기에 등장하는 이들의 이름은 모두 가명이다. 이들의 신분을 보호하기 위해 아이, 부모, 방문 센터 직원 들의 신상 관련 정보를 모두 바꾸었다.)

"안녕, 우리 왕자님!" 사회복지사 말라가 아이제이아를 맞으며 말했다. "오늘 옷 멋지게 차려입었구나." 말라가 아이제이아의 군복 무늬 스키 모자를 벗겨주자 짙은 색 곱슬머리가 흘러 나왔다. 말라는 아이의 검은 스노 재킷과 부츠도 벗겨주었다. 아이가 내 쪽으로 돌아서자 아이의 청바지 고무줄 위로 삐져나온 기저귀 끄트머리가 보였다.

"오늘은 엄마가 우리 아이제이아 보러 꼭 오시면 좋겠네." 말라가 말했다. 면회 시간은 한 시간 정도이고 10분 후 시작될 예정이었다. 아이제이아의 엄마는 오지 않는 경우가 종종 있다고 했다.

스물아홉 살의 사회복지사 말라는 이 방문 센터에서 일하기 전에는 초등학교 교사였다. 평범한 체격이지만 건강하고 탄탄해 보여 떼를 쓰는 아이들을 달래거나 반항하는 십 대 청소년을 자제시키는 모습을 충분히 상상해볼 수 있었다.

"부모에게 30분의 시간을 줍니다." 말라는 차분한 목소리로 말했다. "부모가 나타나지 않으면 그 방문은 취소되죠." 그렇게 되면 아이제이아는 또 봉고차를 타고 다시 보육 기관으로 돌아가게 된다.

그때 전화벨이 울렸다.

"잘 됐네! 엄마 들여보내 주세요. 우리는 132번 방에 있습니다."

"엄마 오셨네, 우리 왕자님!"

말라는 보안 카드를 출입문 잠금장치에 대어 내부 문을 열었고 아이제이아의 손을 잡고 같이 넓은 복도를 걸어가 방문실로 향했다.

연구자들이 낯선 상황을 이용해 아이들의 애착 유형 검사를 하기 시작했을 때 일반적인 범주에서 벗어나는 이상 행동을 하는 소수의 아이들을 발견했다. 마지막 에피소드에서 엄마가 돌아오면 이 유아들은 엄마에게 다가가지만 그 앞에서 굳어버리거나 뒤로 걸어 엄마에게 간다거나 엄마 얼굴 앞에서 손을 들어 자기 얼굴을 가리거나 바닥에 쓰러졌다. 이 아이들의 가정환경을 조사하면서 대체로 많은 수가 학대, 방치, 혹은 다양한 형태의 방임을 경험했음이 밝혀졌다.

연구자들은 이 아이들을 네 번째 범주인 '혼란형'으로 분류했다. 버트 파월 연구 팀은 다음과 같이 설명한다. "이 범주의 공통점은 아이들이 양육자를 찾으면서도 동시에 두려워한다는 점이다."[4] 안정적인 아이들은 놀라거나 무서울 때 양육자에게 달려가고 회피형은 방어적으로 고개를 돌려 다른 일에 집중하려 하고 불안한 아이들은 양육자와의 애착을 얻어내기 위해 두 배로 노력한다. 그러나 혼란형 아이들은 곤경에 빠진 듯 보인다. "이 아이들의 공포는 해결될 수가 없는데 안정의 원천이 되어야 할 사람이 동시에 공포의 원인이기 때문이다." 파월 연구 팀은 이렇게 설명한다.

아이가 두려운 대상으로부터 도망가려는 행동은 4천 년 동안 지속된 본능이고 두려울 때 양육자에게 달려가는 행동 또한 4천 년 동안 지속된 본능이다. 두려움의 대상이 양육자일 경우 가까이 가고 싶은 동시에 도망가고 싶은 마음이 드는 곤경에 갇히게 된다.

구타 같은 직접적인 학대가 아니라 해도 아이들 안에 높은 수준의 공포가 생성될 수 있는데 특히 아기들을 겁주거나 깜짝 놀라게 하는 행동이 같은 결과를 낳기도 한다.

메릴랜드대학 심리학과 교수인 주드 캐시디는 대학원생들에게 의도치 않게 5개월 된 아들에게 혼란형 애착을 형성시킨 엄마의 동영상을 보여주었다. 이 영상에서 엄마는 아기의 얼굴 앞에서 장난감을 거칠게 흔들고, 강제로 고개를 돌리고, 아이가 스트레스를 받으면 웃고, 아이에게 호랑이처럼 으르렁대거나 달려들기도 했다. "여기서 아기가 뭘 배우게 될까요?" 캐시디 박사가 설명한다. "엄마는 내가 화났을 때 안정을 줄 수 있는 사람이 아니야. 나를 화나게 하는 사람이야." 박사가 말을 잇는다. "이 엄마는 분명 아기를 사랑하는 것 같거든요. 다만 자신이 아기한테 뭘 하고 있는지 모르는 겁니다. 하지만 그 사이에 아기는 뭔가 알게 되죠. 굉장히 나쁜 방식이고 강력합니다. 슬프기도 하고요."[5] 어린 시절에 학대당한 경험이 있고 혼란형인 부모는―캐시디 박사가 보여준 영상 속 엄마가 그런 경우였다―자기 자녀를 학대할 확률이 그렇지 않은 사람들에 비해 높다. 물론 학대당한 부모가 자녀를 학대하지 않는 경우가 훨씬 더 많은 것도 사실이다.

방문 센터에서 아이제이아가 엄마와 만나면 어떤 모습일지 궁금했다. 책에서 읽은 것처럼 혼란형 아이가 엄마와 재회할 때 보인다는 행동을 보일까? 얼어붙고, 뒤로 걷고, 제자리를 뱅뱅 돌까? 다양한 가능성들을 머릿속에서 그려보고 있을 때 복도 끝 보안문이 열리고 검은 머리의 마르고 매력적인 젊은 여성이 우리에게 다가왔다. 아이제이아의 엄마였다. 말라가 아이제이아의 손을 놓자 엄마는 재빨리 아이를 안아 올려서 아이에게 뽀뽀를 하면서 중얼거렸다. "우리 아기 사랑해."

어쩌면 아이제이아는 혼란형 애착 유형이 전혀 아닐 수도 있었다.

방문 센터는 평범한 가정의 거실이나 가족실과 비슷하게 꾸며져 있었다. 소파와 책장, 장난감과 게임기가 놓인 수납장, 작은 식탁과 의자가 있고 가운데에는 부드러운 러그가 깔려 있어 바닥에 앉아서 놀 수도 있었다.

말라와 아이제이아의 엄마가 그녀의 가석방과 관련해 이야기를 나눌 때 아이제이아는 수납장에서 장난감을 하나 꺼낸 뒤 엄마 무릎에 앉아 놀기 시작했다.

이 센터에는 두 종류의 면회가 있다. 참석형과 관찰형이다. 참석형 면회에서 사회복지사는 가족과 함께 방 안에 있어야 한다. 관찰형 면회는 직원 없이도 부모가 상황을 잘 다룰 수 있을 때만 허가되며 직원이 15분에 한 번씩 확인을 한다. 아이제이아 모자의 만남은 참석형이었다.

아이제이아의 엄마는 점심 도시락을 가져왔다. 모자는 식탁에 앉아 (쇠로 된 식기는 금지되기에) 플라스틱 스푼으로 먹었다. 엄마는 플라스틱 도시락 통에 있는 쌀 요리로 보이는 것을 스푼으로 떠서 먹였다. 아이제이아는 두 번 받아먹더니 도리어 엄마를 먹이려고 했다. "아니야. 이건 너 주려고 가져온 거야." 엄마가 말했다.

혼란형 아이들은 부모와 상호 관계를 자신이 주도하려고 한다. 이를테면 부모를 웃기거나 안심시키려고 노력하는 것이다. 한 직원에 따르면 이렇다. "어떤 아이들은 자기가 부모 노릇을 하려 들고 면접 시간을 주도하려고 해요. 그래야 별 탈 없이 지나간다고 생각하죠." 아이제이아 또한 엄마에게 밥을 먹이려고 하고 엄마에게 장난감을 가져다주려고 했다. 내가 본 다른 세 살 정도 된 여자아이도 아빠한테 점심 도시락을 먹이려고 했다.

아이제이아는 점심을 먹은 후에 활짝 웃고 즐거운 소리를 내며 수납장에 달려가 엄마에게 더 많은 장난감을 가져다주었다.

말라에 따르면 일반적으로 아이들이 이곳에 오는 기간은 몇 개월이지만 가끔은 몇 년 동안 계속되기도 한다. 대부분은 심한 학대를 받지는 않은 방치된 아동들이지만 가끔 부모에게 성폭력을 당하거나 담배 화상을 당하거나 뼈가 부러지거나 전깃줄이나 허리띠로 맞은 아이도 있다. 흔들린 아이 증후군, 망막 박리, 청력 상실, 나선 골절 증상이 있는 아이들도 있으며 아까 말했듯이 아버지가 버터나이프로 화상을 입힌 어린 여자아이도 있었다.

방임, 방치는 광범위한 개념으로 적절한 의식주와 의료를 제공하지 못하는 경우와 관리와 교육 부족이 포함된다. 아이를 조롱하거나 적대감을 보이거나 부부 싸움에 노출시키거나 내버려 두는 것 또한 심리적 안정을 제공하지 못한 경우로 방임에 포함된다.

나중에 알게 되었는데 아이제이아의 엄마는 갓 스무 살에 아이제이아를 낳았고 제대로 키울 수가 없어 위탁 가정에 보냈다고 한다. "하루는 집에 음식이 있다가 다음 사흘 동안 집에 먹을 게 떨어진다면 그 또한 방치고 부모와 분리할 근거가 되죠." 말라는 설명했다. 아이제이아의 엄마는 현재 수감 중이라 아들에게 주거와 돌봄을 제공할 수 없다고도 했다. "아들이 태어나고 지금까지 대부분의 기간 동안 수감 중이죠." 말라가 말했다.

나는 말라에게 때로는 복지사들에게 애착을 갖는 아이도 있는지 물었다.

"부모보다 우리를 찾는 애들도 가끔 있어요." 말라가 말했다.

처음엔 왜 그런지 이해하지 못했는데 말라가 설명해주었다. 모든 참석형 방문에서 같은 사회복지사와 함께 오면 부모와 보내는 시간

만큼 복지사와도 시간을 보내게 되는 데다 복지사들은 전문적인 교육을 받았기에 아이 욕구에 더 세심히 반응하는 경우가 많기 때문이었다.

아이제이아는 계속 바닥에 앉아서 조용히 장난감을 갖고 놀았다.

"어쩌면 아이제이아는 놀이방에 오는 걸 좋아하는 건지도 몰라요." 말라의 의견이었다.

이 센터의 실내 놀이방에는 커다란 빨간 미끄럼틀을 비롯해 많은 장난감과 게임이 있었다. 대부분 지역 사회에서 기부받은 것이었다. 놀이방에는 아이제이아 외에 아이가 두 명 더 있었다. 머리를 하나로 묶고 분홍색 머리핀을 꽂은 한 살 정도의 여자아이와 아이제이아와 비슷한 연령대의 검은 옷을 입은 남자아이였다. 검은 옷의 남자아이가 장난감 기타를 들고 줄을 튕기고 쓸어내리는 걸 보니 꼬마 조니 캐시 같았다. 두 아이 모두 부모와 있었고 여자아이는 엄마와, 남자아이는 아빠와 같이 있었다.

아이제이아는 곧장 미끄럼틀로 달려갔고 모두에게 웃어 보이면서 혼자 즐겁게 놀았다. 나중에는 리놀륨 바닥에서 트럭을 밀면서 놀았고 구불구불한 마법 거울 앞에 서서 놀기도 했다. 이 거울은 이미지를 왜곡해 보여주는데 얼마나 떨어져 있느냐에 따라 키가 커 보이기도, 작아 보이기도, 뚱뚱해 보이기도, 말라 보이기도 했다.

"거울에 뭐가 보이니, 아이제이아?" 말라가 물었다.

나는 이것이 중요한 질문일 거라고 짐작했다. 아이제이아는 무엇을 볼까?

아이는 말라의 질문에 대답하지 않았다.

나는 열심히 지켜보긴 했지만 아이제이아가 혼란형인지 아닌지 도무지 판단할 수가 없었고 그걸 알아내려면 아이제이아와 엄마에게 낯선 상황 검사를 해봐야 할 것 같았다. 그러나 이 거울을 가만히 들여다보는 아이들 중 일부가 혼란 애착일 수 있다는 짐작은 충분히 해볼 수 있었다. 따라서 "뭐가 보이냐"는 말라의 질문은 예리한 것이었다. 혼란형 애착의 본질은 평범한 부모-자식 관계가 완전히 왜곡되는 것이다. 그 결과로 안정과 행복에 관한 아이의 감각이 왜곡되고 세계와 맺는 관계에서 아이가 왜곡된 자기상을 지니게 된다.

이러한 왜곡은 유아기의 혼란 애착과 성인기의 '해리장애'가 관련되어 있다는 점에서 중요하게 볼 수도 있다.[6] 해리장애의 증상에는 인격 분열, 기억 상실, 외상후스트레스장애(PTSD)와 유사한 증상이 포함된다. 다양한 종류의 자해 행동도 어린 시절 학대나 방치로 인한 혼란 애착과 연관성이 높다.[7]

아이제이아가 다시 미끄럼틀로 올라갔고 엄마는 장난감 수납장에서 전자 알파벳 보드를 꺼내 왔다. 철자를 누르면 기계음이 그 철자 이름을 말해주는 것이다. 엄마는 미끄럼틀 꼭대기에 있는 아이제이아에게 게임기를 보여주었고 A와 B를 눌러서 아이제이아가 그 철자 이름을 말하도록 해보았다. 그러나 아이제이아는 그저 웃기만 하고 즐거운 비명을 지르며 미끄럼틀에서 내려왔다.

"말이 느린 편이에요." 말라가 말했다. 그제야 이제까지 아이제이아의 말소리를 듣지 못했다는 걸 깨달았다. 잘 웃고 소리로 즐거움을 표시했지만 단어를 말한 적이 없었다. 아동 발달에 관한 한 논문에서는 이렇게 언급한다. "위탁 보호된 어린이들에게서 전형적으로 발달

지연 현상이 나타난다." "언어 습득과 문자 습득 발달이 지체될 수 있다."[8] 하지만 모든 '평범한' 두 살짜리 아이가 반드시 말을 잘하는 것도 아니다. 언어 발달 문제는 방치의 증상이거나 혹은 혼란 애착의 가능성을 보여주는 것일까? 면회 공간에서 아이제이아의 '부모 같은' 행동이 떠올랐지만 확실히 알 길이 없었다.

아이제이아가 미끄럼틀을 타고 놀 때 이제까지 있는지 몰랐던 물건이 눈에 들어왔다. 어린이용 회청색 플라스틱 의자로 나는 그 의자를 아주 잘 알았다. 우리 아이들이 어렸을 때 우리 집에도 똑같은 의자가 있었다. 아이제이아 나이쯤이었을 때 우리 딸들은 몇 시간 동안이나 그 의자에 앉아 세트인 테이블 위에서 즐겁게 그림을 그리고 색칠 공부를 하고 게임을 하며 놀았다. 그 의자를 보면서 우리 아이들의 어린 시절과 아이제이아가 놓인 상황의 극명한 차이를 실감할 수밖에 없었다.

만약 아이제이아가 혼란 애착이라면 아이제이아의 앞날은 험난할 가능성이 높다. 어쩌면 이 아이가 직면한 경제적, 사회적 어려움보다 그의 삶을 더 힘겹게 하는 요소가 될지도 모른다. 연구에 따르면 혼란 애착 아동과 해리장애 어린이는 사고 능력과 자제력이 부족해서 저소득층 유아 교육 프로그램과 유치원을 다닐 때부터 고등학교까지 모든 교육 기관에서 성취도가 낮은 편이다. 2010년 6천 명의 어린이들을 대상으로 한 60여 개의 연구를 메타분석한 결과에 따르면 혼란형 아이들은 아동기 후반부터 반항하거나 적대적이고 공격적인 행동을 하게 될 확률이 높았다. 이 확률은 남자아이들이 더 높았지만 여자아이들도 높은 편이다.[9] 교도소 수감자 중 36퍼센트가 혼란형이고 정신질환자의 82퍼센트가 혼란형이라는 연구 결과도 있다.[10] 한 법정심리학자는 혼란 애착이 청소년 비행과 강력 범죄의 가장 직접적인 위험 요소가 된다는 의견을 제시했다.[11]

위기 가정 아이들에게서 혼란 애착이 많이 보인다는 사실도 주목해야 한다. 이는 당사자와 가족뿐만 아니라 지역 사회 차원에서도 큰 대가를 치를 수 있기 때문이다. 다행히 연구자들이 혼란 애착을 비롯한 불안정 애착을 좀 더 안정적인 애착으로 전환시킬 수 있는 적극적인 개입 방법을 개발하고 있다.

대표적인 프로그램이 아동-부모 심리 치료인데 상담사들은 일 년 동안 일주일에 한 번씩 가정을 방문해 엄마와 아이를 만난다. 엄마와 아이가 함께 있는 모습을 관찰한 후에 혹시 엄마가 학대당한 어린 시절을 대물림하고 있지는 않은지 살펴보고 엄마가 아이의 욕구에 민감하게 반응하도록 돕는다.[12] 최근 한 연구에서 학대당한 13개월 유아 137명을 검사한 결과 89.8퍼센트가 혼란 애착을 보였다(낯선 상황 실험으로 검사한 결과였다). 그러나 이 프로그램을 거친 뒤 혼란 애착이 32퍼센트로 감소했다. 이 프로그램에 참여하지 않은 통제 집단 아동에게서는 이와 유사한 수준의 혼란 애착 감소율이 나타나지 않았다.[13]

'서클 오브 시큐리티(Circle of Security)'라는 프로그램도 있다. 부모들이 워크숍에 참석해 전문가에게 애착 이론과 육아 기술을 배우는 것이다. 이 개입 또한 불안정 애착의 비율을 줄이는 데 놀랄 만한 성과를 보여주었다.

물론 이런 프로그램은 비용이 많이 든다. 가정 방문이 포함되면 더

욱 그렇다. 그러나 이 사회가 퇴학, 청소년 비행, 폭력 범죄를 처리하는 데 드는 비용과 비교한다면 새 발의 피라고 할 수 있을 것이다.

"10분 남았습니다." 말라가 아이제이아의 엄마에게 면회 종료 시간을 알렸다.

아이제이아의 엄마는 도시락 통을 정리하기 시작했다. 그때 갑자기 아이제이아의 얼굴에 충격과 공포가 어렸다. 그동안 얼굴에 시종일관 드리워졌던 미소가 사라진 것이다. 엄마가 검은색 겨울 재킷과 부츠를 입힐 때는 거의 사색이 되어 있었다. 엄마가 코트를 입을 때 아이제이아는 무너졌고 울고 발버둥을 쳤다.

또 다른 직원이 문가에 나타났다. "별일 없나요?" 그 직원이 물었다.

"아이제이아, 엄마 안아줘야지." 말라가 부드럽게 타일렀다.

하지만 아이제이아는 엄마에게 가지 않고 말라에게 달려가 말라의 다리를 자신의 커다란 검은색 재킷으로 감쌌다. 말라는 무릎을 꿇고 앉아 아이를 달랬지만 아이는 계속 울고 칭얼대면서 문가에 있던 직원에게 다가가 그 직원도 껴안았다. 그 직원은 아이를 조심스럽게 떼어놓았고 아이에게 엄마를 가리켰다.

"엄마한테 가야지." 직원이 말했다.

아이제이아는 제자리를 빙빙 돌더니 비명을 질렀고 울면서 엄마에게 겨우 다가갔다. 엄마는 아기를 들어 올리고 안아주면서 위로하려 노력했다. "다음 주에 엄마 또 볼 거야. 우리 아가. 엄마가 사랑해. 많이 사랑해." 엄마는 이렇게 말하고 아기를 말라에게 넘겨주었다.

"확실히 문제가 보이죠." 다른 직원이 사람들이 듣지 못하게 작은 목소리로 속삭였다. "아이가 누가 엄마인지 몰라요."

그 말이 내 가슴을 찔렀다. 내가 세 살에도 말을 배우지 못하고 있을 때 소아정신과 의사가 어머니에게 한 말과 정확히 똑같았기 때문이었다. 그 순간 엄마에게 매달려 있는 아이제이아를 보면서, 50여 년의 나이 차이에도 불구하고 겁에 질려 눈에 눈물이 그렁그렁한 어린 소년과 깊은 유대감을 느꼈다.

낯선 상황 실험 동영상에 나온 안정적인 아이와 불안정한 아이, 방문 센터의 아이제이아 등 내가 관찰한 아이들은 초기 애착의 중요성을 충분히 강력하게 암시해주었다. 해리 리스 또한 강의 중에 생애 초기 경험에서 우리는 관계에서 무엇을 기대해야 할지와 어떻게 행동해야 할지에 대한 믿음과 '심성 모형'을 형성하며 그 믿음과 심성 모형이 아마도 평생 동안 유지될 거라 말했다. 해리의 설명에 따르면 이 심성 모형이 지속되는 이유는 이것이 두뇌 속에 패턴을 만들어 우리의 행동을 유도하기 때문이다.

궁금했다. 이 두뇌 패턴을 실제로 눈으로 볼 수는 없는 걸까? 현대의 첨단 기술이라면 가능하지 않을까? 그렇다면 나의 두뇌 패턴도 볼 수 있을까? 어쩌면 고전적인 낯선 상황 실험에 고도의 과학 기술이 추가되면서 한 단계 업그레이드된 방식이 있을지도 모른다.

4장

|

뇌에 새겨진 관계 패턴
신경과학으로 확인하는 애착 이론

"양말 발목까지 내릴게요. 발목 바로 위에 장치 고정하겠습니다."

내 양말을 내린 젊은 여성 세라는 버지니아대학 임상심리학과의 제임스 코언 박사 팀 임상 실험 연구원이었다. 새들이 일제히 지저귀고 목련이 활짝 피어난 화창한 봄날이었지만 우리가 있는 곳은 캠퍼스에서 약간 벗어난 건물 지하 연구실이었다. 연구실 안의 거대한 지멘스사 MRI 기계는 코언 박사가 감정과 관계의 신경과학을 연구하기 위해 연구실에 들여온 여러 장비 중 하나였다.

내가 코언의 연구실에 온 이유는 애착 이론의 생리학적 기초를 배우기 위해서였다. 생애 초기 애착 경험을 통해 관계와 관계의 작동 방식에 관한 심성 모형이 만들어지는데 해리 리스는 이 모형을 '두뇌 패턴'이라 부르기도 했다. 그렇다면 이 패턴을 실제로 눈으로 확인할 수도 있을까?

실은 개인적인 의문도 없지 않았다. 모리시오 코르티나 박사가 성인 애착 면접을 실시하고 나의 애착 유형이 '획득된 안정형'이라고 말해주었지만 정말 그런지 궁금했다.

코르티나 박사의 제안에 따라 나는 성인 애착 면접 측정 교육을 받은 볼티모어의 심리치료사 쇼사나 링겔에게 내 면접 원고 검토를 의뢰하기도 했다. 한 줄 한 줄 검토하고 나의 응답에 점수를 매긴 결과 링겔 또한 나의 애착 성향은 안정권에 들어 있다고 결론 내렸다. 다른 요소도 있지만 링겔이 이 점을 강조했다. '주제를 이야기할 때의 편안함, 명료한 정신과 어휘, 부모를 용서하고 부모의 한계를 인정하는 자세, 자아의 불완전함을 편안하게 받아들이는 태도'가 중요한 요소로 작용했다고 했다.

하지만 역시 불안 애착이 약간 남아 있다는 증거도 있었다고 한다. "애착 인물이나 과거 트라우마에 대한 집착이 일부 보였어요. 특히 어린 시절 상처받았던 경험이나 트라우마로 남을 가능성이 있는 경험에도 살짝 집착하는 경향을 보였습니다."

링겔 박사의 검토 결과는 코르티나 박사의 예측과 대체로 맞아떨어졌다. 획득된 안정이었다. 그런데 최근 제임스 코언을 비롯한 여러 연구자들은 몇 년 전부터 기능성 자기공명영상(fMRI)을 이용해, 코언의 말에 따르면 "뇌의 신경 활동을 측정하여 애착 유형이 다른 개인 간 차이를" 검사하기 시작했다.[1] 뇌에 보이는 무언가가 애착 유형을 확인해줄 수 있을까?

사라가 내 발목에 전도성 젤을 바른 후에 MRI 촬영 기사가 들어왔다. 그가 내 옆에 앉아 있는 코언을 보더니 물었다. "여름 맞이예요?"

촬영 기사는 코언의 헤어스타일에 대해 묻고 있었다. 전날 내가 본 테드 강연 영상에서 코언은 적갈색 머리를 뒤로 바짝 당겨 하나로 묶은 모습이었다(몇 달 전 강연이었다). 중년 남자들이 종종 하는 짧고 성긴 머리를 대충 하나로 묶은 꽁지머리가 아니라 조랑말 꼬리처럼 풍성한 긴 머리였다.

"맞아." 코언이 웃으며 대답했다. "자넨 내가 짧은 머리 한 거 못 봤군. 어때?"

"잘 어울리는데요." 기사가 말했다.

나도 동의했다. 코언은 보통 키에 마른 체격인데 콧수염과 염소수염이 남아 있었지만 말갈기 같은 머리카락이 없으니 원래 나이인 마흔네 살보다 어리고 날렵해 보였다.

코언의 테드X 강연은 '우리는 왜 손을 잡는가'라는 제목이었다.[2] 코언은 젊은 시절 재향군인 병원에서 임상 실습을 하면서 외상후스트레스장애에 시달리는 2차 세계대전 참전 군인들을 만날 기회가 있었다. 코언은 이 노인 환자들이 오랜 세월 해로한 아내의 손을 잡을 때만 전쟁 경험에 대해 입을 연다는 사실을 발견했다.

코언은 신경학적 측면에서 환자들에게 손을 잡는 것이 왜 그렇게 중요한지 궁금했고 그 의문을 풀기 위해 MRI를 통한 뇌 영상 연구 방법을 고안했다. 실험 대상자는 MRI 안에 들어가 전기 충격을 받게 될지 모른다는 경고를 듣는다. 그들은 파란색 동그라미(O)가 보이면 자신이 안전하다는 걸 안다. 하지만 빨간색 엑스(X)가 보이면 일정 시간 후에 발목에 전기 충격을 받게 될 확률이 20퍼센트가 된다. "사람들을 불안하게 만드는 거죠!" 코언이 말했다. 실험은 세 가지 다른 조건에서 진행된다. 낯선 사람의 손을 잡거나 혼자 있거나 연인이나 배우자의 손을 잡는 것이다.

"혼자 튜브 속에 들어가 있는데 그 안이 아주 시끄러운 데다 전기 충격을 받을 가능성까지 있으면, 두뇌에 크리스마스트리처럼 불이 반짝 켜집니다." 이때 두뇌는 할 일이 아주 많다. 그 경험이 싫고 도망가고 싶고 그러면서도 기계에서 뛰쳐나올 수는 없으니 자제력도 발휘해야 한다.

낯선 사람의 손을 잡고 있을 때는 신체 각성과 관련된 두뇌 일부의 활동이 크게 달라지지 않았다. 즉 심장 박동이나 몸이 행동을 취하게 명령하는 두뇌 부위에 별 차이가 보이지 않았다.

그러나 파트너의 손을 잡고 있을 때는 "두뇌가 다르게 반응했습니다. 신체 자극에 대한 반응이 아주 줄어들었죠." 사람들은 위협을 덜 느꼈고 자제력이나 스트레스 호르몬을 방출하는 두뇌 영역이 작동하지도 않았다. 두 사람의 관계가 좋다면 파트너의 손을 잡고 있을 때 두뇌까지 안정되는 듯했다.

이 연구가 발표된 후에 코언의 연구 팀과 '버지니아 감정 신경과학 연구소'는 많은 관심을 받게 되었다. 코언의 논문은 〈뉴욕타임스〉, 〈워싱턴포스트〉를 비롯해 미국뿐만 아니라 전 세계 여러 언론에 실렸다.

다시 실험실로 돌아오자. 세라는 젤을 바른 내 왼쪽 발목 위에 1달러 지폐 반 정도 크기의 플라스틱 전기 장치를 붙였다.

두뇌 반응으로 알아보는 애착 유형

그날 오전에 제임스 코언이 호텔로 나를 데리러 왔고 우리는 같이 차를 마셨다. 캠퍼스 근처 카페의 야외 테이블에 앉아서 나는 그에게 MRI에 두 아이가 들어가면 어떻게 될지 물었다. 한 명은 안정 애착인 아이(낯선 상황 실험 영상에서 본 공룡 티셔츠를 입고 있었던 15개월 남자 아이를 상상했다)이고 다른 아이는 불안정 애착(위탁 보호 아동 방문 센터에서 보았던 두 살 난 아이제이아를 떠올렸다)이라면 두뇌 스캔을 보면서 차이를 알 수 있을까?

"그럼요. 100퍼센트 알 수 있습니다." 그러나 그는 두뇌의 단 한 영역만 애착 행동을 주관하지는 않는다고 조심스럽게 덧붙였다. "두뇌에는 온갖 종류의 과업을 수행하는 온갖 종류의 시스템이 있고 사람마다 차이가 있습니다. 관계에 대한 생각과 관계의 작동 방식을 체계적으로 조직하는 단 한 개의 모듈은 없어요."

코언이 지적한 대로 두뇌는 단 한 부분만 반짝 빛을 내면서 '안정 애착입니다' '불안정 애착입니다'라고 말하지 않는다. 하지만 감정과 관련 있다고 알려진 두뇌 영역이 있고, 애착 유형이 다른 사람들은 같은 감정이라 해도 다르게 경험하곤 한다. 얼굴 표정 같은 사회적 신호에 어떻게 반응하는지, 즐거움, 공포, 슬픔 같은 감정을 어떻게 소화하는지, 위협과 보상에 어떻게 반응하는지, 사회적 접근과 거절에 어떻게 반응하는지가 모두 다를 수밖에 없다.

한 연구에서는 성인 애착 면접을 통해 애착 유형 검사를 받은 서른 명의 아기 엄마들이 MRI 스캐너에 들어갔고 그들에게 아기 사진을 보여주자 두뇌 활성에 '현저한 차이'가 나타났다. 안정 애착 엄마들은 회피 유형 엄마들보다 '보상 영역'이 두드러지게 활성화되었다.[3]

다른 연구에서 MRI 스캐너에 들어간 참가자들은 스크린에 찍힌 점이 몇 개인지 세야 했다. 그런 다음에 사람들 사진을 보여주었는데 어떤 얼굴은 웃고 있었고 어떤 얼굴은 화가 나 있었다. 참가자들은 사진 속 사람들이 그들의 성과를 평가한다고 알고 있었다. 실험 결과 회피 유형인 사람들은 부정적인 신호를 보면 두뇌 활성화가 감소되며 불안 애착인 사람들은 부정적인 표정의 사람들을 볼 때 두뇌 활성화가 증가했다. 이 결과는 일관적이었고 연구자들은 회피 유형은 사회적 지지를 찾지 않는 경향이 있는 반면 불안 유형은 자아를 위협받을 때 '경계심을 강화한다'는 사실을 밝혀냈다.[4]

사회적 거부에 대해 두뇌가 보이는 반응에 애착이 어떤 영향을 미치는지를 두고 다음과 같은 연구가 있다. 참가자는 스캐너 안에서 다른 스캐너에 있는 참가자 두 명과 인터넷으로 가상 공 던지기 게임을 하게 된다. 실제로 실험 참가자는 컴퓨터 프로그램과 게임을 하는 것이며 다른 두 명의 참가자는 존재하지 않는다. 실험 중간 다른 두 명의 '참가자들'은 실제 참가자를 제외하고 둘이서만 공을 주고받으며, 참가자는 남은 시간 동안 다른 두 사람이 하는 게임을 지켜볼 수밖에 없다. 결과는 어떠했을까? 불안 애착인 참가자는 사회적 기대와 관련된 두뇌 영역에서 '활성화 상승'이 나타났다. 하지만 회피형 참가자들은 같은 영역에서 '신경 활성화 약화'가 나타났다. 연구자들은 다음과 같이 결론을 내렸다. "사회적 거부에 따른 반응은 어느 정도는 불안 애착과 회피 애착 간의 차이에 달려 있다."[5]

나는 코언에게 물었다. "만약 내가 MRI 기계에 들어간다면 말이죠, 성인 애착 면접에서 받은 결과를 확인할 수 있는 실험도 있나요?"

코언은 아마 있을 것이라고 했다.

"약간의 힌트는 찾을 수도 있을 겁니다." 그러더니 MRI에 들어간 뒤 손을 잡는 실험을 해보자고 제안했다.

"아마도 예기 불안 정도가 선생님의 애착 유형을 드러내는 하나의 표지가 될 겁니다." 하지만 그는 결과를 장담할 수는 없다고 했다. "단 하나의 샘플로는 애착에 대해서 알 수 없을지도 몰라요. 충분한 데이터가 없으니까요. 게다가 선생님의 기준선이 어느 정도인지도 모르니까요. 그래도 한번 해봅시다."

사실 나를 실험하기 위해 검사를 수정해야 했으므로 아마 데이터는 더 부족했을 것이다. 원래 절차로는 전기 충격을 세 차례 줘야 한다. 낯선 사람과 함께 있을 때, 혼자 있을 때, 연인이나 배우자와 함께 있을 때다. 그러나 나는 샬로츠빌에 혼자 왔고 당시에 연인이 없었기에 마지막 부분은 건너뛰기로 했다.

"먼저 점심 식사를 같이 할까요?" 코언이 말했다. "그런 다음에 스캐너에 들어갑시다."

연구소 홈페이지에 소개된 코언의 약력에 따르면 그의 학부 전공은 심리학이었다. 점심을 먹으며 나는 코언에게 어떻게 고등학교 졸업 후 심리학을 공부할 생각을 하게 되었는지 물었다. 그는 사실 고교 졸업 후 바로 대학에 진학하지 않았다고 대답했다. "방황의 시간을 보냈죠." 그는 열여덟 살 때 자신의 자아가 "학문에 끌리지는 않았다"고 말했다. 그보다는 '대마초나 피우면서' 워싱턴주 스포캔에서 새아버지가 하던 지붕과 외벽 공사 사업을 도왔다. 스물한 살이 되어서야 지역 전문대학에 입학했다. 졸업 후에 워싱턴대학에서 세계적인 심리학자 존 가트맨 밑에서 공부했고 스물여덟 살이 되었을 때는 두뇌 연구 분야의 대학원생이 되었다.

이 이야기까지 했을 때 사진작가인 그의 아내 캣에게서 전화가 왔다. 그가 오후에 애들을 데리러 갈 수 있을까? 제임스와 캣 부부는 한 살과 세 살인 두 딸을 키우고 있다.

눈코 뜰 새 없다고 스스로도 인정했다. 그는 남편이며 아빠이자 교수이고 근래 세계적으로 주목받는 분야의 연구자이기도 하다.

"축복이자 저주 같아요. 제 분야가 이렇게 유명해졌다는 게 말이죠. 아니 물론 축복이 맞습니다. 감사하죠. 하지만 아직은 적당하게 거절하는 방법을 모르는 것 같아요. 그래서 한 천 명쯤 되는 분들에게 '아이쿠 죄송합니다' '글쎄 고민해보겠습니다'를 번갈아 말하고 있습니다."

사실 나도 코언과 연락해서 만나기까지 몇 달이나 걸렸다. 사람들은 계속 그가 얼마나 바쁜 사람인지 말해주곤 했다.

코언이 전통적인 학계에서 약간 벗어난 비관행적 개성파 학자라는 사실을 생각하면서 그가 이제까지 정설로 굳어진 이론들을 받아들이는지, 특히 애착 이론을 어떻게 보는지 궁금해졌다.

"그러면 선생님은 애착 이론을 인정하시는 거죠? 볼비의 이론에 동의하세요?"

"그럼요. 당연하죠. 하지만 저는 그 이론이 심리학계에서 뉴턴의 법칙 같은 것이라고 생각해요. 너무나 많은 경우에 적용이 되죠. 달에 로켓을 쏘아 보낼 때도 여전히 사용하는 이론이잖아요. 하지만 전부 다 옳진 않다는 게 문제죠."

어떤 면에서 '전부 다 옳진' 않은 걸까?

"주 양육자의 중요성을 지나치게 강조해요. 인간에게 무리 짓는 경향이 얼마나 큰지를 존중하지 않죠."

어떤 면에서 그렇다는 걸까?

"인간은 근본적으로 사회적인 동물이라 주 양육자만으로는 충분하지 않습니다. 특히 아이들은 더 그렇죠. 애착 이론은 때로는 잘못된 방향의 양육 방식을 추천하기도 합니다. 어떤 연구자들은 두 살 이하 아이들은 절대 어린이집에 보내선 안 된다고 강력하게 주장하죠. 하지만 인간 아기들은 본래 여러 명의 주 양육자가 돌보도록 설계되어 있어요. 거의 태어나자마자요. 또 인간 엄마들이 오직 홀로 아기를 먹이고 돌보도록 설계되어 있지도 않습니다. 바로 여기서 우리가 헤매기 시작하죠. 이 고지식한 양육 방식은 그리 좋지 않아요. 특히 여성들에게 바람직하지 않습니다."

하지만 엄마-아기의 유대가 애착 이론의 핵심이 아니던가?

"그렇죠. 바로 거기서부터 일이 꼬이기 시작하죠. 낯선 상황과 안전 기지와 안전한 피난처에 관한 모든 이야기들 말입니다. 물론 이런 것들은 주 양육자에게도 적용되지만 그보다 큰 사회적 네트워크에도 적용될 수 있습니다."

우리는 성인기의 관계에서도 단 한 명과 형성하는 애정과 유대만 너무 강조하는 경향이 있다고 그가 말했다.

"커트 보니것이 이 관점을 아주 재치 있게 짚어냈죠. 그 사람은 커플이 싸우는 장면을 볼 때마다 한 사람씩 붙잡고 귀에 대고 크게 말해주고 싶었다죠. '당신만으로는 충분하지 않아서 그래!'[6] 바로 제가 하고 싶은 말이었습니다."

나는 그 커트 보니것의 인용구를 확인하고 코언이 적절하게 적용했음을 알았다. 그 문장은 보니것의 소설 《타임퀘이크》에 등장한다. "미국에서 결혼이 50퍼센트 이상 실패하는 이유는 우리 대부분이 더는 대가족으로 살지 못해서다. 지금 누군가와 결혼하면 당신이 가질 수 있는 건 오직 그 한 사람뿐이다. 커플들이 싸우는 걸 보면 나는 그 이유가 돈이나 섹스나 권력 때문이 아님을 알고 있다. 실은 속으로 이렇게 말하고 있는 것이다. '당신만으로는 충분하지 않아!'"

다시 아이 이야기로 돌아가자. 코언은 갓난아이가 여러 명의 주 양육자에게 길러져도 된다고 말하는 것일까?

"그래도 된다는 게 아니죠. 그래야 합니다." 그가 말했다.

그렇다면 그의 의견을 뒷받침할 연구나 이론이 있을까?

"있긴 하죠. 대체로 인류학 논문이긴 하지만요. 볼비는 자신의 애착 이론을 발전시키기 위해 침팬지와 다른 영장류 연구에 힘을 쏟았고, 진화적 관점으로 설명하려고 했죠. 맞습니다. 원숭이들은 젖을 뗄 때까지 아기를 몸에 착 붙이고, 엄마가 아닌 다른 존재가 아기에게 손을 대거나 가까이 오지도 못하게 하죠. 하지만 아이 양육에 관해서라면 인간은 원숭이와는 다르다고 봐야 합니다. 전 세계에서 엄마들은 다른 사람들이 아이를 돌보도록 허락해요. 거의 태어나는 즉

시요. 그 아기들이 그 때문에 고통을 겪지는 않습니다."

"그럼 만약에 엄마 한 명이 돌보는 대신, 아기를 여섯 사람이, 그 마을의 여자와 남자가 같이 기른다면요?"

"그러면 아이는 그 남자와 여자 어른 모두를 애착 인물로 보겠죠. 낯선 상황 실험에서 엄마에게 의지하듯이요."

매우 흥미로운 지적이었다. 그러나 오래전 이스라엘의 키부츠 집단 농장에서 아기들이 가족과 떨어져서 공동으로 양육된 사례가 있었는데, 이후 이례적으로 많은 아이들이 불안 애착을 보이는 것으로 나타났다. 오늘날 키부츠에는 가족들이 따로 거주할 수 있는 거처가 마련되었고 연구에서 아이들의 애착 유형이 평균적인 분포로 나타났다.[7]

"낯선 상황 실험이 반드시 틀렸다는 것은 아닙니다." 코언이 이어서 설명했다. "우리가 선택한 내용들이 제한적이었다는 거죠. 우리는 그 이야기에서 많은 부분을 생략했어요. 제가 걱정하는 건 불안 애착이건 회피 애착이건 불안정 애착을 형성하게 만드는 원인을 분석할 때 오직 단 한 명의 주 양육자에게만 지나치게 기댄다는 것입니다. 그 사람은 모든 걸 다 할 수가 없어요. 왜냐하면 못 하니까요."

나는 최근에 또다시 떠오른 '애착 육아(attachment parenting)'라는 양육 개념을 언급했다. 이 양육 방식 지지자들은 엄마와 아기의 신체 접촉이 매우 중요하다고 말한다.

"글쎄요. 난 그건 아닌 것 같아요. 그 조언은 때로 어린이들에게 위험할 수도 있습니다. 과장해서 말하고 싶지는 않지만요. 아이들에게는 회복 탄력성이 있습니다. 진짜 확실한 방치나 학대가 아닐 경우에 대체로 결과적으로는 아이들의 성격과 발달은 양육 스타일과는 크게 상관이 없습니다. '아기 때는 절대 어린이집에 보내면 안 돼'라는 주장은 헛소리예요. 아무 도움도 안 됩니다. 그리고 사회적 억압입니다."

나는 코언의 관점이 자신의 부모 경험에서 비롯된 것은 아닌지 궁금했다.

"꼭 그렇지는 않다고 생각하지만. 약간은 그럴 수도 있겠네요. 그쪽으로 생각해보진 않았습니다."

이제 세 살인 그의 큰딸은 어린이집에 다닐까?

"네. 다닙니다. 아주 즐겁게 생활하고 있어요." 그가 말했다.

그렇다면 더 어린 둘째도?

"6개월이에요."

코언이 계속 말했다. "어떤 어린이집이 좋은 곳일까요? 보육 교사들이 자꾸 바뀌지 않는 곳이죠. 언제나 동일한 사람들이 근무하는 곳입니다. 반면 나쁜 곳이라면 우리 아기를 돌보는 사람들이 자주 바뀌는 곳이죠. 친밀감과 일관성이 중요합니다. 인간은 여러 양육자를 갖도록 설계되어 있습니다. 하지만 익숙하지 않은 여러 사람들이 들락날락하는 환경에 적응하도록 설계되지는 않았습니다."

코언이 말했다. "우리 딸은 2년 반 동안 같은 어린이집의 같은 교사들에게 돌봄을 받았습니다. 끝나는 시간이면 그분들한테 '사랑해요'라고 말하고 뽀뽀하고 나오죠. 그런 환경이 가장 중요합니다."

나는 애착 이론을 공부하고 읽었기에 아무래도 코언의 관점은 그분야 전문가들의 의견과 충돌한다는 것을 알았다. 하지만 그의 이야기는 매우 신선하고 흥미로웠다. 특히 커플에게 "서로만으로는 충분하지 않다."는 이야기가 마음에 남았다. 나도 결혼 생활에서 그렇게 느낀 적이 있었기 때문이다. 한 종으로서 인간에게 한 명의 주 양육자가 필요한지 아니면 여러 양육자가 필요한지는 더 생각해봐야 할 문제다. 보육 기관 문제도 그러했다. 볼비는 처음에는 기관에 반대했다가 말년에는 환경이 좋고 일관적이라면 괜찮다는 의견으로 바꾸었으니 코언의 입장과 비슷했다고 할 수 있다. 나는 이 의문을 더 깊이 파보고 싶었다.

이제 시작한 곳으로 돌아올 시간이다. 연구소의 세라가 내 발목에 전극 설치를 마쳤다.

코언은 MRI 스캐너를 이렇게 설명했다. "위험한 환경이긴 합니다. 지구 중력의 30배쯤 되는 대형 자석 안에 들어가 있는 거니까요. 금속으로 된 물체는 무엇이건 이 자석을 향해 맹렬하게 돌진할 겁니다. 그 과정에서 우리의 몸이 방해가 된다면 몸도 뚫고 지나갈 겁니다. 그러니까 몸에 금속이 절대 없어야만 하죠. 종이 클립 하나도 위험할 수 있습니다."

나는 몸에 지니고 있던 시계, 펜, 녹음테이프 등을 모두 뺐다. 주머니도 완전히 비웠다.

"그런데 이 자석이 두뇌에 영향을 끼치지는 않나요?" 내가 물었다.

"자석이 실제로 두뇌에 작용하는 건 아니거든요. 두뇌 안의 수소 원자에 영향을 주죠."

이런 설명으로 딱히 안심이 되는 건 아니었지만 코언은 자기도 이

스캐너에 '수십 번' 들어갔지만 무사했다고 말했다.

전기 충격은 모든 사람이 똑같은 강도로 받는다고 했다. 4밀리암 페어(1밀리암페어는 1000분의 1 암페어)다. 사람들마다 통증 역치가 달라서 모두 다르게 반응한다. "사실 사람들이 충격을 받은 그 순간의 충격 지수를 측정하는 건 아니에요. 우리는 충격 전에 사람들이 느끼는 예기 불안에만 관심이 있죠." 코언이 덧붙였다.

그런 경우라면 지금 당장 내 상태를 측정해도 될 것 같다고 생각했다. 나는 이미 바짝 긴장하고 있었기 때문이다.

그리고 궁금해졌다. 나는 누구 손을 잡고 있어야 하지?

검사 규칙에 따라서 그 사람은 '익명의 낯선 사람'이 될 거라고 했고 그 이상은 말해줄 수가 없다고 했다.

나는 스캐너 안에서 겪을 일에 대해 대학이 법적 책임을 지지 않는다는 각서에 서명을 했다.

전극 장치를 부착하고, 주머니는 비우고, 각서에 서명했다. 이제 기사가 기계를 작동시키려 했고 잠시 잠잠한 상태가 찾아왔다. 세라는 서류 작업을 했다. 코언은 구석 의자에 앉아서 핸드폰 메시지를 확인하는 중이었다.

기사가 전화를 받았다. "저기, 지금 스캐너에 사람이 들어가기 전이라서요. 곧 전화할게요."

그가 전화를 끊었다.

"이제 준비 다 됐습니다." 기사가 코언에게 말했다.

"네." 코언은 핸드폰에서 눈을 들어 내게 말했다. "행운을 빌어요, 피터."

세라의 뒤를 따라서 나는 조종실로 들어갔고 옆의 커다란 방에 단 하나 놓인 MRI 기계에 다가갔다. 세라의 지시에 따라 기계 앞부분에 머리를 두고 등을 붙이고 누웠다. 세라는 내 무릎 아래 쿠션을 놓아주었고 머리 고정 장치를 머리 양쪽에 놓고 귀에는 헤드폰을 끼워준 다음 얼굴에 하키 골키퍼가 쓰는 마스크처럼 생긴 것을 덮어주었다.

내가 병 때문이 아니라 오직 실험을 위해 이 기계에 들어와 있으니 얼마나 운이 좋은 사람인가라고 생각하려 애썼다.

침묵 속에 몇 초 동안 가만히 누워 있었는데 그 자궁 같은 작은 방이 특별히 불편하지는 않았다. 폐소공포증은 일어나지 않는 듯했다.

"괜찮으세요, 선생님?" 헤드폰을 통해 조종실에 있는 세라의 목소리가 들려왔다.

괜찮다고 대답했다.

"네, 좋습니다. 이제 곧 해부학적 스캔을 시작하겠습니다. 우리는 두뇌를 3차원 화면으로 보게 됩니다."

그때 눈앞에 한 이미지가 나타났는데 거울을 통해 스크린에 투영된 듯했다. 강과 산이 있는 숲속 풍경이었다.

"좋습니다." 기사가 헤드폰으로 말했다. "시간은 4분 30초 소요됩니다."

바로 다음에 시끄럽고 낮은 소음이 반복해 들렸다. 화재 경보음 같기도 했다.

내 두뇌의 수소 원자가 내 주변의 거대 자석으로 빨려 들어가는 상상을 해보았다. 그러나 그건 지속적으로 상상하기 어려운 이미지였다.

우~ 우~ 우~

이유가 뭔지 몰라도 점심을 먹으면서 코언이 쓴 '나쁜' 어린이집이란 말이 떠올랐다. "아이를 돌보는 사람들이 계속 바뀌는 경우죠."

코언에게 볼비도 어린 시절에 그런 일을 겪었다는 걸 아는지 물어볼걸 그랬다는 생각이 들었다. 볼비와 그의 형제자매들은 전통적인 영국 상류층 가정 출신이었고 부모와는 거리가 있고 여러 명의 유모와 가정부들이 길렀다. 볼비를 주로 돌보았고 그가 애착을 느꼈던 미니라는 유모는 그가 세 살 때 집을 떠났다. 유모는 냉정하고 엄격한 여성으로 교체되었고 그 여성과 볼비는 애착을 형성하지 못했다. 오랜 세월 후에 볼비의 아내는 남편이 미니를 잃고 난 이후에 "자신의 슬픔을 깊이 묻었다"고 표현했다.[8]

우~ 우~ 우~

그 점에서 볼비와 나에게는 공통점이 하나 있다고 할 수 있었다. 어린 시절 나의 주 양육자가 '계속 바뀌었다'는 점이다. 사실 소아마비 때문에 어머니의 돌봄에는 한계가 있었고 나를 키워주었던 켈리 여사가 갑자기 돌아가시고 그 뒤에 오신 분도 얼마 후에 집에서 나가셨다. 나는 내가 유독 애착 이론에 관심을 기울이게 된 직접적인 이유와 지금 이 스캐너 안에 누워 있는 이유를 생각하고 있었다.

나는 사실 켈리 여사의 사망 신고서와 그분이 묻히신 곳의 정보를 찾아보았다. 그분은 미혼으로 살다가 1954년 7월 3일 70세를 일기로 돌아가셨다. 내 세 살 생일 석 달 후였다. 사망 원인은 심근경색증이었다.

최근에 누나와 함께 아버지와 외식을 했다. 식사를 마친 후에 아버지가 어머니 무덤에 가보고 싶다고 했다. 아버지, 누나와 함께 갈 수도 있었지만 나는 그날 켈리 여사의 무덤에 갈 계획을 세워 둔 터였기에 어머니가 아닌 그분 무덤에 갔다. 한 번도 가본 적이 없는 홀리세플커 묘지에는 바닥에 깔린 회색 비석이 가을 낙엽에 뒤덮여 있었다. 허리를 숙이고 낙엽들을 치웠다. '앨리스 F. 켈리 1883-1954' 나는 무릎을 꿇고 앉아 그분의 이름인 금속 글자들을 손가락으로 쓰다듬어보았다.

"지금 괜찮으시죠?" 헤드폰으로 세라의 목소리가 들렸다.

이제 실험을 시작할 준비가 모두 된 것이다.

"실험은 두 차례만 실시할 겁니다." 세라가 말했다. "처음에는 익명의 낯선 사람과 손을 잡고 하고 두 번째는 손을 잡지 않고 스캐너에서 혼자 하시게 됩니다. 두 번 다 충격은 선생님만 받으시고요." 세라는 절차를 다시 검토했다. 파란색 동그라미를 보면 전기 충격이 없다는 뜻이고 빨간색 엑스를 보면 다음 몇 분 동안 전기 충격을 받을 확률이 20퍼센트라는 의미다.

세라는 내 오른손만 빼라고 말했고 "익명의 실험자가 와서 그 손을 잡을 것"이라고 말했다.

몇 번의 소음 후에 시작된 약간 낮고 떨리는 진동 소리는 화재 경보음 같은 소리만큼 크지는 않았지만 신경에 거슬릴 정도로는 충분히 컸다. 튜브 밖으로 손을 뻗자 다른 사람의 손이 만져졌다. 아마도 여성의 손인 듯 부드러웠다. 혹시 세라의 손인가 했지만 확신할 수는 없었다. 어쩌면 코언의 대학원생 중 한 명일 수도 있었다.

숲속 풍경을 보여주었던 눈앞의 화면은 이제 파란색 동그라미를 보여주었다. 파란색 동그라미면 충격이 없겠네. 조금 짜증나는 진동 소음만 제외하고는 그리 나쁠 건 없었다.

그러다가 동그라미가 사라지고 선명하고 굵은 빨간색 엑스가 나타났다. 나는 바짝 긴장했으나 아무 일도 일어나지 않았다. 코언과 사라는 빨간색 엑스가 나타난 다음에도 내가 충격을 받을 확률은 20퍼센트밖에 되지 않는다고 말했고 그래서 이번엔 괜찮을까 싶었다. 그러다 어머어마한 전기 충격이 내 왼쪽 다리에 찾아왔다. 한순간이 아니라 몇 초는 지속되는 듯했다. 놀라 발을 빼고 싶었지만 전극 장치가 발목 바로 위쪽에 부착되어 있어서 고통을 피할 수도 없었다.

얼마 후 충격은 결국 멈추었고 파란색 동그라미가 다시 나타나자 숨을 쉴 수 있었다. 일시적 휴식이었다. 그 전기 충격을 절대 다시 받고 싶지 않았다. 내가 이 불안을 달랠 수 있을까? 그때 아내가 출산하기 전에 우리가 같이 배웠던 호흡법을 기억해냈고 나는 '피라미드 10까지 세기'를 했다. 머릿속에서 10까지 세고 그러다 1로 돌아와서 9까지 세고 다시 1로 돌아오면서 진통을 이겨내는 것이다. 숫자를 세기 시작했다. 하나 둘 셋 넷—그때 다시 빨간색 엑스가 다시 나타났다. 숨을 가다듬고 움직이지 않으려 해보았지만 나도 모르게 왼발이 움찔했다. 나는 앞으로 다가올 일 때문에 주먹을 불끈 쥐었다. 하지만 충격은 오지 않았고 파란 동그라미가 나타났다. 나는 내가 주먹을 너무 꽉 쥔 게 아니길 바랐지만 움직일 수도 없고 이 충격을 고스란히 받아낼 수밖에 없는 상황에서는 그것만이 내가 유일하게 기댈 수 있는 것이었다. 내 생각에 이 충격은 컴퓨터 프로그램에 따라 작동하기에 나는 물론이고 다른 누군가의 통제에서도 벗어나 있었다.

또 한 번 빨간색 엑스가 떴다. 다시 주먹을 움켜쥐었다. 다리에 경련이 일었다. 충격이 다리로 찾아왔다. 그러다 파란색 동그라미가 떴다. 이미 숫자 세면서 마음 가라앉히기는 잊어버렸다. 다시 파란색 동그라미였다. 이건 얼마나 지속될까? 5분 정도? 감이 잡히지 않았고 다시 빨간색 엑스였다. 그래. 하나 둘 셋 넷 다섯 여섯 일곱 여덟 아홉 열 아홉 여덟—나는 주먹을 더 세게 쥐었다.

두 번의 파란색 동그라미와 한 번의 빨간 엑스와 한 번의 충격이 있었고 이는 마치 불꽃놀이의 마지막 장면 같았다. 그러다 내 손을 잡아주던 손이 스르르 빠져나갔다. 스크린은 텅 비었다. 소음도 사라졌다.

"어떠세요. 괜찮으세요? 피터 선생님?" 헤드폰으로 들리는 세라의 목소리였다.

세라는 내가 경험한 불편함이 어느 정도인지 버튼을 누르라고 했다. 실험 전에 어떻게 하는지 가르쳐주었지만 기억조차 나지 않아 엉뚱한 버튼을 눌렀다.

"그냥 말로 해주셔도 돼요." 세라가 말했다. "가장 고통스러운 것이 10이라면 아까 전기 충격은 1부터 10 중 어디에 해당할까요?"

"9입니다."

"알겠습니다. 다음 회차에서는 스캐너에 혼자 계시게 됩니다."

나는 대답하지 않았다.

"괜찮으시겠어요?" 세라가 물었다.

나는 생각 중이었다.

"계속 진행하고 싶으세요?" 세라가 물었다.

"실은 하고 싶지 않습니다." 내가 대답했다. "지금 한 것만으로도 데이터가 나오지 않을까요?"

세라가 코언과 상의하는 소리가 들렸다.

"네, 괜찮습니다. 나오게 해드릴게요."

통증을 줄여주는 애착의 힘

조종실에서 코언은 스캐너에서의 경험에 대해 물었다.

"충격이 생각보다 심하더라고요. 괴로웠습니다." 내가 말했다.

"너무 강한가요?"

내 예상보다 충격이 더 강했고 그 충격을 기다리는 시간이 내 예상보다 더 불안하고 초조했다고 말했다.

이전에 세라는 모두가 충격을 다르게 느낀다고 했고 어떤 사람은 거의 반응을 하지 않는다고도 했다.

"가끔은 충격 버튼이 작동하는지 확인해야 할 정도죠."

사실 개인의 애착 유형에 따라서 신체적 고통을 경험하고 반응하는 정도가 다르다는 연구도 많다. 불안정 애착인 불안형과 회피형은 분만 과정에서 진통 초기에 더 심한 고통을 호소하고 회초리를 맞았을 때 훨씬 더 아프다고 주장하며 스트레스를 유발하는 업무 후에 안정 애착인 사람들보다 더 강력한 두통을 경험한다. 한 연구실 실험에서는 통제된 상황에서 참가자들이 얼음물이 담긴 통에 1분 이상 손을 넣게 한 후 이들이 느끼는 고통의 정도를 관찰했다. 불안 애착인 사람들은 통증 역치가 낮았고 안정 애착이나 회피 애착보다 더 큰 고

통을 경험했다.[9]

아직 코언이 나의 두뇌를 스캔한 데이터를 분석하기 전이지만 내가 이 전기 충격에서 강력한 고통을 느꼈다는 점과 실험을 조기 종료하길 원했다는 점이 내가 기본적으로 불안 애착 유형이라는 증거가 아닐까?

나는 세라에게 내가 그녀의 손을 잡고 있었냐고 물었다.

그녀는 그렇다고 대답했고 이번에 처음 실험자의 손을 잡아보았다고 말했다.

사실은 코언과 세라에게 간단히 후기를 말하면서도 사람들의 말이 잘 들리지도 않고 생각에 집중할 수도 없었다. 미처 붙잡을 새도 없이 말소리와 생각이 내 머리를 스쳐 지나가버렸다.

"솔직히 말씀드리면 지금 머리가 멍하고 취한 것 같습니다."

"그러시군요." 코언이 말했다. "자극이 심하긴 하죠. 코르티솔과 아드레날린을 주입받은 것과 마찬가지 효과거든요. 아마 그래서 약간 흥분한 상태이실 겁니다. 다시 말하면 선생님은 지금 약간 테러를 당하신 거고 그 결과를 감당하고 계신 거죠."

"빨간색 엑스 보고 나서가 정말 괴롭더라고요." 내가 덧붙였다.

코언이 큰 소리로 웃었다.

"죄송합니다. 선생님! 저도 알아요. 잘 알죠. 저도 12년 동안 똑같은 걸 보고 있는데 볼 때마다 싫습니다."

그 말을 들으니 조금이나마 기분이 나아졌다.

"빨간색 엑스는 추상적입니다. 하지만 볼비가 가장 관심 있었던 분야를 겨냥한 거죠. 바로 공포입니다. **애착 행동 체계는 바로 인간이**

공포를 관리하고 위협에 대응하는 방법에 관한 것입니다. 볼비는 이 부분을 아주 잘 이해하고 있었죠."

코언은 검사 결과를 도출하는 데 몇 주가 걸릴 것이라 말했다. "이 한 번의 스캔으로 구체적이고 유용한 정보가 도출될 가능성은 높진 않습니다. 하지만 최선을 다해보겠습니다."

코언과 세라에게 고맙다고 말한 후에 걸어서 호텔로 돌아왔다. 스캐너 안에서의 강렬한 경험에도 불구하고 내 생각은 실험 전에 코언과 나누었던 대화에 머물렀다. 코언은 중요한 질문을 던졌다. 과연 연인은 서로에게 '충분한 사람'인가? 안정 애착이 스며들도록 하려면 누가 아이들을 돌보아야 할까? 주 양육자는 반드시 한 사람이어야 할까? 아니면 자주 바뀌지 않는다는 가정 아래 여러 사람이어야 할까? 물론 MRI 결과도 궁금했다. 아마 그 결과는 내가 획득된 안정 애착인지 아닌지 밝혀줄 것이다. 하지만 그보다 더 큰 다른 질문, 연애와 육아에 대한 질문들이 코르티솔과 아드레날린이 넘치는 나의 들뜬 뇌를 가득 채웠다.

그리고 그때 훨씬 더 매력적인 질문을 찾아낸 것이 다행스러운 일이었다. 몇 주 후에 코언이 전화로 두뇌 스캔으로는 나의 애착 유형을 파악하기에 충분한 데이터를 얻지 못했다고 알려주었기 때문이다. 그렇다면 나는 이제 전기 충격이 아닌 내가 잘하는 다른 방식으로 애착에 대해 더 알아보아야 했다.

5장

왜 나는 항상 비슷한 사람에게 끌릴까

애착과 낭만적 사랑

스물여섯 살의 설레스트 소머스는 내가 메릴랜드주 베세즈다대학에서 진행하는 글쓰기 수업을 듣는 학생이었는데 생각이 깊고 밝고 똑똑해 좋은 인상을 받았다. 설레스트는 인류학 전공자로 6개 국어를 구사했다. 한 글쓰기 과제에서 설레스트는 토머스 J. 왓슨 장학금을 받아 1년 동안 다녀온 외국 연수에 관해 썼는데 오지의 원주민 부족들을 연구하고 그들이 자신들의 문화를 보존하기 위해 현대 기술을 어떻게 사용하는지를 연구했다고 한다. 북극에서는 이누이트족 청년을 만나기도 했다. 설레스트는 글에서 에스키모들의 키스를 아름답게 묘사했는데 그녀의 허락을 받고 이곳에 싣는다.

에스키모에게 '키스'는 부정확한 단어다. 또한 우리가 어렸을 때 하던 코와 코를 살짝 건전하게 문지르는 것과도 다르다. 그들에게 사랑의 행위란 얼굴을 가까이서 맞대고 냄새를 맡는 것에 가깝고 위생 따위 상관없이 코와 입을 동시에 부비는 것이다.

그는 나에게 한번 해보자고 했다. 그날 밤 나는 그의 둥그런 갈색 볼을 너무 세게 맞대고 문질러 그야말로 정신을 잃을 뻔했다. 이러다 내 볼이 떨어져 나가는 건 아닌가 했다. 이 수백 번의 키스 아닌 키스 때문에 내 피부가 벌겋게 달아올랐다.

어느 날 수업이 끝나고 설레스트는 내게 요즘 어떤 작업을 하고 있냐고 물었다. 내가 애착에 관한 책을 집필 중이라고 했더니 "와, 제 룸메이트가 얼마 전에 인터넷으로 애착 검사를 풀어보라고 했어요. 데이트할 때 도움이 될 거라고요."

설레스트의 룸메이트가 옳았다.

"그래서 다 풀어봤더니 점수가 어땠어요?" 내가 물었다.

공식적으로 '친밀 관계 경험'이라고 부르는 이 질문지는 회피 애착과 불안 애착 정도를 1부터 7까지 분류한다. (부록에 이 검사가 수록되어 있다.) 검사의 문항은 "나는 누군가와 매우 가까워지고 싶은 욕구가 강해 사람들이 가끔 물러날 때가 있다"나 "나는 마음속 깊은 생각들을 파트너에게 보여주고 싶지 않다" 같은 내용으로 각 문항에 동의하는 정도를 숫자로 나타내면 된다.

"저는 불안 척도에서 거의 4점을 받았어요." 설레스트가 말했다.

그렇다면 불안정 애착에 속한다고 할 수 있을 것이다.

바로 그 순간 퍼뜩 어떤 생각이 떠올랐다. 설레스트의 애착 유형을 알면 적어도 애착과 관련해서는 그녀와 맞는 짝을 소개해줄 수도 있지 않을까?

사실 마음에 두고 있는 사람이 한 명 있었다. 이론적으로 그는 완벽한 상대였다. 하지만 머뭇거릴 수밖에 없었는데 누군가를 소개해준다는 건 위험 부담이 크고 성공 확률은 낮은 일이기 때문이다.

히브리 성경의 주해서인 '미드라시'에는 이런 이야기가 있다. 한 여성이 랍비에게 가서 말했다. "랍비, 토라에 따르면 신이 단 6일 만에 하늘과 땅을 창조했다고 하는데요. 그 다음부터 긴 세월 동안은 무슨 일을 하셨나요?"

"짝짓기를 해주고 계시지." 랍비가 말했다. "그 일이 그만큼 어렵다는 말이다."[1]

그렇지만 셀레스트의 애착 유형을 안다는 점이 이 낮은 확률을 조금이라도 높일 수 있는 중요한 힌트가 되지 않을까 싶었다. **연인 간의 사랑은 곧 애착 관계이기 때문이다.**

존 볼비는 이렇게 썼다. "유대감 형성은 사랑에 빠지는 것으로 묘사되며, 유대감 유지는 누군가를 사랑하고 있음으로 묘사되고, 파트너를 잃는 것은 곧 비통함으로 묘사된다."[2] 물론 성인들의 연애에서는 애착뿐만 아니라 여러 다른 요소가 작용하기 마련이지만 그럼에도 불구하고 애착은 여전히 핵심적인 부분을 차지한다. 연구 결과 젠더나 성적 지향에 따라 애착의 차이가 나타나지는 않았다. 서로에게 빠져들고 사귀고 결혼까지 가는 과정에서 "애착 문제는 커플 관계에서 언제나 존재한다"고 심리학자 마리오 미컬린서와 필립 셰이버는 지적했다.[3] 따라서 애착 유형은 로맨틱한 상호 작용과 '궁극적 운명'이 어떻게 흐를지에 영향을 끼친다.[4] 그러므로 어떤 사람의 애착 유형을 이해하거나 잠재적 파트너의 애착 유형을 파악하면 성공적인 만남과 관계의 지속 가능성이 높아질 수 있다.

어떤 애착 유형들의 조합은 다른 유형의 조합들보다 더 만족스럽고 안정적인 관계를 유지하기 수월할 수 있다. 하지만 어떤 조합이건 한 파트너가 안정형인 경우에 성공할 가능성이 확실히 높아지긴 한다. 해리 리스는 학생들에게 다음과 같이 조언하기도 했다. "여러분이 안정적인 사람을 만난다면 이미 다섯 걸음 앞에서 시작하는 거죠."

"만약 내가 설레스트에게 말이죠. 안정 애착인 누군가를 소개해준다면 그 남자를 만나볼 의향이 있나요?" 내가 물었다.

"그럼요." 설레스트는 긍정적으로 답했다.

"만약 그 남성이 그저 안정 애착형 인물이 아니라 애착 연구자들 사이에서 알려진, 전국적으로 유명한 '안정 애착의 대표 어린이'였다면 어떨까요?"

"대표 어린이요? 그게 무슨 뜻인가요?"

"연구자들이 거의 완벽한 애착을 형성한 어린이를 떠올릴 때 거의 모두 그 친구를 생각하거든요!" 내가 말했다.

나는 사실 그 대표 어린이가 연애가 가능한 상태인지도 알지 못했지만, 만약 싱글이라면 설레스트는 그를 만나는 데 관심을 보일까?

"사귀는 사람이 없대요?" 그녀가 물었다.

"아마 그럴걸요." 몇 주 전에 그 청년을 카페에서 마주친 적이 있었다. 그때 한 여성과 같이 있긴 했지만 사귀는 사이인지 아닌지는 바로 알 수 없었다.

"설레스트와 나이가 비슷해요. 데이터 그래픽 분야에서 일한다고 했어요." 내가 말했다.

설레스트는 데이터 그래픽이라는 분야를 흥미로워하는 듯했다.

"그리고 잘생겼어요. 키가 크고 마른 편에 짙은 색 머리카락이고요. 단정한 스타일이에요."

"키 큰 건 좋죠." 그녀가 말했다.

솔직히 말하자면 내 눈에는 둘 다 선남선녀였다.

"그렇다면 어떻게 할까요? 그 친구한테 연락해서 지금 만나는 사람 없다고 하면 혹시 커피라도 한잔 할 생각은 있어요?"

"그럼요. 대표 어린이 한번 만나보죠." 설레스트가 말했다.

그리하여 나는 천지 창조를 해낸 신도 골머리를 앓았다는 그 어려운 과업을 감히 시도해보기로 했다.

불안형과 회피형이 서로 끌리는 이유

둘 다 안정형일 경우에 성공적이고 견고한 관계를 유지할 확률이 가장 높을 것이다. 아미르 레빈과 레이철 헬러에 따르면 안정 애착 유형은 다음과 같다.

파트너가 자신을 사랑해주고 반응해줄 것이라는 기대가 내재해 있다. …… 친밀감을 굉장히 편안하게 여기고 자신의 욕구를 전달하고 상대의 욕구에 반응하는 능력이 뛰어나다.[5]

앞서 말했듯이 안정적인 사람이 적어도 한 명은 포함된 조합이 성공 확률이 높다. 실제로 안정적인 파트너와 관계를 맺으면 불안정한 파트너도 시간이 지날수록 점점 안정적으로 변해 가기도 한다.

하지만 불안정 애착 유형인 사람들도 성공적인 관계를 꾸려 갈 수 있다. 극복해야 할 장애물이 조금 더 클 뿐이다.

회피 유형은 자립을 중시하고 관계에 투자를 덜 하는 경향이 있다. 갈등이 생기면 거리를 두는 편이다. 실제로 회피 유형끼리는 짝이 되지 않는 경우가 많으며 안정적이거나 불안 애착인 파트너를 선호하는 편인데 그들은 회피 유형을 자신보다 강인하고 독립적인 사람이라 느끼기도 한다. 회피 유형끼리 짝이 되면 문제가 불거졌을 때 둘다 관계를 포기할 가능성이 높다.

불안 애착인 사람들은 파트너와 가까워지고자 하며 때로는 완전히 스며들어 하나가 되기를 바란다. 이들은 친밀감을 쉽게 느끼는 편이며 특히 사귀기 시작한 초반에는 상대에게 호감을 강하게 드러내기도 한다. 하지만 이들은 관계를 신뢰하는 데 어려움을 느끼기도 하고 가까워지려는 욕구 때문에 밀고 당기기를 하기도 한다. 이것은 관계를 맺고자 하는 강렬한 욕구가 있으나 한편으로 상대가 없으면 불안을 느끼는 것에 대한 분노가 반영된 것이기도 하다. 불안형 파트너 두 사람은 서로 집착하고 통제하는 양상을 보이기도 해 자신의 잠재력을 완전히 꽃피우는 데 방해가 될 수도 있다.

최악의 애착 유형 조합이라고 할 수 있는 것은 아미르 레빈과 레이철 헬러가 '불안-회피의 덫'이라고 이름 붙인 경우이다. 한 사람이 회피 유형이고 다른 사람이 불안 유형일 경우 두 사람은 친밀감에 대해 완전히 다른 기대를 품고 있다. 불안 유형은 가까워지려 하고 회피 유형은 일정한 거리를 두려 한다. 그러한 욕구가 충족되지 않을 때, 회피형과 불안형은 정반대로 반응하기 때문에 관계를 더욱 긴장시키는 악순환이 일어난다.

전체 인구의 애착 유형 분포를 고려하면 (55퍼센트는 안정, 25퍼센트는 회피, 15퍼센트는 불안, 나머지는 혼란형이다) 불안-회피의 덫에 빠지는 사람들은 생각보다 많을 수 있는데, 그 이유는 여러 가지가 있다.

첫째, 안정 애착인 사람들은 20대 초반 이후에 한 사람과 관계를 오래 유지하는 경향이 있으며 서른이 넘으면 **불안정 애착 유형들이 데이트 시장에 많이 남아 있을 수 있다.**

두 번째, 회피 유형은 관계가 짧게 끝나는 경우가 많고 이들은 이별을 한 이후에도 안정 애착이나 불안 애착인 사람들에 비해 슬픔에 빠져 홀로 시간을 보내지 않는 편이다. 애초에 그 관계에 투자를 많이 하지 않았기 때문이기도 하다. 따라서 비교적 빨리 회복하고 다시 데이트 시장에 나오게 된다. 레빈과 헬러는 늦은 나이에 누군가를 만나게 되면 그 사람은 회피 유형일 가능성이 높은데, 이 유형이 전체 인구에서 차지하는 비율보다 더 많을 수 있다고 말한다.[6]

마지막으로 약간 얄궂기도 한 점은 불안 애착인 사람과 회피 애착인 사람은 서로에게 매력을 느끼는 경향이 있다는 것이다. 회피 유형은 불안 유형 옆에 있으면 자신이 강하고 자립적인 사람이라고 확신하게 되고 다른 사람들은 의존적이고 매달리는 편이라는 믿음이 더 강해진다. **불안 유형은 회피 유형을 만나면서 파트너의 헌신을 신뢰할 수 없다는 믿음이 더 확고해진다.**

게다가 불안한 사람들은 완벽하게 마음에 들지 않은 사람이라도 만나서 가까워지고 싶은 욕구가 크다. 어떤 경우건 이들은 관계가 어떻게 작동할지에 대한 상대의 기대를 채워주게 되고 이는 자기 충족적 예언이 된다. 이런 관계는 행복하지 않은 결말로 끝나기 십상이다. 한 종적 연구에 따르면 회피 유형 여성과 불안 유형 남성이 커플이 될 경우 3년 안에 결별하게 될 '가능성이 높다'고 한다.[7]

그렇지만 특정 애착 유형 조합의 운명이 정해져 있는 건 아니다. 더 문제가 많은 커플도 얼마든지 만족스럽고 견실한 관계 맺기가 가능하다. 특히 두 사람이 애착 유형이 자신들에게 어떤 영향을 미치는지 이해한다면 상담 등을 통해 노력하여 문제를 직시하고 해결할 수도 있다.

크리스 윌슨은 워싱턴 D.C. 시내의 트렌디한 U스트리트 근처의 아파트 3층에 산다. 나는 그가 셀레스트 또래라고 생각했으나 알고 보니 여섯 살 많은 서른 두 살이었다. 하지만 그의 외모에 관해선 내 기억이 정확했다. 188센티미터 정도 되는 장신에 마른 체형이었고, 짙은 색 머리카락에 각진 얼굴에는 세련된 안경을 쓰고 있었으며 목소리가 굵고 낮았다. 단정하고 지적인 인상은 TV 드라마 〈슈퍼맨의 모험〉에서 클라크 켄트를 연기한 조지 리브스를 연상시켰다.

나는 크리스에게 셀레스트를 소개하며 인류학자이고 6개 언어를 구사한다는 이야기도 덧붙였다. 그는 지금 아무도 만나고 있지 않다며 셀레스트를 한번 만나보고 싶다고 했다.

"그런데 이 이야기는 해야겠네요. 저는 아직 결혼한 상태예요." 그가 말했다.

이럴 수가.

8개월 전에 크리스 부부는 2년이라는 짧은 결혼 기간 후에 별거에 들어갔고 현재 이혼 절차를 밟고 있다고 했다.

역시 안정 애착이라고 해도 관계가 행복하게 오래 지속된다는 보장은 없는가 보다. 크리스 아내의 애착 유형이 궁금했지만 크리스는 아내에 대해서는 말을 아끼는 편이 좋겠다고 했다.

"재결합할 가능성은 없나요?" 그렇지 않기를 바라면서 물었다.

"우리가 화해할 가능성은 0퍼센트에 수렴한다고 할 수 있겠네요."

사실 이미 데이트를 시작했다고 한다. 여름에는 몇 달 동안 다른 사람을 만났다가 헤어졌다. "내 심장이 따르지 않는데 그 사람의 시간을 낭비해서는 안 된다는 생각이 들더라고요." 크리스가 말했다.

나는 이 말은 안정형이라서 할 수 있다는 생각이 들었다.

크리스에게 설레스트 이야기를 더 한 다음에 혹시 사진을 보고 싶은지 물었다.

그는 사진을 볼 필요는 없다고 했다. 이 또한 안정형의 특징인지 궁금했는데 나중에 그는 여성의 외모에 대해 특정한 이상형이 없기 때문에 사진은 굳이 필요하지 않았다고 말했다.

그렇다면 그가 선호하는 성격은 따로 있을까? 내가 물었다.

"너무 잘 챙기려 하는 사람은 아니면 좋겠어요. 그게 저를 미치게 하더라고요. 마음이 바로 식어요. 누군가 내 엄마가 돼주길 바라지 않아요. 확실히 저한테도 호불호가 있네요."

나는 참지 못하고 물었다. "그러면 데이트를 할 때요, 크리스. 혹시 당신이 안정 애착의 대표 어린이였다는 사실을 말할 때가 있나요?"

그가 대답했다. "솔직히 말하면 지도 애착 이론은 잘 모르는걸요. 이런저런 실험이 있고 용어가 있다는 정도만 알죠." 그의 아버지는 비지니아대학 심리학과 학과장이고 크리스는 그 대학 학부 졸업생이었으나 영문학을 전공했으며 심리학 강의는 수강하지 않았다고 했다. "최근까지도 제가 애착 심리학 분야에서 살짝 유명 인사라는 걸 몰랐는걸요. 어쨌든 데이트하다가 그 이야기를 꺼내다니 뜬금없잖아요. '혹시 제가 〈크리스토퍼 세 살〉 동영상의 그 소년인 거 아세요?'라고 말한다고요?"

크리스가 말한 동영상은 어렸을 때 그가 아이들의 애착 유형을 조사하는 연구에 참여했을 때 찍은 것이다. 그 실험은 당시 버지니아대학 대학원생이었던 주드 캐시디가 실시했다. 낯선 상황 실험을 고안한 메리 에인스워스의 제자인 캐시디는 유아들의 애착 유형을 연구 중이었다. 캐시디는 원래 낯선 상황 실험의 대상인 아이들보다 조금 더 나이가 많은 아이들이 같은 상황에서 보이는 반응을 조사하기 위해 인근에서 실험에 참가할 모자 지원자를 구했다. 크리스의 엄마가 참여 의사를 밝혀 크리스가 영상에 담기게 된 것이다.

몇 년 후에 캐시디는 세계적으로 유명한 애착 분야 전문가가 되었고 나를 메릴랜드대학의 대학원 수업에 초대해주어 크리스의 영상을 대학원생들과 같이 보게 되었다.

"여러분 이미 크리스 아시죠? 미국의 애착 연구자들은 아마 다 알 겁니다." 왜냐하면 이 영상을 찍은 지 30년이 지났고 그 사이 캐시디는 전 세계에서 열린 각종 세미나와 콘퍼런스에서 이 동영상을 수차례 보여주었기 때문이다.

낯선 상황 실험의 여덟 가지 에피소드 중 마지막 에피소드인 엄마가 방으로 돌아오는 상황에서 안정 애착 유아는 엄마에게 달려가 안긴다고 캐시디는 말했다. "하지만 세 살 정도 된 아이는 엄마와 신체 접촉을 원하기는 해도 반드시 할 필요는 없다고 느끼죠. 영유아 실험에서 안정적인 아기들은 엄마를 보고 웃으면서 엄마한테 자기가 뭘 하는지 보여주고 말로 표현하려고 하죠. 불안정한 아기들은 이 행동 중에 하나나 둘만 하고 셋 다 하진 않아요. 그런데 여기 보세요. 과연 세 살인 크리스는 이 세 가지를 모두 할까요?"

"이제 세 살 크리스를 봅시다." 영상에서 짙은 머리카락에 밝은 표정인 크리스가 장난감을 갖고 놀고 있다. 이 아이는 시시때때로 활짝 웃는다. "크리스보다 자주 웃는 아이는 없었죠. 순수하게 마음에서 우러나온 미소죠." 초반 에피소드에서 크리스는 놀고 엄마는 근처에 앉아 있는데 엄마가 아이와 얼마나 잘 조율하는지가 나타난다. "엄마는 아이의 뜻을 따라요." 캐시디가 지적했다. "관심을 주지만 참견은 하지 않죠. 굳이 이런 말 안 해요. '와, 정말 멋지네. 우리 아들 똑똑하네!' 그저 쳐다보면서 아이가 스스로 탐색할 여지를 주죠."

마지막 에피소드에서 엄마가 돌아오자 크리스는 엄마를 보며 웃고 장난감을 보여주고 자기가 무슨 놀이를 하는지 설명한다. 영유아기 안정 애착을 특징짓는 세 가지 반응을 모두 한 것이다. 이 동영상과 크리스가 여섯 살 때 찍은 또 다른 동영상에서 크리스는 'B-3'이라는 점수를 받았다. 안정 애착 어린이가 받을 수 있는 가장 높은 점수였다.

그래서 여러 세대의 애착 연구자들 사이에서 이 진갈색 머리카락과 환한 미소를 지닌 소년이 안정 애착의 '대표 어린이'가 된 것이다.

크리스의 아파트에서 그의 세 살 때 동영상을 같이 본 후 크리스는 자신도 아이를 꼭 키우고 싶다고 말했다.

"저는 좋은 아빠가 될 것 같아요. 결혼도 다시 하고 싶고요. 언제 하게 될지는 모르지만."

우리 중 4분의 3은 유아기에 형성된 애착 유형을 평생 지니고 살게 된다고 하는데 크리스도 그러지 않을까 싶었다. 하지만 셀레스트에게 왠지 확신을 주어야 할 것 같은 의무감에 그날 밤 크리스에게 셀레스트가 룸메이트의 추천으로 해보았다는 애착 테스트를 풀어보도록 요청했다.

크리스가 인터넷으로 질문지에 답을 했고 나와 같이 결과를 보았다. 북적거리는 14번가로 난 몇 개의 창문 옆에 디지털 피아노가 한 대 놓여 있었다. 그는 아내와 헤어질 때 자신을 위한 선물로 이 피아노를 샀다고 했다. 아파트에는 색소폰, 기타, 트럼펫도 있었다. 존 콜트레인이나 마일스 데이비스 같은 재즈 뮤지션들의 앨범 표지 액자가 한쪽 벽을 장식하고 있기도 했다. 다른 벽에는 러시아 작곡가 드미트리 쇼스타코비치를 그린 유화가 걸려 있었는데 크리스는 자신이 사진을 보고 직접 그린 것이라고 했다. 식탁 위에는 두툼한 종이 뭉치가 있었는데 크리스가 쓴 9만 단어 분량의 습작 소설이라고 했다. 옆에는 그 소설을 쓸 때 사용한 수동 타자기가 있었다. 나는 데이터 그래픽 같은 첨단 분야에서 일하는 사람이 왜 9만 단어나 되는 소설을 구식 타자기로 썼냐고 물었다. 크리스는 이 기계의 미학적인 느낌이 좋아서라고 대답했다.

애착 질문지에서 크리스는 회피 점수 2.9에 불안 점수 2.7을 받았다. 점수 범위가 1부터 7까지였기 때문에 그는 여전히 안정 애착 영역에 속한다고 할 수 있었다. "아내가 8개월 전에 떠나지 않았다면 아마도 저는 완전히 안정 애착 영역에 속해 있었을지도 모르죠."

우리 대화는 다시 설레스트로 향했다.

"그분한테 커피 한잔 하자고 먼저 말해보겠어요?" 내가 물었다.

크리스는 좋다고 대답했고 직접 연락해서 날짜와 시간을 정하겠다고 말했다. 날짜는 가능한 한 이번 주 주말이면 좋겠다고 했는데 다음 주에 병원에서 수술을 받아야 하기 때문이었다. "심각한 건 아니고요. 간단한 거예요." 그가 말했다.

타이밍은 맞춤했다. 설레스트 또한 일주일 후에는 12일 동안의 우간다 출장이 예정되어 있었는데 그곳에서 삼림 감시원들에게 과학 기술을 써서 침팬지 서식지를 더 잘 보호하는 법을 교육할 것이라고 했다.

"혹시 카페 구석에 숨어서 우리를 관찰할 건가요? 변장하고 옆 테이블에 계시지는 않겠죠?"

나는 데이트를 관찰할 생각은 전혀 없다고 말했다. 하지만 그전에 따로 만나 대화는 나누어보고 싶다고 했다. 크리스는 안정형이고 설레스트는 불안형이라 애착 유형에 따라 첫 데이트에 대해 기대와 전략이 다를지 궁금하기도 했고 만약 두 사람과 나눈 대화로 내가 알게 된 것들을 미리 귀띔해준다면 이 젊은 친구들의 만남이 더 순조로울지도 모른다고 생각했다.

집을 나오기 전 저녁에 크리스는 악기 연주를 들려주었다. 피아노 위에 있던 악보는 쇼스타코비치 협주곡 2악장이었다. 크리스가 직접 피아노 솔로 연주용으로 편곡했다고 했다. 그는 부드러운 멜로디를 감성적으로 자신 있게 연주했다.

크리스와 설레스트의 만남을 주선하면서 내가 데이트를 하던 젊은 시절에 나 자신의 불안 애착이 끼치는 영향을 이해했다면 얼마나 도움이 되었을지 궁금해졌다. 불안 애착인 십 대는 (성인도 마찬가지다) 연인을 안전 기지로 삼고 싶은 욕구를 느끼며 쉽게 자주 사랑에 빠지는 경향이 있다. 나는 확실히 그랬다. 열네 살에 처음 짝사랑을 시작했을 때부터 스물아홉 살에 결혼하기 전까지 누군가를 사귀지 않은 기간이 거의 없었다고도 할 수 있다. 특히 집에서 멀리 떨어져 살 때는 더욱 심했다. 대학 때 1년 동안 외국에서 혼자 여행하고 공부한 적이 있었다. 돌아보니 그 상황에서 애착 안정성의 욕구가 강렬해 누군가와 가까워지기 위해 무리를 하곤 했다. 그때 이런 것을 이해했더라면 1년 동안 독자적으로 외국 생활을 하지 않고 학교 주도 프로그램을 택해 어딘가에 소속되어 있었을 것이다.

애착 유형을 알았더라면 이십 대 때 관계와 관련해 겪은 다른 문제들, 섹슈얼리티라든가 이별 후 나의 대응까지도 더 잘 이해할 수 있었을 것이다.

애착과 섹슈얼리티

각각 다른 애착 유형을 가진 사람들의 심리를 아는 것은 그들의 성적인 행동을 '이해할 근거'를 주기도 한다고 이스라엘의 심리학자 구릿 번바움이 말했다. 번바움은 애착과 성을 주제로 한 굵직한 논문들을 발표해 왔다.

번바움에 따르면 안정형은 대체로 헌신적인 일대일 관계에서 성적인 욕구를 충족하길 바라고 친밀감을 편안해하는 반면, 회피형은 성적인 행위와 감정적인 친밀함을 분리하는 경향이 있다. 회피형은 감정적으로 가까워지는 것을 피하기 위해 섹스를 이용하고 자기 가치와 독립성을 확인하기 위해 짧은 만남을 추구하기도 한다. 따라서 안정형이나 불안형보다는 회피형이 하룻밤 섹스나 즉석 만남을 시도할 가능성이 높다. 또한 그들은 현재 파트너가 있는 사람을 유혹하는 '배우자 밀렵(mate poaching)'에 더 호의적으로 응할 가능성이 있다. 파트너와 관계할 때는 파트너의 욕구보다 자신의 욕구를 우선시하는 경향도 있다. 그들의 성적인 판타지에는 감정적으로 얽히지 않은 파트너나 약간 적의가 있는 파트너가 있을 수 있다. 파트너 둘 다 회피형일 경우에 성생활 횟수가 가장 적다.

한편 불안형은 자신의 불안감을 달래고 친밀감을 북돋기 위해 섹스를 이용한다. 번바움에 따르면 이들은 애정에 대한 욕망을 성애화하고 성관계를 이용해 파트너를 안심시키려 한다. 안타깝게도 이들은 상대의 적극적인 회유나 접근에 굴복해 안전하지 않거나 원치 않은 성관계를 하게 될 확률도 높다. 섹스를 할 때는 자신의 욕구를 채우지 못하고 상대를 기쁘게 해주려고 노력한다. 또한 관계에 대한 걱정 때문에 종종 자신의 성 기능이나 행위에 자신이 없어지기도 한다. **두 사람 다 불안형일 경우에 성생활 횟수가 가장 많다.** 물론 그중 일부는 성행위 자체보다 성적인 애정 표현(안기, 쓰다듬기, 키스)을 선호하기도 한다. 그들의 성적인 판타지에는 굴복과 순종의 테마가 등장하는데, 번바움에 따르면 그것이 "저항할 수 없는 욕망의 대상이 되고자 하는 욕구를 충족해준다."[8]

이별과 상실이 유난히 힘든 사람들

안정 애착은 불안정 애착보다 연인과 헤어진 후에 상처받은 감정을 해결하는 데 더 능하다. 상실을 받아들이고 분노와 슬픔에 적절히 대처하며 회복으로 나아간다. (회피형은 데이트 시장으로 더 빨리 복귀해 안정형보다도 빨리 회복하는 듯 보일 수 있으나 아직 완전히 회복되지 않았을지도 모른다는 사실을 심하게 부정하기도 한다.)

내가 보기에 크리스 윌슨은 강한 회복 탄력성을 보여주었다. 헤어지자는 아내의 말을 듣고 짧은 결혼 생활을 끝낸 후에 크리스는 자신에게 피아노를 선물했다. 몇 달 동안은 힘들어했지만 다시 데이트를 하기 시작했다. 이 두 가지 행동 모두 내게는 건강한 대처 방식으로 느껴졌다.

불안 애착인 사람들은 연인과 헤어지고 난 뒤 굉장히 고통스러운 시간을 보내는 경우가 많다. 연인을 잃었다는 것은 곧 그들이 열망하는 안정성을 잃었다는 뜻이기에 견디기 어려워하는 것이다. 안정형인 사람이 슬픔을 느낄 정도의 이별은 불안형에게는 한마디로 절망이다. 5천 명을 설문 조사한 결과에 따르면 불안 애착인 이들은 연인과 헤어진 후 '화내고 반발하기, 성적인 매력 어필하기, 헤어진 사람에게 지나치게 집착하기, 정체감 상실' 같은 일들을 경험했다고 털어놓았다.[9] 놀라운 것은 이런 파트너들이 이별 이후에 폭력적으로 돌변할 확률도 가장 높다는 점이다. 안전 기지를 잃었다는 사실을 받아들이지 못한 불안형은 스토킹을 하거나 공격적인 행동을 할 수도 있다. 파트너와의 근접성을 다시 얻으려는 시도지만 역효과만 낳는다.

정신의학자 토머스 루이스 연구 팀은 말한다.

유아기 안정 애착을 놓친 사람은 성인기가 되면 자신의 감정적 기반이 파도치는 바다 위 배의 갑판처럼 심하게 요동친다고 생각한다. 그들은 자신이 닻을 내린 애착의 상대를 잃으면 비교하기 힘들 정도로 과도하게 반응한다. 도움 하나 없이 파도 속에 내동댕이쳐졌다고 느낀다. 관계의 종말은 그저 가슴 아픈 일 정도가 아니라 정상적인 생활이 불가능해지는 사건이다.[10]

설레스트의 아파트에서 처음 눈에 들어온 건 부엌 옆 장식장 위의 구식 수동 타자기였는데 크리스의 집에 있는 제품과 비슷했다. 두 번째로 눈에 띈 건 디지털 피아노 위에 놓인 베토벤 피아노 소나타 악보였다. 설레스트는 밴조와 우쿨렐레도 연주한다고 말했다. 우연히 만난 젊은 남녀 두 명이 모두 수동 타자기를 갖고 있고, 건반 악기로 클래식 음악을 연주할 확률이 얼마나 될까? 둘이 연주할 수 있는 악기를 합치면 여섯 가지나 된다.

설레스트의 아파트는 워싱턴 D.C. 시내에 있었다. 수업 시간에 제출한 과제를 보고 나는 설레스트가 텍사스 중부의 작은 마을에서 자랐다는 걸 알았고 그녀가 거쳐 온 문화적 여정에 경탄했다.

설레스트는 웃으며 크리스가 이메일을 보내왔고 이틀 후에 만나기로 했다고 말했다.

이 만남의 모든 아이디어는 온라인 애착 질문지에서부터 시작된 것이었으므로 나는 설레스트에게 그중 어떤 질문이 그녀의 불안 애착을 보여준 것 같은지 물었다.

설레스트는 질문지를 다시 꺼내서 훑어보고 바로 두 가지를 골랐다. "나의 파트너가 나를 알면 나의 본 모습을 좋아하지 않을까 봐 두렵다"와 "사람들과 가까워지고자 하는 욕구 때문에 상대가 멀어진 적이 있다"였다.

이 두 문장은 전형적인 불안 애착을 반영하고 있었다.

또 있다면?

"이거예요. 파트너가 나를 진정으로 사랑하지 않을까 봐 걱정스럽다."

설레스트가 그런 문장을 골라 읽은 걸 보면서 나는 첫 데이트, 특히 소개로 만나는 건 참 용기가 필요한 일이라고 생각했다.

설레스트는 2, 3년 전에 진지하게 한 사람을 사귄 적이 있다고 했다. 그때부터 워싱턴 D.C.에서 데이트 상대를 찾는 데 '관심이 급격히 떨어졌다'고 했다. 온라인 데이트를 몇 번 시도해보았지만 실망만 남았다. "온라인 데이트 계정을 모두 비활성화했어요."

설레스트는 어떤 남자가 매력적으로 보일까?

"감정적으로 성숙한 사람이요. 자신의 감정을 말할 수 있는 남자면 좋겠어요. 지금 겪는 어려운 일들에 대해서 터놓고, 그 불편함을 마주하고 이야기를 나눌 수 있는 사람이 필요해요. 그리고 지적인 호기심도 있는 사람이요. 그렇다고 일만 중시하면 안 되고요. 운동이나 부동산에만 관심 있는 사람도 아니고. 조금 더 폭넓은 인생관을 지닌 사람이면 좋겠어요."

적어도 내가 아는 한 크리스 윌슨은 이 모든 항목을 충족한다고 말할 수 있을 듯했다.

"크리스란 분 똑똑해 보였고 저와 공통 관심사도 많은 것 같아요." 설레스트는 그 점을 인정했다. "선생님이 말씀하신 것처럼 두뇌 활동이 굉장히 활발하다고 해야 하나."

그러면서도 설레스트는 몇 가지는 궁금해했다.

"그분이 안정 애착의 대표 어린이였다는 점이 삶에 어떤 영향을 주었을지, 아니면 아무 영향도 없었을지가 궁금해요. 사실 저 같으면 항상 의식하고 있어서 스트레스를 받았을 것 같거든요. 그런 기대에 부응하면서 살기는 어려울 것 같아요.

그리고 솔직히 말해서, 그분이 안정 애착인 걸 고려해보면 비교적 젊을 때 결혼하고 별거를 경험한 것도 약간 의아하고요. 그 점에 대해서 더 알고 싶어요.

또 마지막으로 직장에 다니면서 어떻게 시간을 내어 음악을 편곡하고 소설을 쓰고 그림까지 그리시는 걸까요?"

설레스트가 자리에서 일어나 차를 타러 갔고 나는 그 사이에 집주인의 허락을 받고 집을 둘러보았다. 아파트를 장식한 공예품들과 가면들, 포스터(〈땅과 생명을 수호하는 원주민 여성〉)를 보면서 이제까지 셀레스트가 얼마나 많이 여행을 했는지도 알 수 있었다.

그 물건들을 보자 셀레스트가 오지를 포함해 세계 곳곳을 여행했다는 사실이 실감나면서 문득 궁금해졌다. 불안 애착인 점을 고려한다면 어떻게 여행 기간에 감정적으로 자신을 돌볼 수 있었을까? 그녀는 캐나다 북극, 에콰도르, 브라질 아마존, 보르네오, 호주 아웃백을 다녀왔다. 나는 고작 1년 동안 외국의 한 대학 도시에 혼자 머물렀을 때 굉장히 힘겨웠던 기억이 있다. 하지만 셀레스트는 이 모든 여행지에서 혼자 살았다. 여행 중에 에스키모 키스를 가르쳐준 청년을 포함해 연애도 몇 번 했다고 했다. 하지만 나는 어떻게 홀로 여행을 감당했는지가 가장 궁금했다.

"혼자 1년 정도 여행하면 정말 좋아요. 저는 독립적인 편이거든요. 한 장소에서 너무 편안해지는 것이 싫더라고요."

그래도 불안 애착인 사람이 어떻게 그리 어린 나이에 자주 여행하면서 외로움이나 안전 기지 부재 때문에 힘들어하지 않을 수 있었는지 궁금했다. 감정을 어떻게 조절할 수 있었을까?

"아, 저는 타지에서 친구를 금방 사귀는 편이에요. 그 사회에 속할 수 있게요." 가끔은 이 단계를 성급히 진행하려 해서 문제이기도 하다. 사람들이 자신을 믿고 좋아하게 만들기 위해 너무 애쓴다는 것이다.

친밀한 관계를 너무 빨리 만들려 하는 것도 불안 애착인 사람에게서 일관되게 나타나는 특징이다.

"하지만 외로움은 어떻게 해요?" 내가 물었다.

"물론 외로워지는 때가 있죠. 가끔은 내가 왜 스스로 여기까지 와서 이런 고생을 하는지 받아들이기 힘들 때도 있어요." 설레스트는 여행 일지를 꺼내더니 이렇게 시작하는 글을 읽어주었다. "지금 북극에 혼자다! 난 지금 여기서 무엇을 하고 있는 걸까?"

그러다가 외로움을 감당하기 위해 고안한 시스템이 있다고 말해주었다.

설레스트는 고향인 텍사스를 떠나기 전에 친구와 가족들, 부모님, 부모님 친구들, 전 남자친구에게 나중에 열어볼 수 있는 편지를 써달라고 부탁했다. 편지 봉투마다 개봉 날짜가 적혀 있었다. '생일에 열어보는 편지' '외로울 때 읽는 편지'처럼 말이다.

설레스트는 나중에 열어볼 편지 80통을 갖고서야 텍사스 고향을 떠났다. "굉장히 도움이 많이 되었어요. 편지를 읽을 날이 기대되었죠."

설레스트는 아직도 그 편지들을 갖고 있었다. 침실 옷장에 넣어 둔 박스에 들어 있었다.

설레스트는 본격적으로 외국 여행을 시작할 때 고작 스물한 살이었다. 편지 계획은 그렇게 어린 사람도 자신에 대해서 매우 잘 알 수 있다는 점을 인상적으로 보여주고 있었다. 사실상 설레스트는 불안정 애착에 따른 문제를 피할 수 있는 길을 만들어낸 것이었다. 심지어 자신에게 유리한 쪽으로 이용한 것 같았다. 그녀가 오지의 원주민 부족과 그들이 자신의 문화를 보호하는 방법을 연구하게 된 것은 인간에 대한 관심과 공감 때문이었는데 그런 측면이 타인과 연결되고

자 하는 강렬한 욕망에서 비롯된 것이 아닐까 하는 생각이 들었다. 그러한 욕망은 종종 불안 애착에 의해 고취된다.

나는 그녀가 나 홀로 여행의 스트레스를 극복하는 매우 창의적인 방법을 알아낸 것 같다고 밀했다. "첫 데이트에서 받는 스트레스를 다루는 창의적인 방법도 있나요?"

"데이트에 나가는 건 확실히 불안해요. 갑자기 피로감이 덮쳐 오기도 하죠. 이런 식이거든요. '이번에도 역시 아니네!' 하지만 불안을 다루는 저만의 방법이 있긴 해요. 의식적으로 상대방에게 집중하고 그의 생활에 관해 묻거든요. 다른 말로 하면 데이트는 한 사람을 알아가는 일이라는 프레임을 만들었어요. 인류학자이다 보니 아무래도 그런 일에 능숙하다고 해야 하나요."

"그러면 스트레스는 통제할 수 있다고 가정하고요, 어떤 첫 데이트가 성공한 데이트일까요?" 내가 물었다.

"일 이야기 없이 첫 20분을 무사히 보낸 만남 아닐까요? 사실 워싱턴 D.C.에서 쉽지 않은 일이에요. 많은 사람이 직업으로 자신을 정의하니까요."

나는 놓치고 싶지 않았던 마지막 질문을 했다.

"사람 챙기는 거 좋아하나요? 혹시 누군가를 사귀면 그 사람을 챙기고 보살피려 하는 편인가요?"

"네. 그런 편이죠." 설레스트의 대답을 듣고 나는 크리스가 이 문제에 어떤 태도를 보였는지 떠올리면서 만남 주선에 자신감이 뚝 떨어졌다. 하지만 바로 그 순간 설레스트가 대답을 바꾸었다.

"아뇨, 아뇨, 저 챙기는 거 잘 못해요, 사실." 그녀는 자기 말을 번

복했다. "엄마처럼 잘 챙겨주는 역할은 안 하는 편이죠."

설레스트의 집을 나오기 전에 악기를 연주하냐고 물었다. 그러자 설레스트는 전자 키보드 앞에 앉더니 베토벤 비창 소나타 2악장 첫 부분을 악보를 보며 연주했다. 설레스트는 크리스가 그랬듯이 아름다운 연주를 들려주었다. 아파트를 나오면서 약간 더 자신감을 가져도 되겠다고, 내가 좋은 만남을 성사시킬지도 모른다고 생각하게 되었다.

첫 데이트

나는 크리스와 설레스트가 서로 애착 유형을 알고 만나도록 상황을 설정했다. 하지만 이런 일은 극히 드물다. 대체로 사람들은 첫 데이트에는 상대의 애착 유형에 대해서는 전혀 모르고 나서게 된다. 앞으로 만날 상대의 애착 유형을 알면 도움이 될 수도 있다. 어떻게 해야 자연스럽고 풍부한 대화를 나눌 수 있을지 실마리를 줄 수도 있고 더 중요하게는 애착 유형이 나와 안 맞는 사람과 엮이게 될 일을 피하게 해줄 수도 있다. 특히 '불안-회피의 덫'에 빠지지 않을 수 있다.

미컬린서와 셰이버에 따르면 첫 데이트는 애착 체계를 활성화해서 그 사람의 애착 유형이 만들어낼 수 있는 '가장 순도 높은 결과'를 불러오기 쉽다고 한다. "감정적으로 풍부해져 있기 때문에 사랑과 돌봄을 받을 수 있다는 희망이 차오르기도 하고 거절과 거부의 공포가 일어나기도 한다."[11]

그렇다면 내가 해리 리스에게 물었던 것처럼 첫 만남에서 애착 유형을 알아보는 것이 가능할까?

"첫 만남에서요?" 리스가 잠시 생각했다. "잘 모르겠네요. 사실 감출 수 있다고 생각해요. 하지만 대부분의 사람들은 애착 유형을 잘 감추려고 하지 않죠. 그러니 약간의 단서는 보일 겁니다."

무엇이 단서가 될까?

"처음 대화를 나눌 때죠. 정말 일반적인 사례이긴 하지만 안정 애착인 사람은 느긋할 겁니다. 대화하기도 좋고 같이 있으면 편한 사람이겠죠." 미컬린서와 셰이버도 비슷한 이야기를 했다. 안정 애착인 사람들은 첫 데이트에서 "긴장과 불확실성을 건설적으로 다루고 잠재적인 위험을 도전으로 전환한다." 새로운 사람과의 만남에도 '긍정적이고 느긋하다'. 그러면 상대방도 마음을 놓고 그 경험을 즐길 수 있게 된다.[12]

그렇다면 불안정 애착임을 보여주는 단서도 있을까?

"불안 애착인 사람들은 거부에 대한 두려움이 있죠." 해리 리스가 말했다. "하지만 재미있고 매력적일 수도 있고, 공감도 잘하고 상대방에게 큰 관심을 드러내기도 하죠. 어쩌면 상대방에게 진짜 관심 있어서 그런 것은 아닐 수도 있어요. 그 상대가 자기를 **좋아하는지,** 그들이 안정을 제공해주는지에 더 관심이 있죠. 영화 〈두 여인(Beaches)〉에 나온 배우 벳 미들러 대사 같다고 할까요. '내 이야기는 그만하죠. 당신 이야기를 할까요? **당신은** 나 어떻게 생각해요?' 이게 불안형들의 대화법이죠."

그렇다면 회피 유형은 어떨까?

"회피 유형은 자기 감정을 말하는 걸 불편해하죠. 사실 회피형을 알아보기가 가장 쉬워요. 개인적인 이야기를 하기보다 지금 집중하는 소재를 놓고 이야기해요. 자기 직업이나 응원하는 스포츠 팀 이야기라든가요. 일상 이야기나 속 이야기는 잘 안 하죠."

연구 결과 애착 유형에 따라 첫 데이트에서 자기를 얼마나 노출할 의사가 있는지도 달라진다고 한다.

회피 유형은 자기를 잘 노출하지 않고 의식적으로든 무의식적으로든 사실 자신은 애인이 꼭 필요하지는 않다는 의사를 전달할 수도 있다. 반대로 불안형은 너무 빠른 시간 내에 자기를 드러내 보여주려고 하는데 보통은 상대가 그 정도의 친밀감을 기대하기 전에 그렇게 하기 때문에 매달린다거나 너무 애쓴다는 느낌을 주기도 한다. 미컬린서와 셰이버에 따르면 자신을 드러내고자 하는 욕구는 "다른 사람에게 스며들기를 바라거나, 불안을 잠재우거나, 공통점을 발견하거나 만들어 가기 전에 미리 서로의 공통점을 느끼고자 하는 소망"을 반영한 것일 수 있다.[13] 반면 안정 애착인 개인들은 '딱 적당한 정도로만' 자신을 노출한다. 골디락스의 세 번째 죽*처럼 말이다. 너무 뜨겁지도 너무 차갑지도 않게, 그 순간 두 사람의 분위기에 자연스럽게 맞춘다.

요약하면 미컬린서와 셰이버는 이렇게 지적한다. "만남 초반에 지나친 자기 노출은 과도한 의존성의 표시가 될 수 있고 시간이 지나도 자신을 드러내지 않는 것은 관계의 성공이나 관계 자체에 대한 관심

---

* 골디락스가 숲속 오두막에 들어가 먹기에 가장 적당한 죽과 자신에게 알맞은 크기의 침대를 발견한다는 전래동화 '골디락스와 곰 세 마리'에서 나온 말로 적당한 상태를 가리킨다.

부족을 나타낼 수 있다."

타임사 직원답게 옷을 갖춰 입으니 크리스는 집에서보다 더 클라크 켄트를 닮아 보였다. 그날 크리스는 버튼다운 체크 셔츠에 카키색 바지, 뿔테 안경 차림이었다. 그는 고층에 있는 코너 사무실에서 두 개의 커다란 컴퓨터 스크린이 있는 책상에 앉아 있었다. 그의 책상 뒤와 옆쪽에 모두 창문이 있었는데 옆쪽 창문으로는 번화가인 코네티컷 애비뉴가 내려다보이고 파란색과 검은색 마커로 쓴 메모가 잔뜩 적혀 있었다. 크리스는 자신의 업무인 데이터 시각화를 위해 이렇게 창문에 떠오르는 아이디어를 메모한다고 했다. 한쪽에는 대선 후보 여섯 명의 지지율을 나타내는 그래프가 그려져 있기도 했다. 다른 쪽에는 X축, Y축과 사인 곡선, 소수점 숫자와 박스 그래프도 있었다.

"셀레스트와 이야기해봤는데요, 연락해서 커피 약속 잡았다면서요." 내가 먼저 말을 꺼냈다. 크리스는 그렇다고 하면서 만약 둘이 잘된다면 '자랑할 만한 첫 만남 스토리'가 될 거라고 말했다.

"놀라실지도 모르겠는데, 사실 저는 첫 데이트 하기 전에 굉장히 긴장하는 편이거든요. 제가 안정 애착인 걸 고려하면 더 놀라실 일 아닐까 싶어요."

그가 말을 이었다. "사실은 이건 저의 첫 정식 소개팅이나 마찬가지랍니다. 그래서 많이 떨리고 불안하네요. 심하진 않지만 저는 그렇게 사교적인 성격은 아니라서요." 크리스는 어린 시절 내내 학교나 캠프에서 내성적인 편이었다고 한다. "안정성은 물론 중요하죠. 하지만 그게 전부는 아니잖아요. 안정 애착인 사람들도 수줍고 내성적일 수 있어요."

크리스는 자신이 했던 데이트 중에 재앙으로 끝난 건 없었음을 명심하려고 노력한다고 했다. "물론 맨숭맨숭하고 지루한 적은 있었죠. 그래도 화장실에 간다고 나가서 다시 돌아오지 않은 여자분은 없었어요."

이 또한 내가 볼 때 안정 애착의 면모 같다는 생각이 들었다. 크리스는 불안을 느끼면서도 객관적 사실을 떠올리고 자기 관점을 지키면서 평정심을 유지할 수 있었다.

크리스는 '호기심과 흥미'가 섞인 감정을 느낀다고 했고 셀레스트와 어떤 공통점이 있을지 알아내고 싶기도 하다고 했다. "우연히 만난 사람들도 충분히 흥미롭고 매력적인 대화를 나눌 수 있잖아요. 저는 그게 뭔지 알아내는 게 재미있어요."

어쩌면 이 또한 안정의 표지일지 모른다. 새로운 상황을 위협이 아니라 도전이라 느끼는 것이다.

그렇다면 성공적인 데이트란 어떤 데이트라고 생각하나?

"꼭 다시 만나고 싶다고 설레고 들뜬 마음으로 헤어지는 거요. 그분이 잠시 아프리카에 출장가게 되어 있다 하더라도요. 그러면 우리에겐 진짜 끌림이 있었던 거고 쉽게 공감대가 형성되었다는 거죠."

"끌림이나 화학 반응에 대해서는 내가 할 수 있는 일은 없는 것 같네요. 미스터리죠. 첫눈에 반한다는 게 뭔지 모르겠어요." 내가 말했다.

"아는 사람이 있을까요?" 그가 대답했다.

일요일 저녁까지도 나는 셀레스트에게도 크리스에게도 그날 오후의 첫 만남에 대해 전해 듣지 못했다. 월요일 저녁이 되자 더는 참을 수 없어 크리스에게 전화를 했고 크리스는 무슨 일이 있었는지 말해주었다. 그 다음 날 저녁 글쓰기 수업 전에 셀레스트와 만나 몇 분 정도 이야기하면서 나머지 상황도 짐작할 수 있었다. 이 두 가지 설명을 조합하면 크리스와 셀레스트의 첫 데이트가 어땠을지 그려볼 수 있었다.

셀레스트가 말했다. "약속 시간 30분 전에 스스로에게 물어봤어요. '내가 이걸 원하나?' 너무 긴장되는 거예요. '사실 난 아직 누군가를 만날 준비가 안 되었는데. 그리고 이건 누군가를 만나기엔 너무 이상한 방법이잖아'라고 생각했죠."

크리스에게 이 데이트는 '실수 연발'이었다. 만나기로 한 장소는 차이나타운에 있는 한 카페 분점이었는데 실수로 본점으로 갔다. 한편 셀레스트는 교통 체증에 걸려 멈춰 선 버스 안에서 생각했다. "이제 더 스트레스 받네. 이 남자는 나를 모르고 내가 늦는다는 것도 모르는데." 크리스는 장소를 잘못 찾아온 걸 알자마자 셀레스트에게 문자를 보냈다. "죄송해요. 저 엉뚱한 커피숍으로 왔어요." 그때 버스에서 택시로 갈아탔던 셀레스트는 원래 약속 장소인 커피숍 이름을 댔다.

"도착해보니 그분이 야외 테이블에 자리를 잡고 앉아 있었어요. 일어나서 악수를 청하시더라고요. 굉장히 예의 바르다고 생각했고 그때부터 바로 긴장이 풀리고 걱정이 멈췄죠."

그렇다면 화학 반응은 있었을까?

"나쁘지 않았던 것 같아요." 설레스트가 말했다.

그들은 음악과 타자기와 크리스의 별거에 대해 이야기를 나누었다.

"그분이 그 이야기를 먼저 꺼내시더라고요." 크리스가 말했다. "고마웠어요."

두 사람은 20분 넘게 일 이야기만 하진 않았다. 설레스트에게는 목표 달성이었다.

둘 중 누가 다른 사람보다 자기를 더 드러냈을까? 내가 크리스에게 물었다.

"그분이 자기 이야기를 더 많이 하신 듯해요. 하지만 전혀 심하지 않았어요. 대체로 서로 잘 주고받았어요. 서로 질문도 많이 하고요."

첫 데이트는 한 시간 반 정도 이어졌다. 둘은 어떻게 헤어졌을까? 설레스트는 이렇게 말했다.

"마지막에는 그분이 절 안아주더니 이제 6일 동안 병원에 입원하게 되어 연락을 할 수 없을 것 같다고 하더군요."

몇 시간 후에 설레스트는 크리스에게 만나서 즐거웠고 우간다에서 돌아오면 다시 만나고 싶다고 문자를 보냈다.

크리스 또한 좋은 시간을 보냈다고 답했다.

1부터 5 사이로, 5를 최고점으로 생각하고 점수를 매긴다면 크리스는 이 데이트에 몇 점을 주었을까?

"우리는 적어도 좋은 친구가 될 수 있을 것 같아요. 그분을 알게 되어 기쁩니다. 저는 4점이요."

설레스트는 3.5점이라고 했다.

며칠 후에 크리스는 수술을 위해 병원에 입원했고 설레스트는 병원에 쪽지를 끼운 화분을 들고 병문안을 갔다고 한다. 하지만 마침 크리스가 자리를 비운 터라 화분만 입원실에 두고 왔다. 그녀가 병원을 떠나기 전에 크리스가 문자를 보냈다. "쪽지와 화분 감사합니다. 잠깐 보고 가실래요?"

로비에서 만났을 때 크리스는 정맥 주사와 튜브를 꼽고 있었다.

헤어진 다음 크리스는 설레스트에게 아프리카 여행 잘 다녀오라고 문자를 보냈다.

설레스트는 나중에 말했다. "그러고 보니 엉겁결에 두 번째 데이트도 한 것 같아요. 병원에서요."

그 뒤로 몇 달 동안 설레스트에게도 크리스에게도 연락을 하지 않았으나 결국 호기심을 못 이겨 연락을 했다. 두 사람은 계속 만나고 있을까?

"설레스트 그분 정말 좋은 분이었어요." 크리스가 내 이메일에 답을 보내 왔다. "우리 사이에 더 강한 끌림이 생기면 좋겠다는 생각도 했죠." 하지만 그는 '충분히 강한 공감대'를 느끼지 못했고 설레스트에게 그렇게 메일을 썼다. "다른 사람 감정 상하게 하는 건 정말 싫어요. 모든 걸 확실하게 해두는 게 좋고요. 특히 잠수 타는 건 진짜 혐오하죠." 그래도 그녀가 준 화분은 아직도 잘 키우고 있다고 말했다.

"그분이 우리 사이에 공감대를 못 느꼈다고 한 건 맞는 말이었을 거예요." 설레스트는 말했다. "사실 그분을 제대로 알 정도로 충분히 시간을 보내지도 못했죠. 이 모든 건 실험이었잖아요. 잃을 게 없었죠."

나는 해리 리스에게 크리스와 설레스트 사이에 왜 화학 반응이 부족했던 건지 물어보았다. "누구를 소개시켜줄 때 성공할 가능성 자체가 굉장히 낮긴 하죠. 서로 잘 맞는 애착 유형이 그 가능성을 조금 높여주긴 하겠지만요. 연인을 찾을 가능성도 높여주고요. 하지만 어떤 두 사람 사이에 화학 반응이 있을지 없을지 누가 알겠습니까. 그야말로 미스터리잖아요. 어떤 연구자들은 그냥 기회와 타이밍의 문제라고도 합니다. 애착이 중요하고 그 가능성을 높여줄 수는 있겠지만 애착이 우리가 인생에서 부딪히는 모든 거대한 문제에 대한 답이될 수는 없겠죠."

그리하여 애착 이론에 대한 온갖 지식으로 무장한 채 청춘 남녀의 소개팅 주선자가 되어보려 했던 나의 시도는 짝짓기란 역시 세계 창조에 버금가는 과제라는 사실을 깨달으며 끝나고 말았다. 하지만 사랑을 위한 과제였으니 후회는 없다.

6장

엄마와 아기 사이

안정적인 아이로 키우는 애착 육아

몇 년 전, 세계 수많은 사람들과 마찬가지로 나 또한 〈타임〉 커버 스토리였던 '애착 육아' 기사를 읽었다.[1] 기사의 내용이 거슬렸던 건 아니었으나 커버 사진이 문제였다. 군복 무늬 바지를 입고 스니커즈를 신은 세 살짜리 남자아이가 의자 위에 올라가 젊고 아리따운 엄마의 맨 가슴에 입을 대고 있는 사진이었다.

그 기사는 소아과 의사인 윌리엄 시어스와 간호사인 아내 마사 시어스가 공동으로 집필해 애착 육아 유행을 일으킨 《애착의 기술(The Baby Book)》을 중점적으로 소개한다. 시어스 부부는 이 책과 여러 후속작을 통해 부모가 육체적으로 밀착해 키우는 육아법을 소개했다. 그들이 제시한 방법에는 '아기 업거나 안아 키우기(유아차 대신 캐리어와 슬링을 이용한다), 모유 먹이기(때로는 서너 살까지), 같은 방에서 자기(아기와 어린아이들을 다른 방에 재우기보다는 부모 한 명 혹은 두 명과 함께 자는 것)' 등이 있었다.

애착 육아는 일종의 운동처럼 한 시대 수많은 추종자들을 낳았지만 뜨거운 논쟁을 불러일으키기도 했다. 아기에게 안정 애착을 주기에 좋은 방법인가 아니면 '여성 혐오적인 술수'인가? 여성을 직장에서 끌어내 집에 붙박아 두기 위한 전략이라고 비판하는 이들도 적지 않았다.

내가 만나본 대부분의 애착 전문가들은 애착 육아 이야기를 꺼내면 어깨를 으쓱하거나 한숨을 쉬었다. 크리스 윌슨(앞 장에 나온 안정 애착의 대표 어린이)의 영상을 찍었던 애착 전문가 주드 캐시디는 이렇게 말하기도 했다. "애착 육아는 육아법에 관한 신념이지 학자들이 연구할 분야는 아닙니다." 버지니아대학에서 내 두뇌를 스캔했던 제임스 코언은 애착 육아법을 신봉하는 사람들은 '틀렸을' 뿐만 아니라 '위험하다'고 지적했다.

캐시디 박사와 코언 박사를 비롯한 연구자들의 우려도 이해할 수 있다. 애착 육아법에 과도하게 몰입하면 자녀와 신체적 접촉에만 집착하면서 수 년 동안 아이를 부모 곁에만 붙잡아 두어 오히려 성장을 지연시킬 수도 있다. 또 이 육아법에 근거해 집 밖에서 일하거나 베이비시터, 어린이집을 이용하는 엄마들을 비난하는 목소리가 높아질 수도 있다.

그러나 애착 육아에 관한 글을 읽으면 읽을수록 이 육아법이 추천하는 아기 자주 안아주기나 모유 수유는 애착 이론이 장려하는 것과 같은 목적을 달성하기 위한 수단으로 보였다. 시어스 박사는 말한다. "요약하자면 애착 육아는 아기가 보내는 신호를 읽는 법을 배우고 그 신호에 적절하게 반응하는 것이다."[2] 이 방식은 낯선 상황 실험의 창시자인 메리 에인스워스가 '모성 민감성 척도'를 고안하면서 주장한 내용과도 비슷하다. 모성 민감성 척도는 다음 세 가지 변인의 측정을 바탕으로 한다. 아기의 신호를 지각하는가, 그 신호를 올바로 해석하는가, 적절히 반응하는가.[3]

돌아보니 전 아내인 마리와 나는 1980년대부터 1990년대 초까지 우리가 한창 아이들을 기르던 시기에 본능적으로 훗날 '애착 육아'로 알려지게 될 육아법의 핵심 신조 몇 가지를 우리 나름의 방식으로 실천했다고 할 수 있다. 우리는 유아차를 사용했지만 아기 캐리어의 초기 버전인 스너글리도 갖고 있었다. ("부엌일 할 때 손이 자유로워서 좋아."라고 마리는 말했다.) 마리는 적어도 아이가 원할 때까지, 때로는 두 살 이후까지도 모유 수유를 했다. 우리는 '한방에서 자기'는 하지 않았고 아이들을 각자의 방에서 재웠지만 우리 가족에게는 '열린 침대'라고 부르던 우리만의 방식이 있었다. 아이가 엄마 아빠 침대에서 같이 자길 원할 때면 언제든 환영해주는 것이었다.

우리 부부가 이런 육아법을 택한 이유는 아내와 내가 각각 유아기에 불안을 겪어 우리 자녀만큼은 다르게 키우고 싶다는 소망이 강했기 때문이었다. 우리는 의식적으로 육아를 최우선 순위에 놓았고 같은 생각을 공유하는 친구와 이웃들과 함께 커뮤니티를 만들었다. 모든 육아가 그렇듯이 가끔은 지쳐 나가떨어질 것 같았지만 기쁨에 차오르는 순간도 많았고 우리 부부에게 가장 보람 있고 가장 행복했던 경험으로 남아 있다. 나에게 성인 애착 면접을 실시했던 정신과 의사 모리시오 코르티나는 내가 획득된 안정을 얻기까지 육아가 '대단히 유용'했을 거라고 말하기도 했다. 우리 아이들이 객관적으로 검사를 받은 적이 없기에 모두 안정 애착 유형으로 자랐는지 확신할 수는 없지만 내 직감은 그렇다고 말한다. 우리의 결혼 생활이 흔들렸을 때도 생애 초기에 형성된 애착 안정이 그 상황에 대처할 수 있는 회복 탄력성을 주었을 것이라고 생각한다.

내가 부모로서 아이를 기르던 시기는 이미 오래전에 지났다. 하지만 애착 이론에 대한 지식이 있고 아이를 안정 애착 유형으로 키우기 위해 의식적으로 노력하는 젊은 부모를 관찰하면 무언가 배울 수 있지 않을까 생각했다. 애착 육아의 극단적인 형태에는 관심이 없었지만 온건하게 접근하여 자신들이 무엇을 하고 있고 그것이 왜 이상적인지 말로 설명할 수 있는 부모에게 관심이 갔다. 그래서 나는 애착 연구자들의 무시는 잠시 옆으로 치워 두고, 애착 육아에 열중하는 엄마를 찾아보기로 했다.

인터넷에서 알렉사 윅스를 바로 찾아냈다. 나의 고향인 로체스터에 살고 있는 알렉사는 18개월 남자아이를 포함해 자녀 셋을 애착 육아 원칙에 따라 길렀고 관련 지식과 직업도 갖고 있었다. 학부에서 사회학을 전공했고 사회복지학 석사 학위가 있으며 최근에는 조산사가 되기 위해 단기 간호 교육 과정에 등록했다고 한다. 그녀는 둘라(doula, 임신, 출산, 출산 후에 임산부에게 육체적, 감정적 도움을 주는 도우미)로 일하기도 했고 현재 문화 센터에서 베이비 웨어링*을 가르친다

베이비 웨어링(baby wearing) 아기 띠를 이용해 아이를 업거나 안아줌으로써 아이와 양육자가 한 몸처럼 밀착되는 것을 말한다. 아이와 양육자의 유대감 형성에 도움이 된다.

고 했다.

내가 만나보고 싶다고 요청하자 알렉사는 나를 다음 베이비 웨어링 수업에 초대했다.

엄마와 아기가 하나 될 때

수업은 한 교외 쇼핑몰 안에 있는 즉석으로 이름 붙인 듯한 '베이비 범프 아카데미'라는 곳에서 이루어졌다. 서른 살인 알렉사는 체격이 작고 어깨까지 내려오는 짙은 색 생머리에 앞머리는 검은 테 안경 바로 위까지 내려와 있었다. 체크 플란넬 셔츠와 코듀로이 바지를 입은 그녀는 방 중앙에 깔린 매트 위에 앉아 있었다. 요가를 하듯 등을 똑바로 세우고 열 명의 엄마와 두 명의 아빠, 최소 열두 명의 갓난아기와 걸음마 하는 아기들을 마주 보고 있었다.

수업이 시작되자 알렉사는 역사적으로 베이비 웨어링은 전혀 새로운 것이 아니라고 말했다. 대부분의 비서구 문화에서 엄마들은 아기를 엄마의 몸에 붙여놓기 위한 여러 가지 방법들을 고안해 왔다. 《베이비 웨어링》이라는 책의 저자인 마리아 블로이스는 인류는 고대부터 천을 사용해 아기를 업거나 안아 왔으며 멕시코의 레보소, 아프리카의 캉가, 인도네시아의 사롱, 페루의 만타, 타히티의 파레오, 동남아시아의 사리 등이 전해 내려온다고 설명했다. 북미 원주민들 사이에서도 아기를 업은 모습은 흔했다. 황금 달러로 불리는 미국 1달러 동전에는 아메리카 원주민 여성인 새커거위아가 등에 아기를 업고 있는 모습이 새겨져 있기도 하다.[4]

알렉사는 수업에서 안전을 강조했다. "슬링과 아기 캐리어는 반드시 타이트하게 매야 합니다." "아기의 턱을 가슴 위로 올려서 숨을 쉴 수 있게 하세요." "언제나 아기 얼굴이 보여야 합니다."

그리고 주의를 주었다. "다른 사람의 아기는 업지 마세요. 아기를 떨어뜨리지 마시고요."

알렉사는 여러 종류의 캐리어로 시범을 보여주었다. "베이비 웨어링을 이제 처음 시작한 분이라면 몸의 앞에도 뒤에도, 엉덩이에도 맬 수 있는 다용도 제품으로 고르세요." 그러곤 가방에서 샘플을 몇 개 꺼내 보여주었다. 그 다음에는 다양한 슬링이 나왔다. 대부분이 손으로 짠 직물이거나 화려한 색감으로 염색된 기다란 천이었다. 이 아기 띠는 똑바로 맸을 때 부모의 활동이 가능하고 아이를 몸에 고정해준다. 알렉사는 능숙하게 슬링을 자기 몸에 감았다. 한쪽을 어깨에 올리고 반대쪽 힙에 둘러 다시 어깨에 돌린 다음 끝에 있는 금속 링을 이용해 버클처럼 채웠다.

"어떤 아가들은 엄마와 합체되어 있고 싶어 하죠." 알렉사는 엄마의 가슴에 꼭 달라붙은 아기가 된 듯 태아의 자세를 취해 보였다. "하지만 어떤 아가들은 다리를 내놓고 싶어 하죠. 일명 '개구리' 자세죠. 일단 아기를 엄마 가슴에 고정한 다음에 아이가 어떤 자세를 편안해하는지 살펴보세요."

알렉사의 '합체'라는 말을 듣고 있으니 낯선 상황 실험의 분석가인 수전 패리스가 떠올랐다. 수전은 아이의 애착을 평가할 때 아이가 엄마 옆에서 완전히 이완되었는지를 유심히 본다고 했다. 엄마가 아기를 안을 때 '심장과 심장이 맞닿은 상태'인지 확인하기도 했다.

나는 아기를 캐리어나 슬링에 담아 움직이는 것이 어떻게 아기와 양육자의 '합체'를 가능하게 하는지 볼 수 있었다. 아기를 유아차에 태워서는 이룰 수 없는 일이었다.

알렉사는 부모들에게 일어나서 각각 다른 캐리어로 시도해보도록 했다. 그들은 마치 신발 매장에서 다양한 신발을 신어보고 새 신발의 느낌을 알아내는 것처럼 하나씩 만지고 걸쳐보았다.

"멍멍." 와이엇이 내는 소리였다.

와이엇은 엄마처럼 창백할 정도로 흰 피부에 다람쥐처럼 오동통한 볼을 가진 18개월 남자아이였다. 이 모자는 아늑한 집의 거실 원목 탁자에 앉아서 그림 카드 놀이를 하고 있었다.

알렉사는 나를 집에 초대해 안정 애착 아이로 키우는 육아법에 관한 자신의 의견을 말해주기로 했다. 알렉사의 남편은 몇 분 전에 직장인 타투 숍으로 출근했다.

"멍멍이." 와이엇이 다시 소리를 냈다.

"아니야, 아가야. 멍멍이 아니지." 알렉사가 말했다. "이건 고양이 잖아."

알렉사가 내게 설명했다. "우리 옆집에서 매일 짖는 강아지를 키우거든요. 와이엇의 첫 말이 '개는 멍멍'이었어요."

그 순간 위탁 보호 아동 방문 센터에서 만났던 아이제이아가 떠올랐다. 두 살이었는데도 '멍멍' 같은 의성어도 내지 못한 것은 아마 더 어린 시기에 방치되었기 때문일지도 모른다.

와이엇은 탁자 위에 그림 카드를 내려놓았다. 그런 다음 마스킹 테이프 한 롤에서 작은 조각을 떼어내어 탁자 구석에 붙이고 놀았다. 아이는 미소 지었다가 즐겁다는 듯 옹알이 소리를 냈다.

나는 알렉사에게 애착 이론을 공부한 적이 있냐고 물었다.

사회복지학 학위를 딸 때 정식으로 배웠고 학부생 때 '가족과 아동 발달'이라는 수업도 들었다고 한다.

"애착 이론은 그렇게까지 복잡한 이론은 아니죠." 알렉사는 테이프를 떼었다 붙였다 하는 아들을 지켜보며 말했다. "기본적으로 아기에게 반응을 해주라는 거잖아요. 애착 육아법 책에서 아기를 업거나 안아 키우기, 모유 수유, 한방에서 자기 같은 방법을 이야기해주고요. 어쨌든 아기에게 충분히 가까워지고 아기의 언어를 배우고 아기의 요구를 알아차리고 반응해주는 게 목적이죠."

알렉사가 애착 육아에 관심을 갖게 된 이유가 내가 그랬던 것처럼 자신의 양육 환경에 대한 반작용은 아니었는지 물었다.

"반작용이요? 아니요. 저는 아이의 발달과 성장에 관심이 많은 섬세한 부모님 밑에서 자랐어요." 임상사회복지사인 어머니는 성인 발달 장애인들을 위한 공동생활 가정에서 일했고 아버지는 소방관이었다. "두 분 다 일하느라 굉장히 바빴죠. 가끔은 혼자 놀아야 하는 시간이 많다고 느끼기도 했어요. 엄마는 회사 동료들과의 점심 식사에 저를 데려갔고 아빠는 소방서에서 놀게 하기도 했죠. 하지만 부정적인 느낌은 전혀 없었어요. 그리고 제 생일에는 학교를 안 갔답니다." 알렉사는 자랑스럽게 덧붙였다. "그날에는 엄마가 휴가를 내고 특별한 시간을 보내게 해주셨어요."

알렉사는 애착 유형 검사를 해본 적은 없지만 자신은 아마도 안정 애착 유형일 것이라고 짐작했다.

나는 알렉사에게 일부 사람들이 애착 육아를 부정적으로 보는 것에 대해 생각하는지 묻고 〈타임〉 커버스토리 이야기도 했다.

"사람들이 애착 육아를 탐탁지 않아 한다는 걸 알아요. 애착 육아인지 뭔지가 엄마가 완벽해야 한다는 이야기 아니냐고 생각하니까요. 솔직히 말하면 극단적인 엄마들이 있긴 해요. 약간 신경증적일 정도로 모든 걸 다 완벽하게 해내지 않으면 못 견디는 사람들이요. 언론은 그 부분에 초점을 맞췄고요. 기사엔 아기를 24시간 떼어놓지 않는다거나 일곱 살 때까지 젖을 먹이고 아기를 엄마 침대에서만 재우는 엄마들이 나왔잖아요."

알렉사는 다르게 하는지 물었다.

"그럼요. 저는 애착 육아의 원칙을 더 현실적인 방식으로 받아들였어요. **애착 육아는 완벽한 부모가 되라는 이야기가 아니거든요. 아이들에게 더 관심을 기울이라는 거죠.**"

알렉사에게는 와이엇 위로 네 살 아들이 있고 첫 결혼에서 낳은 열한 살 딸이 있었다.

"생애 초기 몇 년이 굉장히 중요하다는 걸 이해하는 게 핵심 아닐까요. 아이들 호흡을 맞추려 노력하는 것도요."

아이의 신호 알아차리기

호흡 맞추기 혹은 '조율'은 아이 주변을 항상 맴돌거나 반드시 아이와 밀착해 있어야 한다는 의미가 아니다. 애착 용어로서 조율은 아이의 신호에 민감하게 반응한다는 뜻이다. 아동 상담과 가족 상담을 해온 임상심리학자 글렌 쿠퍼는 이렇게 지적하기도 했다. "아이들은 사용 설명서를 갖고 태어나지 않는다. 그들 **자체가** 사용 설명서다. 아이들은 행동으로 자신의 욕구를 전달한다."[5]

아기 입장에서 조율이란 양육자가 제때 먹여주고 성가신 접촉을 최소한으로 줄여주고 예측 가능한 패턴으로 움직이거나 아기를 바라보고 재미있게 놀아주고 기분에 맞춰주는 것이다. 모든 경우에 양육자의 타이밍이 아니라 아기의 타이밍에 맞춰야 한다.

연구자들은 세심한 양육의 목적은 "안전 기지를 제공하는 것이다. 그리하여 아기가 스트레스를 받을 때도 양육자가 물리적으로나 감정적으로 닿을 수 있는 곳에 있으며 자신의 스트레스를 완화해줄 것임을 인지한 상태에서 탐험할 수 있게 해주는 것"[6]이라고 말한다.

물리적인 거리가 가까우면 양육자는 영유아의 신호를 재빨리 알아내고 더 잘 조율해줄 가능성이 높다. 아기와 몇 시간을 함께 보내는지가 중요한 게 아니다. 계속 아기 주변에 머물러야 하는 것도 아니다. 양육자가 일주일 내내 24시간 동안 아기 곁에 있어도 조율을 못할 수도 있다. 조율은 관심을 기울이는 것, 아기의 신호를 읽고 그에 따라 적절하게 반응하는 것이다. 부모가 아기를 '업거나 안고' 있으면서도 그 시간에 핸드폰을 보거나 문자를 하면 아기의 신호를 인지하지 못할 수도 있다. 한편 아기를 유아차에 태우고도, 특히 아기가 부모와 얼굴을 마주 보는 형태의 유아차라면 아기에게 관심을 기울이고 조율을 할 수 있다.

메리 에인스워스가 실시한 모성 민감성 연구를 토머스 루이스 연구 팀은 다음과 같이 분석했다.

에인스워스는 양육자가 아기와 보내는 시간의 양과 아기의 정신적 건강 사이의 직접적인 관련성은 찾지 못했다……. 그보다 아이가 안기고 싶을 때 안기고 내려오고 싶을 때 내려왔을 때 안정 애착의 가능성이 높아졌다. 아기가 배가 고플 때 엄마가 알아채고 수유하거나 아기가 피곤해하는 걸 느끼고 아기를 재우려고 했을 때였다……. 아이가 말로 표현하지 못하는 욕구를 알아채고 그에 맞춰주면 모자 상호 관계의 질도 높아지고 아기는 몇 년 후에 안정 애착인 어린이로 성장한다.[7]

조율은 아이가 탐험하도록 격려하는 것을 의미하기도 한다. 조율을 잘하는 부모는 아이가 어려운 문제를 혼자 해결할 수 있도록 두어야 할 때와 개입해야 할 때를 안다. 아이가 자기만의 기술과 자원을 스스로 개발하도록 허용하는 것과 적당할 때 관여하여 실패를 막아주는 것 사이에서 균형을 잡는 일이 조율이기도 하다.

부모의 조율 능력을 도와주는 것이 바로 연구자들이 '가정 생태계'라고 부르는 환경이다.[8] 건강한 정신과 신체를 지닌 부모, 안정적인 결혼 생활, 조력자인 조부모, 양질의 보육 기관 등이 갖춰지면 좋다. 그러나 이 요소들이 부정적일 때, 예를 들어 부모가 우울하거나 결혼 생활이 불안하거나 일관성이 떨어지거나 민감하지 않은 유모나 어린이집 교사들이 있다면 조율 육아의 긍정적인 효과가 떨어질 수도 있다. 이러한 요소들의 존재나 부재는 같은 가족의 형제자매가 다른 애착 유형을 갖게 되는 현상을 부분적으로 설명할 수 있다.[9]

와이엇이 탁자에서 놀고 있었고 알렉사는 덧붙였다. "애착 육아는 완벽함을 강조하는 육아법이 아니에요. 사실 저도 매일 넘어지는 걸요."

넘어지다뇨? 내가 물었다.

"저도 피곤하고 짜증날 때가 있으니까요. 저녁에 제가 아들에게 한 행동을 떠올리고 이렇게 중얼거리기도 하죠. '아, 그건 썩 훌륭하지 않았네.' 제 말은, 시간이 부족하고 정해진 시간 안에 할 수 있는 일에는 한계가 있잖아요. 저녁도 해야 하고, 빨래와 청소도 해야 하고."

그 모든 걸 어떻게 다 감당하냐고 물었다.

"글쎄요. 일단 아이가 깨어 있을 때는 청소나 빨래는 되도록 안 하려고 해요. 꼭 해야 할 때는 어쩔 수 없지만요. 되도록 아들하고 시간을 보내고 관심을 온전히 주려고 해요. 그래서 아들하고만 둘이 있다 보면 그날 저녁에는 어김없이 집안이 어질러져 있기도 하죠."

나는 알렉사가 가끔은 실패하는 날이 있다고 고백하는 마음을 이해했지만, 내가 본 바에 따르면 그녀는 성공하는 날이 더 많을 것 같았다. 알렉사와 인터뷰하면서 녹음을 하고 있었는데 알렉사는 그 사이에도 아들을 옆에 두고 일정하게 관심을 나누어주었다. 아마 다른 부모라면 이 시간에 아이를 TV 앞에 앉히거나 비디오 게임을 하게 하거나 장난감을 주면서 관심을 다른 곳으로 돌렸을 수도 있지만 알렉사는 그러지 않았다. 알렉사는 나와 대화하면서도 아이의 그림 공부와 스티커 놀이를 지켜보았다. 두 가지 모두 와이엇의 소근육 운동을 돕는 놀이였다. 알렉사는 아이에게 지시하거나 명령하지 않고 스스로 창의적으로 표현하도록 했다. 엄마는 아이 옆에 앉아서 같이 놀았다. 물론 매 순간 같이 있었던 건 아니지만 알렉사는 아이가 혼자서 잘 놀고 있는지 아니면 엄마를 필요로 하는지 알아채는 것 같았다. 그리하여 아이에게 안전 기지가 되어주면서도 아이가 자유롭게 탐험할 공간을 주었다. 알렉사는 아이가 혼자 잘 놀고 있는 걸 확인하고 나서 내게 집중했다.

애착 육아에 대한 몇 가지 오해

나는 알렉사의 기분을 상하게 하지 않으면서 내가 듣고 읽은 애착 육아법에 관한 가장 날선 비판에 대해 묻고 싶었다.

"그러면 페미니즘 관점에서 제기되는 비판은 어떻게 생각하세요? 애착 육아가 엄마를 아이에게만 묶어놓는다는 비판이 있잖아요."

"저는 제가 페미니스트라고 생각해요. 직업이 있고 제 인생이 있죠. 하지만 아이를 낳기로 선택했죠. 우리 아이들에게 안정적인 애착을 형성해줄 시간을 내는 것이 곧 아이의 자주성을 길러주는 것이고 어떤 면에서는 페미니즘을 심어주는 일이라고 생각합니다. 시간을 투자해서 우리 딸이 안정적이고 자신감 있는 아이로 자라게 하고 싶고요. 아들도 다른 사람들을 존중하고 배려하는 사람으로 성장하길 바랍니다. 우리 아이들이 안정적이고, 행복하고, 좋은 사람이 되었으면 해요."

"하지만 안정 애착 관계에서 자란 아이들이라고 해도 그 아이들이 반드시 '좋은' 사람이 될 거라는 보장은 없지 않을까요? 안정적인 가정에서 자란 사람들도 폭력적인 남편이 되거나 연쇄 살인범이 되는 경우도 있으니까요."

"안정 애착인 아이도 다른 경험이나 개인적인 기질 때문에 청소년 기나 성인기에 문제를 일으킬 수도 있겠죠. 육아가 수학 공식은 아니니까요. 하지만 안정 애착에서 시작하면 아이가 건강한 방식으로 성장할 확률이 높지 않을까요? 여러 연구 결과에서도 불안정 애착이나 혼란 애착을 보이는 어린이들이 이후 정신적 문제나 질환을 겪게 될 가능성이 높다고 하고요."

알렉사는 어쨌든 확률이 높은 곳에 투자해보는 쪽을 택한 듯했다. 연구에서도 나타나듯이 영유아기 애착 안정은 스트레스를 관리하고 인생의 문제들에 대처하게 해주는 회복 탄력성을 길러준다. 마리오 미컬린서와 필립 셰이버는 안정 애착인 사람은 '부적응적인 감정 상태와 정신적 문제나 질환'에 굴복할 확률이 낮다고 했다. 또 다른 연구에서도 불안정 애착 청소년들은 도둑질이나 폭행, 흡연, 음주, 약물 남용, 자살, 성범죄와 가정 폭력 같은 비행에 가담하게 될 가능성이 높다고 했다.[9]

와이엇은 마스킹 테이프는 다 갖고 놀았는지 컬러 매직펜이 들어 있는 상자에 손을 뻗었다. 알렉사가 빈 종이 한 장을 주자 아이는 색칠을 하기 시작했다.

알렉사는 '페미니즘 쪽 이야기'를 마저 더 하고 싶어 했다.

"사람들은 이분법을 왜 이렇게 좋아할까요. 이거 아니면 저거라고 말하죠. 마치 집에 하루 종일 붙어 있지 않으면 아기를 안정된 아이로 못 키울 것처럼 말하지요."

생각해보니 알렉사가 베이비 웨어링 수업을 할 때 와이엇은 교실에 없었다. 그때 아기는 어디 있었냐고 물었다. 그날 아침에 친정 엄마가 두 손자를 봐주었다고 했다. "와이엇같이 활발한 아이는 수업할 때 같이 데리고 있지를 못해요."

"보세요. 사람들은 부모가 아기에게 집중해야 한다고 믿죠. 하지만 아이를 위해 내 인생 모두를 희생할 필요는 없어요. 일단 아기와 24시간 7일 내내 붙어 있는 건 비현실적이잖아요."

알렉사의 평소 스케줄은 다음과 같다. 일과 학교 수업 때문에 일주일에 사흘은 '아침 7시부터 오후 4시 30분까지' 외출을 한다. 그 3일 중에 첫 이틀은 알렉사의 친정 엄마나 베이비시터가 집으로 와서 아이를 봐주고 나머지 하루는 어린이집에 보낸다.

그렇다면 알렉사는 보육 기관에 반대하지 않는 입장일까? 버지니아대학 교수인 제임스 코언이 애착 육아를 하는 부모들은 어린이집을 반대할 거라고 추정했던 것이 떠올랐다. 그는 어린이집을 찬양하기도 했는데 다만 돌봄 교사들이 자주 바뀌지 않고 유지된다는 전제가 있었다.

"저도 그 말에 완전히 동의해요. 돌봄 교사들이 교체되지 않는다면 어린이집도 얼마든지 괜찮다고 생각합니다. 하지만 저는 기본에만 만족하지 않고 구체적인 사항들을 점검해요. 돌봄 교사들이 아기에게 조율해주지 않으면 아기들은 반나절 동안 침대에 누워 있거나 같은 놀이 기구만 타며 놀게 될 수 있어요. 그런 종류의 상호 작용은 애착을 형성하지 못한다고 생각해요. 돌봄 교사가 다른 사람으로 바뀌지 않는다고 해도요."

1970년대 여성 운동가들은 존 볼비를 공격하기도 했다. 어떤 학생들은 수업 도중에 나가기도 했다.[10] 유아기에 특히 생후 초반 몇 년은 반드시 엄마의 돌봄을 받아야 한다는 주장 때문이었다. 하지만 볼비는 이후에 입장을 바꾸어 알렉사와 같은 관점을 받아들였다. 세심한 육아와 결합되었을 때는, 교육 기관의 질이 높고 교사들이 자주 바뀌지만 않는다면 기관에 맡겨도 괜찮다는 것이다.

2001년 미국 정부 주관으로 실시한 연구에서도 대체로 이 입장을 입증하는 결과가 나왔다. 1,300여 가정의 유아를 대상으로 낯선 상황을 이용해 애착 안정 검사를 실시했다. 15개월에 한 번 실시하고 33개월에 다시 실시했다. 측정 기준은 모성 민감성과 아이의 경험, 어린이집에서의 경험이었다. 결과적으로 유아의 안정 애착 발달은 유아들의 어린이집 등원 여부보다는 양육자의 민감성 여부에 달려 있었다. (하지만 민감하지 못한 양육자에 장시간의 어린이집 체류가 결합하면 어린이집만 보내는 것보다 불안 애착이 형성될 확률이 더 높아졌다.)[11]

오늘날 많은 전문가들은 여전히 생후 첫해에 어린이집에 보내는 것을 경계하는 편이지만 걸음마 하는 유아나 어린이들은 괜찮다고 말한다. 오히려 발달에 유익할 수도 있다. 물론 직원들이 유능하고 (아이의 신호를 정확히 해석할 능력이 있고) 보육 교사 1명이 맡는 유아 수가 적을수록(영유아는 1명에서 3명이고 세 살 이하는 1명에서 4명이 좋다) 좋고 어린이들이 특정한 보육 교사에게 배정되며 교사 교체가 적어야 한다. 안타깝게도 미국 내 많은 보육 시설이 이 기준에 턱없이 못 미치고 특히 빈곤층 유아들을 위한 시설은 열악하다.[12]

알렉사는 상업적인 어린이집을 대신해 와이엇을 맡길 만한 곳으로 아이들을 여럿 모아서 집에서 돌보고 애착 육아 방식을 따르는 엄마들을 몇몇 알고 있었다. "육아 철학이 같은 부모들이 주변에 많으면 좋아요. 전업주부인 엄마들이 서로 아이를 돌봐줄 수 있지요." 알렉사가 말했다.

"와이엇이 젖을 먹고 싶어 하네요." 알렉사가 아기를 안아 올리더니 거실 소파로 향했다.

나는 와이엇이 찡얼거리거나 부스럭거리는 소리를 전혀 듣지 못했다. 알렉사는 조율 능력 덕분에 아이가 배고프다는 걸 알아챈 걸까?

"아이가 배고파 한다는 걸 어떻게 아셨어요?" 내가 물었다.

"손을 제 셔츠에 붙이더라고요. 아이는 별로 부끄러워하지 않아요."

나는 그 행동을 놓친 듯했다.

소파에서 와이엇은 엄마 품에 안겨서 젖을 먹기 시작했다. 1분 정도 흐른 후에 잠시 멈추고 숨을 내쉬더니 "더"라고 말했다. 그러곤 더 먹었다.

내가 볼 때 이 장면은 또 하나의 완벽한 '합체'였다.

모유 수유는 '내장된' 애착 도구라고 시어스 부부는 썼다.[13] 아이뿐만 아니라 엄마의 건강에도 유익한데 미국 소아과 학회는 만약 엄마나 아기가 원한다면 모유를 적어도 1년 이상 먹이라고 권한다.[14]

알렉사 또한 모유 수유를 찬성하지만 이렇게 말하기도 했다. "엄마에게 맞춰서 융통성 있게 해도 되죠." 알렉사는 낮에 외출해야 할 때는 모유를 짜거나 보관해놓고 남편이나 친정 엄마나 유모에게 먹이게 한다. 또한 '아기 주도 이유식'도 하는데 와이엇이 준비되었을 때 일반 음식을 주는 것이다.

알렉사는 밤에도 모유 수유를 했다. "영양가는 없어요. 하지만 '영양'을 어떻게 정의하느냐에 따라 달라지기도 하겠죠. 와이엇은 자기 전에 엄마 젖을 빨아야 해요. 이 월령에는 그렇게 해도 괜찮거든요. 이 또한 안전 기지를 세워 가는 일이죠. 내가 할 수 있을 때는 아이 옆에 있어주는 거죠. 18개월에도 밤에 한 번씩 깨야 하더라고요."

와이엇이 계속 젖을 먹는 동안 나는 알렉사에게 내가 제임스 코언과 나눈 대화에 대해 말했다. 코언은 인간 아기들은 양육자를 여러 명 두어야 한다고 믿고 있었다.

알렉사도 완전히 반대하지는 않았다.

"음. 저는 와이엇의 엄마잖아요. 아이가 제 몸 안에서 자랐고 저는 언제나 아이의 가장 중요한 애착 대상일 거예요. 하지만 발달 면에서 본다면 아이들이 다른 양육자와 애착 유대를 형성하는 것도 도움이 되죠. 우리 집을 보면 일단 남편도 양육자고요. 가끔 다른 사람들한테 와이엇을 맡기기도 했죠. 왜냐면 제가 학교도 다녀야 하고 일도 해야 하고 다른 관심사가 있으니까요. 중요한 건 아들이 저와 늘 함께하느냐가 아니라 어떤 양육자와 함께 있건 간에 돌봄의 방식과 성격이 일관되어야 한다는 거죠."

하지만 알렉사가 남편의 도움 없이, 보모 없이, 사회학과 사회복지학과 육아에 대한 지식 없이도 아들을 지금과 같은 방식으로 키울 수 있었을까? 어떤 이들은 애착 육아가 중상류층 엘리트의 사치라고 주장하기도 한다.

"우리 집은 절대 중상류층 엘리트가 아니에요." 알렉사가 주장했다. "우리 가정은 거의 외벌이 수입으로 생활하고 아껴 가면서 평범하게 살고 있습니다. 식구가 다섯이다 보니 경제적으로 여유가 있지는 않아요. 또 남편과 첫째 아들을 낳고 나서 사이가 소원해지기도 했고 그래서 잠깐 별거도 했습니다. 대략 1년 정도 따로 살기도 했어요. 그때 혼자 살고 혼자 일하면서 독박 육아까지 해야 했죠. 그래서 재정 문제는 늘 의식하고 있습니다."

와이엇이 엄마 가슴에서 몸을 뗐다. 5분이 채 안 되는 시간 동안 충분히 먹은 듯했다. 작게 옹알이를 했고 눈이 반쯤 감겨 있었다.

"졸리니?" 알렉사가 물었다.

엄마는 아들을 팔에 안고 조심스럽게 흔들었다.

"이것도 가져갈까?" 알렉사는 수유할 때 아이의 자세를 잡기 위해 쓴 베개를 손으로 가리켰다.

"그거." 와이엇은 그 베개를 말하는 듯했다.

"우리 손님한테 방 보여드릴까? 네 방이 어디더라?"

알렉사는 조심스럽게 와이엇을 안고 거실을 나가 길지 않은 복도를 걸어갔다.

"여기가 아기 방이에요." 알렉사는 작은 목소리로 말했다.

알렉사는 아이를 안고 기저귀 가는 테이블 위에 눕혔다.

와이엇이 울기 시작했다.

아기를 아기 침대에 눕힌 다음에 알렉사는 토닥토닥하면서 속삭이고 나서 자장가를 틀어주었다.

"자고 싶어? 엄마가 안아줄까? 아니면 우리 그냥 앉아서 책 읽을까?" 엄마가 물었다.

와이엇이 더 크게 울었다.

알렉사가 말했다. "지금 자기 싫어서 우는 거거든요. 더 놀고 싶으니까요. 꼭 달래주진 않아도 돼요. 18개월이면 괜찮아요. 울게 두어도 되죠. 하지만 5개월이나 6개월이라면 아기를 안고 젖을 더 먹이거나 토닥토닥했겠죠. 그때는 울게 내버려 두지 않았어요. 그 월령에는 아기가 스스로 달래거나 자제하는 법을 가르쳐서는 안 되죠. 그건 해로워요."

아기들이 '울부짖도록' 내버려 두지 않는 것이 애착 육아의 핵심 실천 중 하나이다. 시어스 부부는 이렇게 말했다. "아기의 울음은 의사 전달이 목적이며 부모를 조종하기 위해서가 아니다. 이에 부모가 더 세심하게 반응할수록 아기들은 부모를 신뢰하고 자신의 의사 전달 능력을 믿게 된다."[15]

아무래도 내가 옆에 있어 와이엇이 잠드는 데 방해가 되는 듯했다.

"제가 자리를 비켜주는 게 낫겠네요." 나는 조용히 방을 나왔다.

몇 분 후에 알렉사는 커피가 든 머그잔을 들고 거실로 돌아왔다. 방에서 아기의 울음소리가 작게 들렸다.

"저건 노는 거예요." 알렉사는 커피를 한 모금 마셨다. "놀면서 우는 소리도 내죠. 아이가 행복하면 괜찮아요. 금방 잘 거예요."

나는 와이엇이 자기 방의 아기 침대에서 자는지 물었다. 애착 육아의 또 다른 신조가 바로 아기는 부모와 함께 자거나 적어도 같은 방에서 자야 한다는 것이다. 미국에서는 생후 첫 몇 달을 제외하고는 흔치 않은 경우지만 다른 나라에서는 대부분 가정의 육아 방식이기도 하다. "대체로 전 세계 모든 나라의 부모들이 아이와 함께 잠을 잔다."[16] 토머스 루이스 연구 팀이 지적했다.

알렉사는 자기 부부는 그 방식의 변형된 버전을 적용했다고 말했다. 처음에 그들은 와이엇을 울타리 한쪽이 뚫려 있고 그 부분이 부부 침대에 맞닿아 있는 '사이드카 아기 침대'에서 재웠다. 와이엇이 자라서 조금 더 잘 움직이게 되면서는 사이드카 침대와 비슷하지만 기어 다니거나 굴러도 위험하지 않는 바닥 침대에 눕힌다. "지금은 특별히 아프거나 불편해하지 않으면 자기 침대에서 자요."

몇 분 후에 와이엇은 잠들었다.

애착 육아 비판과 관련된 질문 몇 개가 더 남아 있었다.

"연구자들은 애착 이론을 접목한 이데올로기로서 애착 육아를 무시하는 경향이 있잖아요. 과학적 근거가 없다고 하기도 하고요."

"과학적 근거가 왜 없어요?" 약간은 성이 난 듯한 목소리였다. "애착 이론은 과학에 근거를 두고 있잖아요. 영유아기 경험이 가장 중요하다는 것 말이죠."

그러나 나는 애착 육아에 거부감을 보이는 애착 문제 전문가들을 만났다고 말했다. 너무 과도하다는 것이다. 애착 육아보다는 지난 세기에 영국의 소아과 의사이자 정신분석학자 도널드 위니컷이 대중화한 개념인 '충분히 좋은(good enough)' 육아를 추천하는 이들도 많다. 부모는 전반적으로 반응해주고 곁에 있어주어야 하지만 완벽하게 하지 않아도, 항상 곁에 있지 않아도 된다.[17]

"그렇다면 '충분히 좋은 육아'라는 개념은 어떻게 생각하세요?" 알렉사에게 물었다.

이 질문이 결국 그녀를 화나게 했다.

"저는 안타깝다고 생각해요. 우리 문화에 대충 해도, 중간만 해도 된다는 생각이 퍼져 있는 걸 보면 좀 화가 나요. 이런 식이죠. '그럭 저럭 해내려면 어떻게 해야 할까요?' 적어도 아기들을 위해서는 목표를 낮추면 안 되지 않을까요? 특히 이 분야를 연구하는 학자들이라면요. 아이들을 기를 때 대충한다는 건 말이 안 되잖아요. 죄송해요. '충분히 좋은' 정도에 만족할 수 있는 건 아주 많죠. 하지만 육아만큼은 안 돼요. 우리는 한 인간을 기르는 거라고요!"

며칠 후 나는 알렉사와 와이엇이 토요일 아침 파머스 마켓에서 쇼핑을 한다고 해서 따라갔다.

"아가, 아줌마가 사과 줄까?" 과일 매장의 주인이 와이엇에게 물었다.

"그거." 여성은 아기에게 사과를 쥐어주었다.

알렉사는 이날 과테말라산 아기띠인 메이 타이를 이용해 와이엇을 안았다. 화려한 색상의 직사각형 천 양쪽 끝에 긴 끈이 달린 형태로 와이엇을 가슴에 고정했다. 아기띠 밑으로는 아기의 흰 운동화가 달랑거렸다. 와이엇은 엄마에게 안겨 있었지만 목을 움직여 주변을 둘러볼 수 있었고 시장의 풍경을 보고 소리를 들을 수 있었다.

살아 있는 닭, 토끼, 염소 두 마리가 묶여 있는 작은 우리를 지나갈 때 와이엇은 눈이 둥그레지더니 '멍멍이'라고 했다.

"아니야. 멍멍이 아니지. 강아지 아니고 염소야." 알렉사는 아이에게 말을 시켰다.

알렉사는 노점상 사이를 미끄러지듯 헤치고 다니면서 오른쪽 어깨와 왼쪽 어깨에 각각 맨 가방에 야채와 과일을 채웠다. 그 사이에 와이엇은 메이 타이에 담긴 채 잘 놀고 있었다.

"짐이 많으시네요." 내가 말했다.

"그런데 아기 무게는 느껴지지 않아요. 채소와 과일이 든 장바구니가 더 무겁죠."

알렉사가 잽싸게 노점상 사이를 움직이는 모습은 슈퍼마켓에서 자주 보던 모습과 대조될 수밖에 없었다. 부모들은 슈퍼마켓에서 제공하는 커다란 플라스틱 유아차에 아이들을 태우고 밀면서 장을 보는데 이 자동차나 기차 모양의 유아차들이 마트 복도를 막곤 한다.

쇼핑을 마친 알렉사는 주차장으로 향했다. 시장에 아기를 안거나 업은 엄마들이 유아차를 태운 엄마보다 많은 것 같다고 말했다. "어쩌면 과도기 같아요. 점점 더 많은 엄마들이 아기를 안거나 업고 있어요."

알렉사는 메이 타이의 끈을 풀고 와이엇을 꺼낸 다음에 아이용 안전 의자에 앉혔다.

이 모든 과정에서 와이엇은 시종일관 얌전했다. 생각해보니 아까 엄마가 쇼핑할 때도 한 번도 칭얼대지 않았다. 우리는 시장을 헤치고 다녔고 시장 곳곳에는 다른 아이들이라면 한눈을 팔 만한 형형색색의 사탕과 귀여운 토끼와 시끄러운 쇼핑객들과 소리 지르는 장사꾼들이 많았지만 와이엇은 내내 얌전했고 편안한 표정이었다. 모르는 사람인 내가 엄마와 자기 옆에 바짝 붙어서 자꾸 질문을 던지는 중에도 아까 받은 사과를 먹으며 혼자 조용히 놀았다. 엄마가 계속 말을 붙이거나 동영상을 보여주지 않아도 되었고 기차 모양의 대형 장난감 차는 필요 없었다. 내가 틀렸을지도 모른다. 그래도 어쩌면 이 모든 건 아기에게 주의를 기울여 온 부모와, 엄마와 가슴을 맞대고 있으면서도 움직일 공간을 주는 기다란 천 덕분이 아닌가 하는 생각을 하지 않을 수 없었다.

지난 주 알렉사의 베이비 웨어링 수업에서도 비슷한 풍경을 목격했다. 열 명의 엄마와 열두어 명의 아가들이 있었지만 단 한 명도 울거나 몸부림치지 않았다. 아이들은 불만이 없어 보였고 대체로 얌전했다.

시어스 박사는 이렇게 썼다. "애착 육아라는 도구는 아기가 울어야 할 필요를 줄여준다."[18] 아동 발달 전문가인 로버트 S. 마빈과 프레스턴 A. 브리트너는 양육자의 조율이 아기 울음의 '횟수와 강도를' 최소화한다고 지적한다.[19]

알렉사는 메이 타이를 접어서 장바구니와 함께 자동차 뒷자리에 두고 와이엇과 집으로 향했다.

알렉사가 애착 육아의 정수만을 받아들인 점이 마음에 들었다. 즉 아이와 근접성을 유지하고 아이에게 조율한다는 기본 원칙은 그 엄마와 가족에게는 효과가 있었고 엄마는 자신의 경력을 희생할 필요도 없었다. 분명 알렉사에게는 엄마에게 호의적인 '가정 생태계'가 마련되어 있었다. 바로 아동 발달에 관한 지식과 남편, 어머니, 같은 생각을 공유하는 이웃 엄마들의 도움이 있었다.

한편 알렉사는 남편과 불화를 겪었고 실제로 1년은 별거를 했다고 말했다. 알렉사가 따로 언급한 것은 아니고 어쩌면 그녀가 몰랐을 수도 있지만 사실 애착 이론은 불화를 겪는 커플의 관계 회복에도 도움이 된다. 운 좋게 알렉사를 찾아냈던 것처럼 얼마 안 가 나는 너그러운 커플을 만날 수 있었다. 그들은 내게 애착 기반 부부 상담이 깨질 뻔한 결혼을 어떻게 구해주었는지 알려주기로 했다.

7장

매달리는 여자, 달아나는 남자
결혼 생활과 애착 유형

관계란 가까이서 춤을 추는 것과 같다. 처음에는 매력을 느껴 서로를 내 곁으로 끌어당기지만 그러다가 상대의 발을 밟기 시작한다.

안정 애착이 아닐 경우 두 사람은 계속해서 가까이서 춤을 추기보다는 한 걸음 물러나게 될 것이다. 마치 중학교 댄스 시간처럼 팔을 앞으로 죽 뻗어서 닿지 않을 정도로 거리를 둔다.

그러다 아주 멀어져버린다. 다른 사랑이 시작되기도 한다.

부부들이 나의 사무실 문을 두드리는 건 바로 그때다.[1]

— 데이비드 슈와브, 정서 중심 치료(EFT) 부부 상담가

티파니와 에드거는 워싱턴 D.C.에서 태어나 자랐고 같은 초등학교를 졸업했다. 고등학생 때 잠깐 사귀었다가 같은 지역 전문대학을 다니면서 다시 만나게 되었고 5년 동안 동거하다 스물일곱에 결혼했다.

두 사람은 밸런타인데이 전날 시청에서 결혼식을 올렸고 양가 부모와 친구들이 참석해 축하해주었다. 몇 달 후 티파니는 에드거의 외도를 알게 되었다.

나는 티파니와 에드거를 워싱턴 D.C.의 한 카페에서 만났는데(이 부부는 성은 빼고 이름만 밝히기를 원했다) 공교롭게도 카페의 이름이 트러스트(신뢰)였다. 그들을 보자마자 처음 든 생각은 부부가 옷을 비슷하게 입고 있다는 것이었다. 둘 다 같은 색깔의 스트라이프 풀오버 셔츠를 입고 있었는데 같은 운동 팀 선수들 같기도 했다. 남편은 턱수염과 콧수염을 짧고 깔끔하게 다듬어 기르고 있었다. 부인은 검은 머리를 하나로 단단히 묶었다.

꼭 잡은 두 손에 낀 결혼 반지가 카페의 조명을 만나 빛났다. 부부는 어서 자신들의 이야기를 털어놓고 싶어 했다. 에드거의 외도를 알게 된 그 가슴 아픈 날 이후 1년도 채 되지 않아 어떻게 오늘의 그들, 즉 행복하고 헌신적이며 미래를 확신하는 부부가 될 수 있었는지 알려주고 싶다고 했다.

애착 욕구가 충족되지 못할 때

내가 처음 애착 이론에 매료된 이유는 그동안 온 마음으로 사랑했고 오래 노력했지만 우여곡절 끝에 막을 내린 나의 지난 연애를 설명해줄 수 있을 것 같아서였다.

애착 이론을 배우면서 마치 로제타 스톤*을 발견한 기분이었다. 왜 어떤 관계는 이어지고 어떤 관계는 질질 끌다가 파국으로 끝나는지 비밀을 푸는 열쇠라도 찾은 듯 기뻤다. 그러나 그때는 애착 이론이 실제로 연인 관계를 개선하거나 나아가 구원해주는 열쇠가 될 것이라는 생각은 하지 못했다. 그러다 캐나다 정신분석학자 수 존슨의 저서를 몇 권 읽으면서 그 가능성을 깨닫게 되었다.

수 존슨은 젊은 시절 많은 아동과 성인들의 마음을 치료해주었고 보람을 느꼈다. 하지만 이후 베스트셀러가 된《날 꼬옥 안아줘요(Hold Me Tight)》에서 유독 부부 상담을 하면서 '패배감'을 느꼈다고 털어놓았다. 한창 전쟁 중인 부부는 "어린 시절에 자신이 겪은 가족 문제를 깨달았는데도 부부 관계를 개선하지 못했다. 그들은 이성적으로 대처하지 못했고, 협상하려 들지도 않았다. 효과적으로 싸우는 방법에 대해선 전혀 배우고 싶어 하지 않았다."[2]

존슨이 '전쟁 중인' 부부를 돕는 데 어려움을 느꼈다고 한탄하는 부분에서 내 머리에 종이 울렸다. 아내와 별거에 들어가 결국 이혼을 하기 전에 우리도 함께 여러 부부 상담 전문가를 찾았지만 아무도 도움을 주지 못했다. 우리는 둘 다 상처받아 약해졌다고 느꼈지만 우리 사이에 어떤 감정의 골이 패었고 왜 그런 골이 생겼는지 들여다보려는 상담가는 한 명도 없었다. 상담가들은 대체로 우리 부부의 의사소통에만 집중했다. 물론 그 부분도 흥미로웠지만 관계 개선에 큰 도움이 되진 않았다.

수 존슨은 전통적인 부부 상담에는 핵심 문제에 관한 명확하고 과학적인 이해가 빠져 있다고 느꼈다. 핵심 문제는 바로 사랑이다.[3]

로제타 스톤 1799년 나폴레옹의 이집트 원정군이 나일강 하구 로제타에서 발견한 비석 조각. 고대 이집트 문자 해독의 열쇠가 되었다.

그렇다면 과연 사랑이란 무엇일까? 사랑이 망가져버렸을 때 우리는 어떻게 수선할 수 있을까? 이 질문의 답을 안다면 더욱 성공적인 상담 치료를 위한 기반을 마련할 수 있을 것 같았다.

그 뒤 존슨은 수년 동안 부부 상담을 거듭하고 연구에도 몰두해보았지만 도무지 답을 찾을 수 없었다. 그러다 어린 시절 자신의 부모가 끝도 없는 싸움으로 "결혼을 파괴하고 그들 자신을 파괴하는 모습을 무력하게 지켜봐야 했던"[4] 기억을 되살렸고 결국 애착 이론에서 답을 찾아냈다. 존슨은 존 볼비의 모든 저작을 읽은 후 다른 애착 전문가들과 마찬가지로 연인이나 부부의 사랑이 성인의 애착 형태라는 결론을 내렸다. 성인의 사랑도 부모와 자식 사이에 유대가 존재하는 이유와 같은 이유로 존재한다. 즉 우리가 사랑하는 사람과 감정적인 유대를 느낄 때 그 사람은 우리에게 안전한 피난처이자 안전 기지가 된다.

존슨은 이렇게 썼다. "사랑은 이 세상에 존재하는 최고의 생존 메커니즘이다.[5] 사랑은 인생의 파도 속에서 안전한 피난처를[6] 제공해주었던 소수의 소중한 사람과 감정적 유대를 형성하도록 이끈다." 안전함에 대한 욕구, 감정적 유대에 관한 욕구는 수백만 년의 진화 과정 중에 "유전자에 깊이 새겨져" 식욕이나 주거 욕구나 성욕처럼 건강과 행복의 기본 요소가 되었다.

사랑하는 사람들은 서로 의지한다. 서로 안전 기지와 안전한 피난처가 되어주고 상대의 감정이나 신체적 자기(physical self)를 조절하도록 돕는다. 파트너를 사랑한다는 것은 '신경계의 듀엣'[7]으로 연결된다는 뜻이다. 즉 한 사람이 신호를 보내면 그 신호가 다른 사람의 호르몬 수치, 심혈관 기능, 신체 리듬, 때로는 면역 체계까지 조절하도록 도와준다. 존슨에 따르면 "우리의 몸은 이런 종류의 연결을 위해 설정되어 있다."

(4장에서 본) 제임스 코언이 실시한 손잡기 실험은 공동 조절(coregulation)의 예가 된다. MRI 기계 안에서 전기 충격의 위협을 받았을 때 사랑하는 사람의 손을 잡고 있던 사람들은 스트레스와 통증 지수가 낮았다. "내가 사랑하는 사람들은 나의 몸에서 일어나는 일들과 내 감정적 삶의 숨은 조절자다."[8] 코언도 이렇게 지적했다.

만족스러운 결혼 생활을 하는 남녀는 비슷한 조건의 독신 남녀보다 건강하게 장수할 확률이 높은 것으로 나타나기도 한다.

존슨이 관찰한 바에 따르면 "모든 과학이 한목소리로 말한다. 우리는 사회적 동물일 뿐만 아니라 다른 사람과 끈끈하고 특별한 관계를 원하는 동물이다. 이 사실을 부정하면 위기가 닥칠 수 있다."[9]

파트너와 안정과 안전을 주고받지 못하면, 즉 서로 상대의 애착 욕구를 채워주지 못하면 관계가 위험에 빠질 수 있다.

존슨은 부부 싸움이란 곧 감정적 유대가 끊어져 단절된 현 상태에 대한 저항이라고 말한다. "모든 불만과 스트레스 속에서도 부부가 하고 싶은 말은 이것이다. 내가 당신에게 의지해도 돼? 나를 위해 옆에 있어줄 거야? 나는 당신에게 중요한 사람이야?"[10]

존슨은 너무나 많은 관계에서 애착의 욕구와 두려움이 숨겨진 의제라고 결론 내렸다. "애착은 행동을 지시하지만 지금까지 결코 인정받지 못했다." 파트너들은 불안하다고 느끼면 점점 방어적으로 변하면서 서로 비난한다. 하지만 비난은 대부분 "절실한 애착의 울음이고

단절에 대한 저항이다. 비난이 잠잠해질 수 있는 유일한 방법은 사랑하는 사람들이 감정적으로 가까워지고 서로 붙들어주고 확신을 주는 것이다. 다른 어떤 것도 그 일을 해줄 수는 없다."[11]

한편 어떤 전문가들은 어떤 관계에선 **과도한** 연결에 대한 저항도 있을 수 있다고 말한다.

어느 쪽이 되었건 부부 상담의 목표는 커플이 감정적으로 적당한 유대 관계를 되찾아 서로 안전하게 연결되었다는 느낌을 다시 형성해 나가는 것이다.

그렇게 하기 위해서는 파트너들이 자신의 애착 욕구와 의존성을 인정해야만 한다. 그러나 이 부분이 생각보다 어려울 수 있다. 성인들은 대부분 자신의 애착 욕구를 이해하지 못할 뿐더러 그것을 인정한다는 것은 미국 문화가 강조하는 성인의 개념과 배치된다. 미국 문화에서 성숙의 척도는 바로 독립성과 자립심이며 의존은 곧 유약함을 의미한다. 하지만 볼비는 '효과적인 의존'('상호 신뢰' 혹은 '상호 의존interdependence'이라고 부르기도 한다)과 서로 감정적으로 기댈 수 있는 능력이야말로 '인간 본성의 일부'이며 건강함의 표시이자 힘의 원천이라고 말했다.[12]

이러한 통찰을 통해 존슨은 부부 상담에 적용할 새로운 접근법을 개발하고자 했다.

존슨은 자신의 새로운 접근법을 정서 중심 치료(Emotionally Focused Therapy, EFT)라고 이름 붙였다. 핵심 원리는 말 그대로다. "아기가 부모에게 양육과 안정과 보호를 원하는 것과 마찬가지로 어른 또한 감정적으로 파트너와 연결되고 싶어 하고 의존한다는 사실을 인정하고 받아들이는 것이다." 감정적 유대를 강화하려면 "마음을 열고, 상대에게 조율하고, 민감하게 반응하라."[13]

정서 중심 치료로 상담한 커플은 확실히 진전을 보였다.

"나의 내담자들은 위험을 감수하고 자신의 나약한 모습까지 드러내야 했다. …… 상실과 고립이 두렵다고 고백도 해야 했다." 그리고 "사랑과 연결을 절실히 원하고 있다"[14]는 말도 꺼내야 했다.

이것이 바로 **건강한** 의존이며 로맨틱한 사랑의 본질이라고 존슨은 썼다. 두 파트너가 "서로 애착의 울음을 듣고 안정시켜주고 돌봐줄 때"[15] 커플 관계에 중대한 변화가 일어난다.

존슨은 정서 중심 치료를 더 발전시킨 후 다른 치료사들에게도 전수했다. 그리고 그들이 또다시 북미와 전 세계의 상담가 수천 명을 교육했다. 전통적인 부부 상담과 비교해 정서 중심 치료는 이례적인 성공을 거두었다. 여러 조사에서 정서 중심 치료를 훈련받은 상담사들에게 상담받은 커플의 70~75퍼센트는 관계에서 스트레스가 줄어들어 행복해졌다고 보고한다.

(자신이 사는 지역에서 EFT 자격증이 있는 부부 상담가를 찾고 싶다면 국제 정서 중심 상담 센터 홈페이지 iceeft.com을 확인해보자. 명단에 있는 많은 상담가들이 부부 상담만이 아니라 개인 상담도 하고 있으며 기본적으로 애착 이론의 원칙을 이용해 상담한다. 사실 수 존슨과 동료들은 최근에 정서 중심 치료를 개인 상담에도 적용했다. 개인 내담자에게 EFT의 한 형태를 적용하는 것이다.)

정서 중심 치료가 신경학적으로도 효과적이라는 사실은 코언의 MRI 손 잡기 실험에서도 이미 입증된 바 있다. 결혼 생활이 **행복하지**

않다고 말한 여성 24명이 각각 혼자서 MRI 스캐너에 들어갔다. 그들은 전기 충격 예고를 받았을 때 낯선 사람의 손을 잡고 있건 남편의 손을 잡고 있건 상관없이 두뇌 활성도가 동일했다. 하지만 정서 중심 치료를 몇 개월 받은 후 다시 스캐너에 들어가 남편의 손을 잡았을 때 그들의 두뇌는 이전보다 조용했다. 그들은 충격이 '불편했다'고 했지만 '고통스럽다'고 하지는 않았다. 연구자들은 다음과 같은 결론을 냈다. "정서 중심 치료는 두뇌가 부호화하는 방식을 바꾸어 사랑하는 사람 곁에 있을 때 반응까지 바꾼다."16)

수 존슨은 말한다. "사랑은 우리 두뇌의 뉴런들을 문자 그대로 잠잠하게 안정시키는 안전 신호다."17)

에드거의 외도가 밝혀졌을 때 그는 아내에게 부부 상담을 받아보자고 했다. 티파니는 내키지 않았다. 예전에 불안과 우울증으로 상담을 받아보았지만 크게 도움이 되지 않았기 때문이었다. 그러나 에드거가 마지막 부탁이라고 하자 티파니도 마음이 움직였다. 하지만 비용이 부담스러웠다. 티파니와 에드거는 둘 다 일을 하고 있었다. 남편은 청소 용역 회사의 직원이었고 아내는 시간제 판매 사원으로 일하면서 동시에 반려견 산책 업체에서 사무원으로도 일했지만 경제적으로 여유롭지 못했다.

티파니는 이전 관계에서 얻은 두 명의 아이들을 키우면서 에드거 사이에서 생긴 아이를 임신 중이었다. 사실 부부는 생활비 절약을 위해 티파니 부모님 댁에 얹혀사는 처지였다.

에드거는 메릴랜드주 비영리 공공 무료 상담소를 찾았고 이 기관이 취약 계층에게 무료 상담을 자원하는 정신 건강 전문가를 연결해 주었다. 그래서 티파니와 에드거는 부부·가족 전문 치료사인 리나 버나드를 만나게 되었다.

부부의 허락을 받고 나는 메릴랜드주 실버스프링의 한 레스토랑에서 리나 버나드를 직접 만났다.

리나는 정서 중심 치료(EFT)가 배우기 어려운 전문 과정이었다고 말했다. 하지만 8년 동안의 실습과 수십 건의 상담 사례를 종합해보면 분명히 효과가 있었는데 특히 최악이었던 부부 관계에 효과가 컸다. 리나는 "'단계적으로 악화된' 부부 상담에 효과적이었습니다"라고 말했는데 '단계적으로 악화된 부부'란 "외도 문제를 겪는 부부를 포함해, 행동의 부정적 순환에 빠져 서로 상대를 비난하고 희망이 없다고 느끼는 사람들"을 가리켰다.

정서 중심 치료는 보통 한 회차당 20분에서 30분이고 6개월에서 10개월 동안 지속된다. 티파니와 에드거는 14회차에 종료했는데 리나가 상담한 부부 중 가장 빨리 종결된 편이었다. "모든 부부가 상담을 끝까지 마치진 않습니다. 어떤 부부는 나아지고 드물긴 하지만 어떤 부부는 결국 갈라서기로 하죠."

이 상담 치료는 일반적으로 세 단계로 진행된다.

관계 치료 1기_부정적 상호 작용 덜어내기

처음 두 번의 상담에서 리나는 커플에게 상담 절차를 소개하고 부부를 알아가는 시간을 갖는다. 티파니와 에드거의 첫 인상은 어떠했을까? "둘 사이에 사랑도 남아 있고 서로 아끼고 있었지만 외도 문제가 있었기 때문에 걱정을 했죠. 가장 파괴적인 위반이기 때문에 이를 딛고 다시 회복할 수 있을지 확신할 수는 없었습니다." 부정적 정서 행동이 또 다른 부정적 정서 행동을 낳는 순환을 확인한 뒤 그 순환의 고리를 끊고 부부의 관계가 단계적으로 좋아지도록 돕는 것이 리나의 목표였다.

첫 단계에서는 한 명씩 개인적으로 만나서 그들의 가족과 어린 시절 경험을 듣는다. 이때는 (앞서 2장에서 살핀) 성인 애착 면접 질문을 토대로 하고 서로 애착 유형을 드러내도록 한다. 이 정보로 치료사는 신뢰와 불신의 패턴을 탐색하고 이들이 감정적으로 마음을 여는 것이 얼마나 편안한지와 다른 사람을 얼마나 의지할 수 있는지를 파악한다.

티파니는 성인 애착 면접 중에 이렇게 답했다. "어른이 되면서 점점 사람을 믿지 않게 되었어요. 사람을 잘 믿지 않기 때문에 누군가에게 의지하고 싶을 때도 의지하면 안 된다고 다짐하게 되죠." 에드거와 관계에서도 같은 패턴이 이어졌다. "에드거와 결혼하기 전부터 저는 이미 두 아이를 키우고 있었고 에드거의 도움이 필요했지만 의지해서는 안 된다고 느꼈어요."

에드거는 성인 애착 면접에서 티파니와 맺은 관계에서도 자신의 익숙한 패턴을 반복하게 되었다고 말했다. "티파니는 절 신뢰하지 않고 도움을 바라지 않았어요. 그래서 내쳐진 기분이었고 쓸모가 없다는 생각이 자주 들었습니다."

초기 상담에서 리나는 성인 애착 면접, 그리고 티파니, 에드거와 추가로 나눈 대화를 기반으로 하여 결론을 냈다. 티파니의 애착 유형은 불안형이고 에드거는 회피형이었다. "물론 스펙트럼 위에 있죠. 한 가지 특징만 존재하는 건 아니에요. 하지만 종합해보면 그들의 애착 유형은 불안과 회피였습니다."

티파니와 에드거는 가장 무섭다는 불안-회피의 덫에 빠진 것이다. 리나는 설명한다. "회피형에게 관계와 친밀감은 위험한 거죠. 하지만 회피형이 도망갈수록 불안형은 더 쫓아가죠. 그래서 불안-회피의 덫에 빠지는 거고요." (이 유형의 커플은 5장에서 자세히 설명했다.)

리나는 상담하러 오는 부부 중에 불안정 애착이 다수라는 사실을 거듭 확인할 수 있었다. "때때로 둘 중 한 명이 어느 정도 안정 애착인 경우도 있는데 그러면 관계 개선에 큰 도움이 되죠. 하지만 그래도 '완벽하게' 안정 애착인 내담자는 아직까지 한 번도 못 만나봤어요. 만약 그렇다면 무엇이 되었건 문제를 그렇게 오래 끌지도 않았을 테고 상담실까지 찾아오지 않았을 가능성이 높거든요."

내담자 중 불안-회피 조합인 부부는 흔한 편이다. 둘 다 불안형인 경우도 있고 한쪽은 불안, 한쪽은 혼란형인 때도 있다. 둘 다 회피형인 부부는 아직까지 만나지 못했다고 한다.

초기 상담에서 리나는 불안형과 회피형의 특징이 부부 관계에서 어떤 식으로 발현되는지를 탐색한다. 불안한 사람은 배우자를 절실하게 필요로 하면서도 자신의 욕구가 충족되리라고 믿지 못한다. 이런 마음이 상대를 비난하고 항의하는 행동을 촉발할 수도 있다. "당신은 나를 지켜주지 않을 거야. 결국 또다시 날 실망시킬 거야!" 혹은 극단적인 자기 신뢰로 나타나기도 하는데 이는 자기 방어의 다른 표현일 뿐이다. 불안한 사람들은 겉으로는 파트너를 비난하지만 내적으로는 친밀함과 유대감을 갈망한다.

한편 회피형은 관계에서 자신의 욕구를 어떻게 충족해야 하는지 파악하지 못한다. 배우자에게 다가가기보다 물러나버린다. 가끔은 물러나기 위한 방법으로, 즉 관계에서 빠져나가기 위해 외도를 저지르기도 한다.

반대로 불안형이 외도를 할 때는 파트너를 통해 자신의 욕구를 충족하려고 노력했으나 실패하고 지쳤다고 느끼는 데에서 비롯된다. "이들을 '소진된 추적자'라고 부르죠." 리나가 설명했다.

위험 요소

이 첫 단계에서, 특히 개인 상담 시간에 치료사는 부부 중 한 명이 정서 중심 치료를 불가능하게 하는 행동을 지속하고 있음을 발견하기도 한다. 이를테면 약물 남용이라든가 가정 폭력이나 반복되는 외도 등이다. (일부 전문가들은 정서 중심 치료가 이렇게 가장 까다로운 사례를 제외했기 때문에 성공 확률이 부풀려진 것이라 주장하기도 한다.)

리나가 판단하기에 이 부부의 경우는 에드거의 외도가 결정적 위험 요소는 아니었다. "둘 다 그 사건이 끝났다고 말했어요. 티파니는 의심하지 않는다고 했죠."

애착의 관점에서 보면 티파니가 아니라 에드거가 외도를 했다는 건 놀랍지 않다. **커플 중에도 보통은 회피형 파트너가 관계에 충실하지 못하다.**

안정 애착이나 불안 애착 파트너와 비교한다면 회피형은 "중요한 관계에 헌신하는 정도가 낮다."[18] 따라서 바람을 피울 가능성이 높다. 또한 현재 짝이 있는 사람을 그런 사실을 알면서도 유혹하는 이른바 '배우자 밀렵'을 그리 부정적으로 보지 않는다.

한편 폭력적인 행동은 불안형 파트너에게서 자주 나타난다. 친밀감을 갈망하는 불안형은 대상과 분리될 수 있다는 스트레스가 있을 때, 특히 이 분리가 영구적일 수 있다는 두려움을 느낄 때 충동적으로 적의를 보일 수 있다. 볼비는 이를 '공포로 인한 분노'라고 했다.[19]

왜 친밀감을 갈구하는 사람이 친밀감을 더 떨어뜨리는 폭력을 저지를까? 확실히 여러 연구에 따르면 로맨틱한 관계에서 일어나는 폭력은 불안 애착인 파트너에게서 비롯될 확률이 매우 높았다. 필립 셰이버와 마리오 미컬린서는 이렇게 말했다. "애착의 관점에서 커플 사이의 폭력은 파트너의 부재와 관심 부족에 대한 극단적인 저항이라 할 수 있다."[20]

(이 같은 셰이버와 미컬린서의 주장에 대해 다른 연구자들은 '흔한 커플 간 폭력common couple violence'의 경우에는 맞는 말이지만 구타 같은 더 극단적인 폭력에는 해당하지 않을 것이라고 지적한다. 흔한 커플 간 폭력이란 자제력을 잃고 격렬해지는 싸움에서 한 번 혹은 많아야 두 번까지 폭력이 행사되는 경우를 가리킨다.)

티파니와 에드거 사이에 폭력 문제는 없었기에 리나는 상담을 계속 진행하기로 했다.

관계 치료 2기 _ 애착의 상처 치유하기

정서 중심 치료 중에 두 사람은 각각 상대의 행동 때문에 언제 두려움, 슬픔, 외로움 같은 감정들을 느꼈는지 말하고 이 감정을 느낄 때 무엇이 필요한지 표현한다. 이것이 바로 애착 상처 치유의 시작이다.

예를 들어 외도 문제가 있는 경우에 치료사는 배신당한 파트너의 감정과 그 감정을 치유하는 데 무엇이 필요한지 이해하려 노력한다. 또 바람을 피운 파트너의 감정과 그러한 행동의 원인이 무엇인지도 이해하려 한다. 또한 방황했던 파트너의 감정과 행동의 이유가 무엇인지 이해하려 한다. "그 행동을 용납하는 게 아닙니다. 왜 그 일이 일어났는지를 이해하는 거죠. 절대 괜찮다고 말하는 건 아닙니다." 리나는 강조했다.

2기의 첫 단계를 '도망자 재개입(withdrawer reengagement)'이라고 부른다. 이 부부의 경우에 리나는 에드거에게 이렇게 물었다. "티파니와 갈등이 심할 때 자신에 대해 좋지 않은 감정이 들 텐데요. 그때 어떤 기분이 드나요?" 리나는 에드거에게 그 기분을 티파니에게 전달하라고 했다. 그중에는 아내가 안아주었으면 좋겠다고 느낀다는 문장도 있었다.

다음으로 리나는 티파니에게 아무도 믿을 수 없다고 느낄 때와 모든 짐을 혼자 지고 있다고 느낄 때 어떤 기분인지 물었다. 티파니는 그 감정을 에드거에게 설명하고 그 순간에 무엇을 원하는지도 말했다. 또한 티파니에게 에드거의 외도가 얼마나 나쁜 일이었고 어떻게 느꼈는지도 묘사하게 했다. 에드거는 티파니의 말을 듣고 진심으로 사과했고 부부 사이의 단절이 외도로 이어졌다고 말할 수 있었다. 또 그는 상담 과정 중에 크게 변했으며 다시는 그런 일이 없을 것이라고 약속했다.

이 상담 치료 중에 티파니 할머니의 병환이 깊어졌고 티파니는 마지막까지 할머니를 돌봐야 했다. 안타까운 일이었지만 티파니와 에드거가 정서 중심 치료 시간에 배운 것을 실천해볼 수 있는 좋은 기회가 되기도 했다. "리나는 계속 에드거와 제가 이 관계에서 서로를 얼마나 감정적으로 필요로 하는지에 집중했어요. 너무도 새로웠죠. 전에는 제가 이 사람을 얼마나 의지하는지 몰랐거든요. 할머니가 많이 아프시고 비로소 정말 힘들 때는 에드거를 믿고 의지할 수 있다는 것을 알게 되었죠."

"얼마 후 할머니가 돌아가시고 에드거가 절 안아줄 때 가만히 있었습니다. 리나의 상담 덕분에 제가 전에는 이런 위로를 제 삶에 들이지 않았다는 걸 깨달았죠. 언제나 이런 상황을, 그리고 에드거를 밀어냈거든요. 사실 이러다 저를 떠날까 봐 두려워서였어요. 그게 제 인생의 패턴이었으니까요."

에드거는 그날을 이렇게 기억했다. "티파니 할머니가 돌아가셨을 때 티파니를 위로해줄 수 있었어요. 저를 받아들이고 저를 자기 삶의 일부로 받아줬다는 느낌이 왔습니다. 아내를 안정시켜주고 안아줄 수도 있었죠. 마지막엔 아내도 저를 안아주었습니다."

관계 치료 3기_ 굳히기와 통합하기

부부가 다시 부정적인 순환에 빠지게 될 위험은 상담이 끝난 후에
도 언제나 있다. 따라서 정서 중심 치료의 마지막 단계에서 치료사는
부부에게 다른 '대화법'을 이용해 부정적인 패턴에서 벗어날 수 있도
록 돕는다. 예컨대 상처받거나 실망했을 때 이차적 감정인 "나 화났
어"라고 말하기보다는 그 밑에 깔린 감정을 표현하는 것이다. 즉 '두
려워, 슬퍼, 혼자가 된 느낌이야, 당신이 그리워'라고 말하는 것이다.
물론 이런 말이 입에서 나오기 힘들 수 있지만 부정적인 패턴을 해체
하기에는 가장 효과가 좋다.

티파니는 에드거와 진행한 마지막 정서 중심 치료 시간을 떠올렸
다. "리나가 물었어요. '그래서 오늘은 무슨 이야기를 하고 싶나요?'
제가 말했죠. '우리는 많이 좋아진 것 같아요. 이제 종료해도 될 듯해
요.'"

"리나 덕분에 왜 자꾸 갈등과 싸움이 생기는지 알게 되었죠. 처음
부터 끝까지 하나씩 분석해주었습니다." 에드거가 그날을 떠올리며
말했다.

"이제는 서로 훨씬 잘 소통하고 있습니다." 티파니가 말했다.

리나는 이 부부에게 크게 감동했다고 한다. "이 상담 과정을 진지
하게 받아들였고 자기 내면을 털어놓는 위험을 감수하면서 효과를
거뒀죠. 사랑스러운 부부예요. 같이 상담하던 반년 동안 부부가 극적
으로 변하는 모습을 지켜볼 수 있었습니다. 빠지지 않고 상담을 받았
고 용기를 냈죠. 부부가 계속해서 성장하고 서로 단단히 이어져 있기

를 바랍니다."

정서 중심 치료에 대해 인지하고, 리나 버나드와 함께 티파니와 에드거의 바람직한 사례를 목격한 후, 이 치료법이 더욱 폭넓게 대중적으로 적용되면 수천 쌍의 부부와 가정에 어떤 영향을 미치게 될지 궁금했다. 자신의 애착 욕구를 알고 분노, 상처, 불신 밑에 깔린 감정을 표현하고 서로를 용서하는 부부가 많아지면 그만큼 더 많은 아이들이 좀 더 안정되고 사랑이 넘치는 가정에서 자랄 수 있지 않을까?

티파니와 에드거를 트러스트 커피하우스에서 만나고 1년이 지난 후에 이메일로 근황을 물었다. 티파니에게서 답장이 왔다. "작년 12월에 아들이 태어났어요. 이름은 루카스고요. 7개월 되었네요. 그래서 지금은 매 순간 바쁩니다! 선생님을 마지막으로 만나고 나서도 최선을 다해 노력했고요. 아기가 우리를 하나로 이어주기도 했어요."

티파니는 임신 중 오랜 시간 침대에서 안정을 취해야 했기에 부모님 집에서 몇 개월 더 살면서 도움을 받았다. "부모님이 무척 잘해주시긴 했지만 같이 사는 건 역시 무리더라고요. 그래도 리나의 상담에서 많이 배웠기 때문에 그 시간을 견딜 수 있었습니다. 최근에 우리만의 집으로 이사를 했고 훨씬 행복해요."

티파니 메일의 마지막 문장이다. "너무나 고마운 리나 선생님에게 한 번도 연락을 못했네요. 그런데 그분에게도 무소식이 희소식일 것이라고 생각하려 합니다."

8장

나의 친구, 나의 안전 기지

애착과 친구 관계

아파트 복도를 가로질러 이웃집 문 앞에서 나는 잠시 머뭇거리다
문을 두드렸다. 새 이웃이 이사를 왔으니 인사를 건네야겠다고 생각
했다. 개 짖는 소리가 먼저 들리고 문이 살짝 열리더니 한 여성이 큰
소리로 말했다. "치프, 조용히!" 문이 약간 더 열렸고 그제야 새 이웃
의 얼굴이 보였다. 20대 중반의 긴 갈색 머리에 온화한 미소를 가진
여성이었다. 여성은 고개를 약간 이상한 각도로 기울이고 있었는데
목 보조기를 하고 있었다.

이웃은 나를 집으로 초대했다.

새 이웃인 젠의 아파트는 워싱턴 D.C.에 거주하는 젊은 전문직 종
사자의 집이라고 할 때 우리가 흔히 기대하는 모습과는 사뭇 달랐다.
학위 수여증이나 캠페인 포스터나 정치인과 함께 찍은 사진 따위는
없었다. 가구는 소박했고 전체적으로 아늑했다. 가족 사진 액자들이

많았고 쿠션, 담요와 개 장난감들이 곳곳에 흩어져 있었다.

부엌에 걸린 액자의 글귀는 내 젊은 이웃의 현재 상황을 알려주는 힌트가 될 만했다. "인생이 라임을 던져주면 테킬라를 부어라."* 대화를 하면서 젠이 최근에 그다지 원하지 않았던 라임을 생각보다 많이 받게 되었다는 사실을 알게 되었다. (사생활 보호의 이유로 젠은 성을 밝히지 말아 달라고 부탁했다.)

넉 달 전, 젠은 스물다섯 살 생일에 교통사고를 당했다. 엄마와 언니를 태우고 워싱턴 D.C. 시내를 달리다 빨간불에 차를 세웠는데 뒤에 오던 차가 그대로 와서 받아버린 것이다. 엄마와 언니는 무사했지만 젠은 "하필 그 순간 고개를 돌리는 바람에" 목과 머리에 경상을 입었고 뇌진탕을 일으켰다고 했다. 바로 구급차에 실려 병원으로 이송되었다.

이 교통사고는 짧고 불행했던 결혼이 갑자기 끝난 지 1년도 안 되었을 때 일어났다.

당연히 육체적, 정신적 고통이 따랐지만 젠은 씩씩하게 버티고 있는 듯 보였다. 목과 머리 부상 때문에 쉽게 피로해지고 때로는 다리 힘이 빠지기도 한다. 샤워하다가 쓰러진 적도 있다고 했다. 나도 그녀가 엘리베이터를 타다 넘어져 뜨거운 커피를 쏟는 장면을 본 적이 있다. 하지만 젠은 매일 같은 시간에 일어나 옷을 챙겨 입고 병원에 가서 신경과 전문의, 신경 검안사, 척추 지압사, 물리 치료사 들을 번갈아 만나 치료를 받았다. 그리고 매일 날씨에 상관없이 30킬로그램

---

* 시련이 닥쳐도 긍정적인 면에 집중하고 시련을 기회로 삼으라는 뜻으로 쓰이는 말.

이나 나가는 검은색 래브라도레트리버 치프를 산책시켰다.

아마 최근에 이혼을 한 젊은이가 겪기에는 벅찬 상황이었을 것이다. 젠의 가족은 서로 가깝고 힘이 되는 듯했다. 엄마, 아빠, 이모가 자주 돌아가면서 밤새 함께 있어주곤 했다. 하지만 젠이 난관을 극복하는 과정에서 친구들은 어떤 역할을 해주는지 문득 궁금해졌다. 해리 리스 교수와 나누었던 대화가 떠올랐기 때문이었다.

"결혼하거나 연인이 있는 사람만 애착 관계가 있는 것처럼 말하는 연구자들도 있죠. 하지만 세상에는 비혼인 사람들도 굉장히 많은데 그런 이들도 안전 기지나 안전한 피난처 없이 세상을 살아가는 건 아닙니다. 그럼 그들은 자신의 애착 욕구를 어떻게 채우고 있을까요?"

해리 리스는 그런 경우에는 대체로 친한 친구와 애착 관계를 형성한다고 말했다.

그의 이야기에서 요점은 모든 친구 사이가 완전한 애착 관계가 될 수는 없지만 많이 친하고 서로 도움을 주는 오래된 친구는 애착 욕구를 적어도 부분적으로는 채워준다는 것이었다.

알고 보니 내 이웃은 바로 그런 점에서 친구 복이 있는 사람이었다.

나는 젠의 친구 루시를 젠의 거실 액자 사진에서 처음 보았다. 몇 년 전 둘 다 마냥 어리고 해맑던 시절에 찍은 사진이었다. 루시의 팔이 젠의 어깨에 드리워져 있었다. 두 사람은 카메라를 보며 서로 머리를 맞댄 채 웃고 있었다. "제 친구 예쁘죠. 빨간 머리가 얼마나 매력적인데요. 주근깨 때문에 더 귀엽죠." 젠은 친구 루시에 대해 칭찬밖에 할 말이 없었다.

두 친구는 워싱턴 D.C. 교외인 메릴랜드주 베세즈다에서 자랐고 다른 학교를 다니다가 고등학교 2학년 여름 방학 때 적십자회에서 육군 병원 자원 봉사를 하다 처음 만났다.

그들은 기본적으로 간호사 보조 역할을 했는데 기부받은 비디오 게임이나 팔이나 다리를 잃은 환자들을 위한 옷이 가득한 창고를 정리하는 일도 했다.

"환자 가족들도 만나서 친해지기도 했고요. 환자들을 돌보기도 했어요. 저희가 돌보던 환자들이 돌아가시기도 했죠. 열일곱 살 소녀들에게는 잊을 수 없는 경험이었죠."

환자와 병원 직원들은 언제나 같이 붙어 다니는 둘을 보고 "세련된 멋쟁이와 우아한 모범생"이라고 부르곤 했다.

"누가 세련 쪽이에요?" 내가 물었다.

"아무래도 저 같아요. 루시는 모범생인 편이죠. 늘 차분하고 단정했어요. 리본이나 레이스 달린 옷을 많이 입었더랬죠. 저는 주로 스웨트셔츠에 청바지를 입었고요."

이들은 졸업반이 되어서도 계속 자원 봉사를 했다. "저희 삶의 일부가 되었어요." 두 사람은 그 병원 자원 봉사 프로그램을 직접 맡아 운영하기도 했다.

젠은 고등학교를 졸업하고 메릴랜드주에 있는 대학으로 진학했고 루시는 로드아일랜드주에 있는 대학으로 떠났지만 두 사람은 항상 연락하고 자주 만났으며 방학이나 휴가를 함께 보내기도 했다. 젠이 애리조나주의 할머니 댁에 갈 때도 루시가 동행했다. "루시는 우리 가족이나 마찬가지예요."

젠의 결혼식 사진에서 루시는 샴페인 골드 색의 스팽글 드레스를 입고 다른 들러리들과 함께 섰다. 피로연에서 루시는 젠의 가족들과 같은 테이블에 앉았다.

"루시는 제가 만난 사람들 중에 가장 착하고 가장 따뜻하고 마음이 넉넉하고 주변을 잘 챙기는 사람이에요. 인생의 다른 시기에 만나 친해진 친구들도 있었지만 루시는 꾸준히 제 절친이었죠." 젠이 말했다.

"어제 문자 보냈는데 다음 주에 여기 온다고 하네요."

루시는 뉴욕에서 온라인 잡지 마케팅 일을 하고 있다. 전화나 문자는 여전히 자주 주고받지만 최근 몇 달 동안은 얼굴을 보지 못했다.

내가 이 둘의 만남을 관찰해도 될까? 젠에게 부탁해보았다.

"그럼요, 우리가 야단법석 떠는 걸 참으실 수만 있다면요."

청소년기의 애착 대상 변화

젠이 십 대 때 루시라는 자신의 애착 욕구 일부를 채워줄 수 있는 친구를 찾았다는 건 많은 연구자들이 밝힌 패턴과도 일치한다. 중학교 때 사춘기가 급격히 진행되면서 청소년들의 애착 대상이 부모에게서 동성 친구에게로 옮겨 간다.[1] 최초로 옮겨 가는 애착 욕구는 주로 '근접성 추구'의 욕구인데 이것은 친구를 물리적으로 곁에 두고 싶어 하는 욕구이기도 하고, 시시콜콜한 이야기부터 깊은 대화까지 나누는 밀접한 소통을 바라는 욕구이기도 하다. 십 대 후반이나 이십 대 초반에 한 번 더 욕구 대상 전환이 일어나는데 이는 '안전한 피난처'를 찾기 위해서다. 고민이 생겼을 때 믿을 수 있는 친구에게 기대어 위안과 응원을 받고자 하는 것이다.

그러나 여러 연구에서 안전 기지, 즉 넓은 세상으로 나가 탐험할 자신감을 주는 흔들리지 않은 지지대는 성인이 되어 연인이나 배우자를 갖게 될 때까지 전환되지 않는 경우가 많다고 한다. 어떤 사람들은 결혼 후에도 부모를 안전 기지로 삼아 성인기를 보내기도 한다.

사람들이 자신의 삶에서 누가 이 욕구를 채워주는지 알아내는 것을 도와주기 위해 코넬대학의 신디 헤이선은 WHOTO 척도라고 알려진 것을 개발했다.[2] 스트레스를 받거나 위기에 처했을 때 누구를 먼저 찾는지 드러내는 질문지다. 예를 들어 근접성 추구 욕구와 관련된 질문은 이것이다. "멀어지는 게 가장 힘든 사람은 누구인가?" 안전한 피난처 욕구와 관련된 질문도 있다. "근심 걱정이 있을 때 털어놓고 이야기하고 싶은 사람은 누구인가?" 안전 기지 기능에 관련된 질문도 있다. "당신을 위해 언제나 그 자리에 있는 사람은 누구인가?" "당신의 성공을 함께 기뻐할 사람은 누구인가?"

친한 친구가 애착 욕구를 일부 채워줄 수는 있지만 청소년기나 청년기 우정이 진정한 애착 관계가 되는 경우는 그리 흔치 않다. 진정한 애착 관계가 되려면 우정이 애착의 핵심 기능을 충족해줄 필요가 있다. 안전 기지가 되어주어야 하고, 친구와 잠재적 이별 앞에서 감정적으로 불안해지는 '분리에 대한 저항'도 나타나야 한다. 심리학자 윈돌 퍼먼은 다음과 같이 지적했다.

친구와 관계에서 근접성을 추구하는 이들은 친구를 안전한 피난처로 삼기도 한다. 하지만 대부분의 친구는 세상을 탐험하다 다시 돌아갈 수 있는 안전 기지의 역할은 하지 못하는 것으로 보이며, 일반적으로 사람들은 친구와 비자발적으로 분리된다 해도 크게 저항하지 않는다.[3]

그러나 어떤 우정은 애착에 관련된 모든 욕구를 채워줄 수 있다. 성인기의 형제자매나 노년기 친구 관계에서 자주 볼 수 있듯이 어떤 우정은 진정한 애착 관계의 수준까지 높아진다.

진정한 애착 관계가 된 친구들

젠이 처음으로 루시를 안전한 피난처로 의지하게 된 계기는 아마도 첫 결혼의 실패 즈음이었을 것이다.

"루시에게 수십 번 전화해서 울고불고했죠. 그때마다 제 이야기를 다 들어줬어요. 가끔은 똑같은 이야기를 백만 번쯤 해야 진정이 될 때도 있잖아요. 루시는 완벽한 청자였어요. 정말 아무나 할 수 있는 일은 아니잖아요. 절대 판단하지 않고 감정을 받아주는 거요. '그래, 너 많이 아팠겠다' '힘든 것도 당연해' 항상 이렇게 반응해줬죠."

"너무 어린 나이였기 때문에 이혼의 아픔을 이해할 수 있는 친구가 많지 않았어요. 하지만 루시는 알아줬죠." 젠이 말한다.

"이혼까지 이르는 감정이 얼마나 복잡한지 이해한 거죠. 어느 날은 이래요. '나 이 사람이랑 헤어져야겠어.' 그러다가 바로 다음 날 달라지죠. '그래도 이렇게까지 노력했는데 여기서 끝낼 순 없어.' 어떤 말을 하건 루시는 들어주고 지지해줬어요. 적절한 조언도 해주었고요. 제겐 가장 든든한 지지자였어요."

"남편을 내보낸 다음에 루시 집에 가서 며칠 같이 지내기도 했어요." 젠이 워싱턴 D.C.로 돌아온 다음에는 전화, 문자, 페이스타임으로 연락하고 계속 서로 집을 오갔다.

결혼 10개월 만에 젠은 이혼 절차를 마무리지었다.

연구에 따르면 우정의 질과 안정성은 양쪽의 애착 유형과 이 두 유형이 어떻게 어우러지는지에 영향을 받는다. 한 사람의 애착 역사가 친한 친구의 수와 친구 사이 친밀감과 안정성에도 큰 영향을 준다는 것이 확실히 드러났다.

연인 관계에서와 마찬가지로 안정 애착 유형인 사람들은 친구를 사귀고 우정을 유지하는 데 가장 능숙하다. 우정이란 결국 친밀한 관계이고 따라서 양육자-영유아 경험을 기반으로 형성된 관계의 '심성 모형'에 영향을 받을 수밖에 없다.

그 영향은 초등학교 때부터 뚜렷이 나타난다. 세계적인 심리학자이며 초기 애착 관계 전문가인 앨런 스루프에 따르면 "유아기 애착 안정성은 모든 연령에서 또래 집단 사이 적응력의 예측 변수이며" 이후 우정의 질을 예측하는 요소가 된다.[4] 한편 불안정 애착인 아이는 이후 "또래 관계에서 어려움을 더 많이 겪을 수 있다."[5]

안정 애착은 친구를 사귀고 우정을 지키는 데 많은 점에서 유리하다. 여러 연구에서 밝혀진 바에 따르면 안정 애착인 친구는 불안정 애착인 친구보다 더 기꺼이 자신을 드러낼 의향이 있고(하지만 적절한 수준에서 한다) 정서적 친밀감에 익숙하다. 상대를 신뢰하고 상대에게 신뢰받으며, 우정에 더 헌신적이고 친구들과 더 편안하고 안정적으로 교류한다. 갈등 해결 능력이 뛰어나고 전반적으로 우정에 더 만족

스러움을 느낀다.[6]

불안 애착의 경우는 어떨까? 이들도 친구에게 시간과 에너지를 투자하고 헌신적이며 쉽게 자신을 드러낸다. 가끔은 과도하게 드러내기도 한다. 하지만 친밀함에 대한 강한 욕구를 채워주지 못하는 친구에게는 그의 단점을 찾으면서 우정이 끝나는 경우도 많다. 불안이 아주 높은 경우에는 버려짐에 대한 두려움 때문에 친구를 압박해 그의 의지나 능력에 비해 더 많은 헌신을 요구하면서 친구를 밀어내는 결과를 낳기도 한다.[7]

반면 회피 애착은 독립과 자립에 대한 욕구가 강해 자신을 드러내지 않고 우정에서 친밀감을 찾는 것은 큰 보답이 없다고 느끼며 친구들과 갈등을 일으킬 가능성도 높다. 17세부터 56세까지 120쌍의 동성 친구들을 대상으로 조사한 결과, 회피 성향이 높은 사람들은 타인에게 헌신하거나 투자하지 않으며 친구 관계에 만족할 확률도 낮았다.[8]

아직 루시를 만나보지는 못했지만 젠이 위기를 겪을 때 루시가 얼마나 사려 깊고 한결같이 친구 곁을 지켰는지 들으며 루시가 안정 애착일 거라는 인상을 받았다.

이틀 후 젠은 함께 치프를 산책시키자며 나를 초대했다.

"목줄!" 젠이 아파트에서 나갈 준비를 하자 치프는 착실하게 목줄을 물고 왔다.

젠은 목 보조기를 드디어 뺀 상태였다. 짙은 갈색 머리를 하나로 묶어 올린 다음에 머리에 스카프를 감았고 사고 때문에 빛에 예민해진 눈을 보호하기 위하여 크고 둥근 귀갑테(바다거북 등껍질로 만든 테) 선글라스를 썼다. 이 액세서리들은 회복을 위한 것들이었지만 올림머리나 스카프, 오버사이즈 선글라스를 한 모습은 무척이나 패셔너블했고 영화 〈티파니에서 아침을〉의 젊고 우아했던 오드리 헵번을 연상시키기도 했다. 몇 년 전에는 젠이 세련되고 대담한 편에 속했고 루시는 고전적이고 우아한 스타일이라고 했지만 우리가 워싱턴 D.C. 시내의 대시관과 고급 맨션 사이를 걷던 오후에는 젠 또한 상당히 고전적인 스타일의 여성처럼 보였다.

우리는 같이 한 블록을 걸어가다가 알렉산더 그레이엄 벨의 자택이라는 명판이 달린 웅장한 건물 앞 작은 잔디밭 근처에서 멈췄다.

"치프, 빨리 끝내자!" 젠이 말했고 치프는 정말로 그렇게 했다.

젠은 비닐 봉투에 치프의 배설물을 넣었다.

덩치가 큰 개치고 치프는 놀라울 정도로 순종적이고 유순했다.

젠은 원래 지역 비영리 단체에서 장애를 입은 재향군인을 보조하는 개로 치프를 키우고 훈련시켰다. 하지만 너무 많이 짖는 바람에 마지막 시험에서 떨어졌고 젠이 입양하게 되었다.

"그런데 결국 치프가 젠을 도와주게 되다니 아이러니하네요." 내가 말했다.

"맞아요. 다들 그 말 해요. 이유가 있어서 시험에 떨어졌을 거라고요."

걸으면서 보니 이십 대와 삼십 대의 반 정도가 스마트폰을 들여다보면서 가고 있었다. 소셜 미디어의 '친구'들을 확인하고 있는 것일지도 몰랐다. 그 모습을 보니 최근에 보았던, 각각 다른 애착 유형인 사람들이 온라인과 오프라인에서 느끼는 우정의 만족도를 비교한 조사가 떠올랐다.[9] 딱 한 차례 이루어진 조사였지만 모든 애착 유형을 아울러 설명하고 있어 흥미로웠다. 대부분의 사람들은 온라인 친구보다 오프라인 친구에게 훨씬 더 만족했다. 딱 한 집단만 예외였는데 바로 불안 유형이었다. 이 조사에서 불안형은 오프라인과 온라인 친구들에 대한 만족도가 크게 다르지 않았다. 두 부류의 친구들 모두에게 동일하게 불만족스러워했다. 불안형이 관계를 불만족스러워하는 이유는 그들이 갈망하는 강렬한 친밀감과 헌신에 대해 친구들이 화답해주지 않아 불만과 좌절을 느끼기 때문인데 이런 불만 요인은 온라인 우정에도 그대로 적용되었다.

젠은 산책 중에 루시가 언제 올 계획인지 알려주었다. 루시가 내일 워싱턴에 오는 것은 확실하지만 정확히 언제 어디서 만날지는 정하지 않았다고 했다. 나는 동행할 수 있다면 언제든 좋다고 말했다.

젠의 앞선 설명을 참고해보면 루시는 분명 근접성 추구라는 애착의 기능을 수행하고 있었고(친구와 가까이 있거나 적어도 자주 소통함), 젠이 별거하고 이혼 절차를 밟는 동안에는 안전한 피난처의 기능을 했다(안정과 지지를 제공해주는 믿음직한 친구). 나는 최근 젠의 자동차 사고 이후에도 루시가 그와 같은 애착의 기능을 충족해줄 수 있었는지 궁금했다. 사고 당시 루시는 뉴욕에 살고 있었고 사고 이후에 젠은 뇌진탕 때문에라도 전화 통화를 하거나 인터넷을 오래 하기는 힘들었을 것 같아서였다. 당연히 여행은 불가능했다.

"루시는 처음에는 제가 사고를 당했는지 몰랐죠. 하지만 엄마가 루시에게 문자를 보내셨더라고요. 며칠 후에 루시가 문병 왔죠." 젠이 말했다.

그렇다면 근접성 추구는 충족되었다. 그러나 안전한 피난처는? 같은 공간에 있을 때 루시는 젠에게 어떤 안정과 지지를 제공해줄 수 있었을까?

"저를 목욕시켜줬어요." 젠이 말했다.

"목욕을 시켜줬다고요?" 내가 물었다.

"네. 루시가 병원에 있었고, 저는 하루 종일 정맥 주사를 꽂고 있어서 혼자 샤워를 할 수 없었거든요. 그래서 루시랑 같이 샤워실에 들어갔어요. 루시가 소매를 걷고 머리를 감겨줬고요. 샤워 타월로 몸도 닦아줬죠. 그리고 머리를 말리고는 땋아주기도 했네요."

내가 들었던 안전한 피난처를 묘사하는 말 중에 가장 아름다웠다.

"전혀 이상하거나 창피하지 않았어요. 그런 상황에서 저를 믿고 맡길 사람은 루시뿐이니까요. 성인 여성이 절친을 둔다는 건 바로 이런 거랍니다." 젠이 말했다.

젠과 나는 치프를 데리고 동네 한 바퀴를 더 돌았다. 젠이 최근에 여러 가지 불운한 일을 겪긴 했지만 여러 면에서 운이 좋은 젊은 여성이라는 생각이 들었다.

친구가 불안정 애착 유형이라면

그날 오후에 젠과 치프와 헤어지고 젠이 루시에 대해 한 모든 말을 떠올려보았다. 절친 루시는 확실히 안정 애착의 축복을 받은 사람 같아 보였다.

하지만 이들의 우정이 이렇게 흘러가지 않을 수도 있었다. 젠과 루시는 병원 자원 봉사자로 우연히 만났다. 처음에는 빠르게 친해졌다 하더라도 만약 루시가 안정적이지 않고 고도로 불안하거나 회피하는 사람이었다면 어떤 일이 벌어졌을까?

친구가 불안정 애착일 때 우정을 가꾸고 키워 갈 수 있는 가장 좋은 방법은 무엇일까?

"불안정한 친구가 방어적으로 나와도 한결같이 대하는 거죠." 해리 리스는 이렇게 조언했다. 바꿔 말하면, 친구가 불안형이라면 자주 그에게 내가 항상 곁에 있어 줄 거라는 확신을 주는 것이다. 만약 친구가 회피형이라면 친밀감을 너무 강요하지 말고 약간 거리를 두는 편이 좋다.

이렇게 한쪽이 이해하고 희생하는 방식은 시간이 지날수록 지칠 수 있다. 노력하는 사람 입장에서 보면 앞으로도 여전히 친밀하고 안정적인 동반자가 될 수 없는 친구와 남겨지는 것이기 때문이다. 최근 발표된 한 획기적인 연구는 불안정한 친구, 특히 심하게 회피형인 친구를 대하는 효과적인 방법을 제시한다.

뉴질랜드대학의 연구자들은 다음과 같이 주장한다. "고도로 회피적인 사람들이라 해도 돌봄과 지지를 원치 않거나 필요로 하지 않는 것은 아니다. 당연히 원한다. 하지만 그들은 파트너에게 의지하려 손을 뻗었을 때 오히려 방치되고 상처받을까 봐 자신을 보호하려는 것이다."[10]

이 연구는 연인 관계를 다루고 있지만 우정에도 적용된다. 회피형에게 **적당한 수준의** 지지는 의존에 대한 두려움을 야기하는 데 그칠 수도 있다. 하지만 **매우 높은 수준의** 지지는 회피형이 자신의 방어막을 깨고 친구에게 긍정적으로 반응하도록 만든다.

모든 종류의 지지가 효과를 보이는 건 아니다. **감정적인** 지지, 예를 들어 사랑을 표현하거나 이해하고 공감한다고 말을 하는 건 회피형에게 큰 도움이 되지 못한다. 그러나 회피형에게 **실질적인** 도움을 지속적으로 줄 때, 즉 정보를 제공해준다거나 구체적인 행동을 보여준다거나 문제의 해답을 알려줄 때는 그들의 방어벽이 무너질 수 있다.

따라서 만약 친구가 회피형이라면 속마음을 얼른 터놓아 달라고 요구하거나 자주 만나자고 하기보다는 충분한 여지를 주는 편이 좋다. 그 친구와 더 가깝고 친밀한 관계를 바란다면 실질적인 방식으로 도움이 되려고 해보자. 정보 제공, 조언, 문제 해결 같은 도움을 주는 것이다. 시간이 흐르고 그런 행동들이 쌓이면 충분히 그 방어벽을 무너뜨릴 수 있고 친구가 마음을 열게 만들 수 있으며 친밀한 우정을 나눌 수 있다.

안타깝게도 회피형에게 효과적인 높은 수준의 지지가 불안형 친구에게는 효과가 없어 보인다. 연구자들은 고도로 불안한 사람이 지닌 "친밀함과 돌봄에 대한 만족을 모르는 욕구"[11]는 훨씬 높은 수준의 감정적, 실질적 지지를 제공한다 해도 충족하기 어렵다는 것을 발견했다. 실제로 불안한 사람들은 툭하면 타인의 돌봄을 자신의 무능력을 보여주는 증거라고 해석하는데, 그로 인해 자기 자신을 부정적으로 보고 심지어 분노하거나 방어적으로 나오기도 한다. 연구자들은 "불안이 높은 사람들은 지지를 갈망하면서도 막상 그런 지지를 받았을 때 고마워하거나 그로 인해 마음의 안정을 얻는 경우가 드물다"[12] 고 말한다.

따라서 불안한 친구와 친해지는 가장 좋은 방법은 언제나 곁에 있고 마음을 다할 것이라고 지속적으로 확신을 주는 것이다. 하지만 해리 리스 교수는 불안이 높은 사람은 확신을 얻고자 하는 욕구가 "너무 강하기에 근본적으로 충족시키기가 어렵다"고 경고한다. 게다가 어떤 불안형들은 "관계를 지키고 싶은 마음이 너무나 간절한 나머지 시간이 지나면서 자신이 의존하고 있다는 사실과 관계 자체에 분노하게 되어 먼저 멀어지거나 이별을 유도할 수도 있다." 어쩌면 불안형 친구의 주기적인 감정 표출을 무시하는 것 또한 좋은 전략이 될 수 있다. 불안형의 감정 폭발은 일시적일 때가 많다.[13]

"루시가 지금 조지타운의 닉스 레스토랑에 있다고 하는데 같이 걸어가실래요?" 다음 날 오후에 젠에게 문자가 왔다.

젠은 마침 집에 놀러온 친구와 같이 루시를 만나기로 했다고 했다. 치프도 데려가기로 했고 나에게도 얼마든지 오라고 했다.

워싱턴 하버까지 걸어가느라 워싱턴 D.C. 시내를 통과해야 했다. 건설 현장을 지나치다가 젠은 순간적으로 균형을 잃었다. 젠은 교통사고 후유증으로 인해 아직도 큰 소음이 들리면 약간 충격을 받는다고 한다.

워싱턴 하버의 레스토랑에 도착했지만 루시는 보이지 않았다. 반려견 출입 금지 식당이라 같이 들어갈 수 없었기에 젠은 루시에게 문자로 우리가 레스토랑 밖에 있다고 알렸다.

기다리면서 젠이 스니커즈를 살짝 벗어보니 발꿈치가 벗겨져 있었다. 그때 닉스 레스토랑에서 한 젊은 여성이 걸어 나왔다. 사진에서 이미 본 덕분인지 멀리서도 알아볼 수 있었다. 루시는 젠과 비슷한 나이에 키도 비슷해 보였고 긴 빨간 머리를 하나로 묶고 있었다.

"저기 루시 아닌가요?" 젠에게 물었다.

"어머, 루시." 젠이 소리를 질렀다. 그러곤 신발 끈을 마저 묶지도 않고 식당 쪽으로 다리를 절뚝이면서 딜려갔다.

나는 치프의 목줄을 잡고서, 젠이 친구를 끌어안았다가 한 발 물러서 얼굴을 보고 웃다가 다시 한번 꼭 껴안는 모습을 지켜보았다.

두 사람은 팔짱을 끼고 우리 쪽으로 걸어왔다. 젠은 루시에게 나를 소개했고 그 사이 루시는 무릎을 구부리더니 젠의 신발을 제대로 신겨주고 신발 끈을 묶어주었다. 젠은 마지막으로 만났던 이후부터 어떻게 지냈는지 쉬지 않고 재잘재잘 떠들었다. 그 모습을 보면서 마치 학교에서 이제 막 돌아와서 엄마에게 할 말이 너무 많은 어린아이 같다는 생각이 들었다. 가방을 내려놓지도 못하고 엄마에게 무슨 일이 있었는지 말하는 아이 말이다.

"개 안 데리고 왔으면 했는데. 식당에 못 들어가잖아."

"보고 싶었어. 사랑해." 젠은 대답 대신 이렇게 말했다.

"나도." 루시가 말했다.

그들은 다시 끌어안았고 젠은 루시의 어깨에 얼굴을 파묻었다. 그러더니 한 바퀴 돌아서 루시와 등을 맞댄 다음 팔짱을 끼었다. 루시는 이런 행동에 전혀 놀라지 않았다. 아마도 그 두 사람이 어릴 때 재미로 하던 놀이였겠다고 생각했다.

"자, 누가 세련된 멋쟁이고 누가 우아한 모범생인가요?" 내가 물었다.

"당연히 제가 우아한 모범생 쪽이죠." 루시가 말했다.

"그러면 우리 언제 만나지?" 젠이 루시에게 물었다. 이렇게 레스토랑 밖에서 잠깐 이야기하는 거 말고 더 오래 만나 이야기하자는 의미였다. 두 사람은 저녁에 친구들과 함께 만나기로 했다. 젠의 친구가 잠깐 치프를 봐준다고 해서 젠은 루시와 식당 안으로 들어갔다.

나는 그쯤에서 자리를 뜨기로 했다. 레스토랑으로 들어가는 그들의 뒷모습을 보았다. 루시는 젠이 절뚝거리지 않도록 팔을 꼭 잡고 있었다.

젠과 루시의 우정은 특히 젠에게 닥친 위기 상황에서 핵심적인 애착 욕구를 채워주었다. 안전한 피난처가 되었고 항상은 아니지만 근접성도 유지되었다. 나 또한 나의 친구들을 떠올렸고 한 번쯤 이 질문을 해보아야 하지 않을까 싶었다. 혹시 내 친구에게도 나만이 채워줄 수 있는 애착 욕구가 있지 않을까?

9장

|

노화와 죽음 앞에서
삶의 마지막을 어떻게 맞을 것인가

일요일 아침 7시에 전화가 왔다.

"피터, 도라예요." 도라는 아버지를 간병하는 요양 보호사이다. "바로 오셔야겠어요. 911에 연락할 거고요."

나는 1분 만에 옷을 입고 문밖으로 나섰다. 병원에 가게 될 거라 예상했다.

아버지의 아파트에 도착하니 도라가 다가와 고개를 저었다.

"돌아가셨어요." 도라가 말했다. 오늘 아침에 출근해보니 아버지가 침실 바닥에 누워 있었다고 한다.

방으로 들어갔다.

아무리 연세가 96세라 해도 돌아가신 아버지의 모습을 보는 건 큰 충격이었다. 언젠가는 부모님이 돌아가시게 될 거라는, 머리로만 이해하고 있던 사실이 마침내 현실이 되어버린 것이다. 그날 우리는 이야기의 결말을 알아버리고 만다. 언제 어떻게 끝나게 되는지를 눈으로 확인한다.

베이지색 파자마를 입은 아버지는 카펫 위에 누워 계셨고 머리는 어머니가 돌아가신 후 6년 동안 혼자 주무셨던 왼쪽의 킹사이즈 침대를 향해 있었다. 이마에는 깊은 상처가 나 있었다. 아마도 새벽에 화장실에 가려고 일어났다가 심장 마비가 와 협탁의 유리 모서리 쪽으로 넘어진 것일 수도 있었다. 혹은 검시관의 소견대로 수면 중에 심장 마비가 왔고 통증을 느껴 일어나려다 넘어졌을 수도 있다.

이 책 작업이 끝나기 전에 아버지가 돌아가실 줄은 미처 몰랐지만 어쨌든 그렇게 되었다. 아버지의 죽음과 죽음에 이르기까지의 기간을 돌아보면서 애착 유형이 인간의 나이 듦에 끼치는 다양한 영향을 알 수 있었다. 나이가 들면서 찾아오는 노화와 질병은 우리의 행복은 물론이고 때로 존재까지 위협하기에 이 상황은 애착 체계를 활성화할 수밖에 없다.

여러 상황에서 안정 애착은 노년의 위기와 스트레스를 불안정 애착보다 잘 다스린다. 여기서 배워야 할 교훈이 있다면, 부모는 갓난 아기를 돌보면서 어쩌면 이 아이들이 당도하게 될 노년의 인생이라는 결말까지 돌보고 있는 것일지도 모른다는 점이다.

인생 전환기를 대하는 태도

1985년 여름에 아버지는 인쇄소를 매각했다. 그때가 69세였다. 아버지와 큰아버지는 20대 초반, 대공황이 한창일 때 그레이트 레이크

프레스라는 회사를 설립했다. 매각할 무렵에는 도심 몇 블록에 걸쳐 있는 건물에 400여 명의 직원을 거느린 탄탄한 중소기업으로 성장해 있었다. 그래서 좋은 조건으로 모두 현금으로 매각했다. 하지만 회사를 팔았다는 것은 곧 아버지가 그 즉시 은퇴한다는 것을 뜻했다. 나는 아버지가 하루아침에 일어난 변화를 어떻게 받아들일지 궁금했다.

애착 유형은 사람들이 인생의 전환기, 특히 지위와 정체성에 관련된 조건의 변화를 받아들이는 방식에도 영향을 끼친다. 최근 은퇴나 실직을 하거나 자녀를 독립시킨 노년의 성인들을 대상으로 조사한 결과 안정 애착 유형은 불안정 애착 유형보다 '더 안정적인 대처 능력'을 보여주고 '삶의 질이 덜 낮아졌다.'[1] 애착 안정이 자신감, 낙관주의, 미래에 대한 신뢰를 높인다는 다른 연구와도 일맥상통한다.

흥미로운 점은 세월이 흐르면서 불안정 애착의 비율이 변한다는 것이다. 불안 애착 비율은 점점 줄어드는 경향이 있다. 아마도 장기간의 결혼 생활이나 육아 경험, 그 외에도 오래 유지된 건강한 관계에서 얻은 안정감 덕분에 점점 더 안정적인 사람이 많아지기 때문일 것이다.

반면 회피 애착 유형은 나이가 들수록 증가하는 것으로 나타났다. 친구나 배우자 등 사랑하는 사람들이 세상을 떠나면서 일부 노인들은 관계에 대한 인내심이나 욕구를 잃기도 한다. 만약 이것이 사실이라면 고독하고 괴팍한 노인이라는 고정 관념에 어느 정도 근거가 있을지 모른다. 시트콤 〈사인펠드〉의 '노인(The Old Man)'이라는 제목의 에피소드에서 제리는 할아버지 입양하기라는 프로그램에 참여

한다. 제리는 이제는 고인이 된 빌 어윈이 연기한 심술궂은 노인 시드 필드와 짝이 된다. 제리가 노인의 아파트에 방문하여 다정하게 말을 건넨다. "어르신과 함께 시간을 보내려고 왔어요. 커피 한잔 드실래요?" 시드는 버럭 소리를 지른다. "내가 왜 자네랑 커피를 마시나? 그냥 죽는 게 낫지. 우리 집에서 썩 꺼져!" 그러나 스탠퍼드의 심리학자이며 (나의 고등학교 동창이기도 한) 로라 L. 카스텐슨은 완전히 다르게 설명한다. 로리가 발표한 '사회 성서적 선택 이론(socioemotional selectivity theory)'이 많은 공감을 받고 있는데 사람들은 나이가 들수록 피상적인 관계는 덜어내고 중요한 관계에 집중하기 때문에 관계의 종류나 만남의 횟수는 줄어들지 몰라도 다른 사람과 상호 작용에서 감정적으로 더 풍부해진다는 이론이다.[2] 이러한 긍정적인 관점은 시드 펠드의 괴팍한 노인 이미지와 대비된다.

아버지의 애착 유형을 정확히 알 수는 없지만 삶의 여러 단면을 고려할 때 아버지는 일정하게 안정 애착이었다고 할 수 있다. 66년 동안 안정적인 결혼 생활을 했고 두 형제들과 늘 사이좋게 지내며 사업을 하기도 했다. 오래 사귄 친구들이 무척 많았고 몇몇은 아주 어릴 때 만난 친구들이기도 했다. 아버지는 어릴 때부터 회복 탄력성이 높고 긍정적인 태도를 지녔던 것 같다. 예를 들어 네 살에 유치원을 다니기 시작하고 무척 좋아했으며 다른 아이들은 집에 가고 싶다고 울 때도 선생님들과 하루 종일 보내는 것이 즐거웠다고 한다.

아버지는 항상 침착하셨다. 사업이 어려워지거나 집안에 골칫거리가 있을 때도 내가 알기론 잠을 못 주무신 적은 한 번도 없었다. 사실 나이가 들수록 **숙면은 안정 애착의 지표이기도 하다.** 2009년의 연구에 따르면 안정 애착 성인들은 불안정 애착 성인보다 쉽게 잠에 곯아떨어진다. 반면 불안 애착 성인들은 '그날의 걱정거리에 사로잡혀 있느라' 밤에 깊은 잠을 못 자고, 낮잠을 자야 하거나 수면제에 의지하기도 한다.[3]

아버지가 안정 애착이라는 또 다른 증거를 대자면, 아버지는 평생 동안 어떤 상황에 처하건 그 상황을 받아들이고 자신의 대처 능력을 믿었다. 일례로 어머니의 장례식이 끝나고 아버지께 이제부터 아파트에서 혼자 살아가실 수 있겠냐고 묻자 이렇게 대답했다. "다른 선택이 있겠니? 언제나 내가 알아서 처리해 왔는걸. 할 수 있는 한 최선을 다해 사는 수밖에 없지."

만약 아버지의 애착 유형이 정말로 안정형이었다면 그 사실이 아버지가 은퇴라는 갑작스러운 전환을 얼마나 매끄럽게 처리했는지도 설명할 수 있을 것이다. 아버지는 두 형님들과 함께 회사 매각을 위해 적극적으로 움직였고 퇴직 후에는 교외의 상가에 사무실을 하나 얻었다. 이곳은 아버지와 큰아버지들이 만나 시간을 보내는 일종의 사랑방이 되었다. 한 침대를 쓰며 가난하게 자란 형제들을 위한 공간이라고 했다. 아버지는 계속 형들을 만나 정치와 경제를 논하고 친구들과는 점심을 먹기도 했다.

건강한 노년의 비밀

아버지가 은퇴한 지 거의 20년이 지난 어느 날 아침 나는 우연히 아버지가 일주일에 세 번씩 빠짐없이 가던 심장 강화 운동 수업을 엿

볼 기회가 있었다. 커뮤니티 센터에 볼 일이 있어 들렀는데 피트니스 룸의 문이 열려 있었던 것이다. 당시 아버지는 반바지와 티셔츠 차림이었는데, 그런 모습을 언제 마지막으로 봤는지 너무 까마득해 기억도 안 날 정도로 오랜만이었다. 또 아버지는 2차 세계대전 때 군 입대를 못 할 정도로 20대 때부터 무릎이 성하지 않아 왼쪽 무릎을 고무 붕대로 감아놓곤 했다. 그런데 아버지가 열 명이 넘는 노인들과 디스코 음악과 젊은 여성 강사의 구령에 맞추어 팔과 다리 운동을 열심히 하고 있었다.

아버지의 자기 관리와 절제력은 비단 운동뿐만 아니라 식생활에도 적용되었다. 건강 관리 또한 애착의 영향을 받는 행동이기도 하다. 연구에 따르면 안정 애착 유형은 일명 '자기 관리 지침(self-regulatory process)'을 잘 지키는데, 이는 건강하게 나이 드는 데 반드시 필요한 규율이다. 여기에는 신체 활동을 유지하고 건강한 식단을 따르고 검진과 진찰을 거르지 않고 처방약을 잘 챙겨 먹고 음주와 흡연이나 약물 남용 같은 위험한 습관을 피하는 일이 포함된다.[4]

반면 불안정 애착은 자기 관리에도 방해가 된다. 한 연구에서 회피 애착 유형 노인은 건강 검진이나 병원 진료를 잘 하지 않는 편이었다. 불안 애착 유형은 체중 감량을 늘 입에 달고 살면서도 필요한 행동을 실천하지 못했다.[5]

건강한 노년의 또 하나의 특성은 인간관계를 유지하는 것인데 이는 수명에도 영향을 줄 수 있다. 오스트레일리아의 노인들을 대상으로 10년간 진행했던 종적 연구에서 타인과 친분을 유지하는 사람들은 그렇지 못한 사람보다 장수하는 것으로 나타났다.[6] 다시 말하지만 안정 애착은 더 활동적이고 수용적이며 친구를 만들고 유지하는 데 더 소질이 있다.

아버지는 사업을 하실 때 대체로 영업 쪽을 맡아 일했고 자신의 성공은 고객 덕분이라고 말하곤 했다. 많은 고객들을 친구라 불렀으며, 우정을 진지하게 여겼다. '친구를 사귀기 위해서는 먼저 친구가 되어야 한다'는 아버지가 가장 좋아하는 경구였다. 은퇴 후에도 사업하면서 만난 사람들과 관계를 유지했다. 예전 고객이나 직원들과 함께 골프를 치거나 점심 약속을 잡았다. 친구 병문안을 가고 친구와 가족들의 장례식에 참석했고 당신의 건강이 안 좋아질 때면 친구들의 전화와 방문을 반갑게 맞았다.

회피 애착 유형은 사회적 교류가 적고 감정적 지지를 찾으려는 노력을 덜며 전반적으로 친밀한 관계의 질이 낮다. 불안한 사람들은 정서적으로 불안정하고 우울증 비율이 높으며 이 두 가지 특징은 필요한 사람을 곁에 두는 데 방해가 되기도 한다.[7]

우리가 사랑하는 부모님이나 친구가 안정 애착이 아닌 경우, 그들이 노년에도 네트워크를 형성하고 유지하는 걸 어떻게 도와줄 수 있을까? 몇 가지 아이디어가 있다.

회피 애착 유형이라면, 먼저 그들에게 온라인 게임을 추천할 수 있다. 동창이나 전 직장 동료와 같이 온라인 게임을 한다면 사회적 거리를 유지하면서도 약간 경쟁심도 생겨 흥미로운 활동이 될 수 있다.

불안 애착 유형에게는 지역 커뮤니티 센터에서 일주일에 한 번씩 카드 게임을 하는 모임 같은 활동에 참여하도록 도울 수도 있다. 방문이 손쉬운 안정된 환경에서 직접 대면의 기회를 만드는 것이다. 이와 비슷하게 아이디어 수백 개를 만들어낼 수 있을 것이다. 이런 도움은 약간의 노력과 창의성만 있으면 되고, 애착 유형이라는 렌즈로 개인을 들여다볼 수 있게 도와주기도 한다.

질병을 대하는 유형별 태도

건강했던 아버지도 결국 점점 쇠약해졌고 자주 넘어지기 시작했다. 피트니스 센터에서, 식당에서, 그리고 집에서도 넘어지곤 했고 팔과 얼굴에 남은 상처와 멍은 오래갔다. 어느 날 밤은 어지럼증이 심하다고 하여 누나와 내가 아버지를 병원에 모셔다드렸다. MRI 결과 내출혈이 있었고 곧 암으로 발전할 대장 용종 때문에 빈혈도 심한 상태였다.

의사는 몇 개월 남지 않은 것 같다고 말하며 호스피스 병동을 추천했다. 하지만 우리가 상담한 젊은 외과의사는 수술도 가능할 것이라고 했다. 이만큼 고령인 환자를 수술해본 경험은 없었지만―당시 아버지는 95세였다―그 의사는 환자의 전반적인 건강 상태를 고려하면 아버지가 수술을 이겨낼 확률이 높은 편이라고 했다. 그러나 아무래도 연세 때문에 수술을 버티지 못하거나 그 과정에서 정신적으로 무너질 수도 있었다.

누나와 나는 아버지에게 두 가지 선택지를 말씀드렸다. 호스피스와 수술이었다. 아버지는 단 1초의 망설임도 없이 수술을 택했다. 성공하리라 확신하셨던 것이다.

질병은 부상이나 정신적 고통처럼 우리의 행복한 삶을 위협하고 애착 체계를 활성화한다. **다시 말해 우리가 질병에 어떻게 반응하는지는 애착 유형에 따라 완전히 달라질 수가 있다.**

질병 앞에서 회피 유형은 처음에는 진료를 거부하거나 병을 부정하거나 가볍게 취급하거나 혼자서 감당하려고 한다. 그러나 긍정적인 면도 있는데 불필요한 과잉 진료를 피할 수 있는 것이다.

한편 불안한 사람들은 최악의 상황을 상상하는 두려움 속으로 들어갈 수 있다. 병이 악화될 거라 믿거나 최악의 결과를 가정하며 초조해한다. 하지만 여기서도 긍정적인 면은 이들이 부지런히 병원에 다니면서 암을 조기에 발견할 수 있다는 것이다.

남아프리카공화국 행정 수도인 프리토리아의 한 응급실에서 애착 유형이 질병에 끼치는 영향에 대한 흥미로운 연구가 이루어졌다. 환자의 애착 유형과 의사가 환자에게 느끼는 까다로움의 상관관계를 측정하는 실험이었다. 먼저 15세에서 93세 사이의 환자 165명이 진료를 받기 전에 성인 애착 질문지에 답했다. (이 연구를 좋아하긴 하지만 내가 만약 응급실에 있었다면 그 애착 질문지를 채울 수 있었을지는 확언할 수 없다.) 진료가 끝난 후에 26명의 응급실 의사들은 환자들이 각각 얼마나 '까다로운 성격적 특징'이 있었는지 점수를 매긴다. 그 결과 의사들이 안정 애착인 환자들을 '까다롭다'고 평가한 경우는 2퍼센트에 지나지 않았고 불안형 환자는 17퍼센트, 회피형 환자는 19퍼센트 정도로 수치가 나왔다. 회피형 환자는 '고통을 최소한으로 이야기하는' 대화 방식을 갖고 있어 의료 문제에 관해 정확한 정보를 전달하는 데 방해가 되었다. 반면 불안이 높은 환자들은 '확신을 얻기 어려

위하고 과도한 관심을 요구한다.'8)

아버지가 암 진단을 받고 두려움에 빠지셨던 기억은 없다. 아버지를 모시고 병원에 자주 갔지만 아버지는 어떤 의사에게도 까다로운 환자라는 인상을 남길 만한 행동을 하지 않으셨다.

암 수술 담당 의사가 아버지 병실에 방문했을 때 누나와 나도 그곳에 있었다. 의사는 절차를 설명한 후 동의서에 서명해 달라고 했다. 아버지의 필체는 이전과 똑같았다. 힘차고 단정하며 노인 특유의 손 떨림 현상은 전혀 보이지 않았다.

담당의는 아버지에게 질문이 있냐고 물었다.

회피형은 입을 굳게 다물거나 반드시 치료를 할 필요가 있냐고 묻기도 한다. 불안형은 두려움을 표시하고 매달리면서 의사를 귀찮게 할 수도 있다. 반면 우리의 안정적인 아버지는 그 마지막 순간을 이용해 40대 의사에게 격려의 말을 해주었고, 그 결과 의사를 무엇이든 할 수 있다고 믿는 낙관적인 팀의 일원으로 만들었다.

"이것만 말해도 될까요." 아버지는 동의서를 의사에게 돌려주면서 말했다. "선생님, 내일 실력 발휘해주세요. 아셨죠? 최고의 작품이라 생각하고 만들어주십시오."

"물론입니다." 의사가 말했다.

"'이 정도면 충분한' 정도로는 안 됩니다. 최상급을 바랍니다. A+로 합시다."

아버지는 환자복을 입고 병실 침대에 누워 자신의 말을 강조하듯 손뼉을 쳤다. "알겠습니다." 의사는 웃었다.

"날 위해 해줄 수 있죠? A+예요. A-나 B는 안 됩니다."

"제 최고의 기술을 얻어 가실 수 있습니다." 확실히 아버지한테 반한 듯한 의사가 안심시켰다.

다음 날 의료진이 아버지를 수술실로 데려가러 왔을 때 나는 고개를 숙여 아버지에게 키스했다. 아버지가 병원에 입원한 지 며칠이 지난 후라서 수염이 자라 있었다. 나는 아버지의 까슬한 턱수염을 느꼈고 어린 시절 나를 업고 침대로 데려갈 때 느꼈던 감촉과 따스함을 기억해냈다. 볼을 아버지에게 부비고 싶기도 했다. 아버지를 다시 만나게 될지 알 수 없었고 의사가 A+짜리 수술을 해주길 기도할 뿐이었다.

뒤바뀌는 부모 자식 관계

"로번하임 선생님, 다시 오신 걸 환영합니다." 도어맨이 아파트 건물의 현관을 활짝 열었고 나와 누나는 아버지의 휠체어를 밀었다.

수술 후 6주가 흘렀다. 아버지는 3주는 병원에서, 3주는 재활원에서 보냈고 충분히 회복했다. 그러나 앞으로 얼마나 오래 사실 수 있을지는 아무도 알 수 없었다. 항암 치료는 따로 받지 않을 예정이었다. 여전히 심장병이 있고 수술 전 받은 검사에서 대동맥류도 심해 언제 어떻게 파열될지 모른다고 했다. 의사가 경고했다.

"생각보다 일찍 돌아가실 수도 있습니다. 그런데 그렇게 가시는 것도 나쁘지는 않을 겁니다."

"집에 오시니까 어떠세요, 아버지?" 내가 휠체어를 아파트 안으로 밀며 말했다.

"천국에 온 것 같다. 너는 상상도 못 할 거야."

"혹시 돌아오지 못할까 걱정한 적 있으세요?"

"아니. 없는데." 아버지가 기침하며 말했다. "한 번도 그런 생각은 한 적이 없구나. 언제 돌아갈지 알고 싶었을 뿐이지."

아버지는 기침을 조금 더 하더니 하품을 했다.

"오늘 새벽 5시 30분부터 깨어 있어서 말이야. 약을 어찌나 많이 주던지. 과잉 처방 같아."

아버지는 평소에 하루에 알약을 열다섯 알씩 드셨는데 그보다 많았다니 재활원에서 얼마나 많은 약을 주었을지 상상하기 힘들었다.

초저녁부터 아버지는 잠들 준비가 되어 있었다. 요양 보호사가 침대에 눕는 걸 도와드렸다. 나는 아버지에게 잘 자라고 말하고 키스하면서 또다시 까끌까끌한 턱수염을 느꼈고 아버지가 집에 다시 오실 수 있어서 깊이 감사했다.

가족이든 간병인이든 누군가에게 의존한다는 건 노년의 성인에게 견디기 어려운 일일 수 있다. "몇십 년 동안 성공적인 자립기를 보냈기 때문에 노년기에 자신을 잠식해 오는 의존성은 인생의 잔인한 결말로 느껴질 수 있다."[9] 심리학자 캐럴 마가이 연구 팀은 이렇게 말했다.

안정적인 노인은 자신에게 돌봄이 필요함을 인지하고, 돌봄이 제공되면 받아들이며 간병인들의 의도와 유능함을 신뢰한다. 하지만 회피형 개인들은 고통을 부정하고 스스로 자신을 돌볼 수 있다고 주장하다가 돌봄을 점점 멀리하게 될 가능성도 있다. 아버지의 요양보호사는 평생 독립적으로 살았던 노인 남성을 돌봤던 기억을 떠올렸다. "'내가 할 수 있어.' 항상 그 소리만 하셨어요. 도움이 필요하면 짜증을 냈어요. 화를 내고 고함도 치셨죠. '내버려 두라니까! 나 혼자 할 수 있다고.' 그런데 그런 태도는 위험해요. 간병인들도 개인적인 공격으로 받아들이고 화가 날 수 있어요." 반면 불안한 개인은 돌봄을 받아들이는 걸 넘어 너무 매달려 상대방을 지치게 한다. "도움을 한없이 받으려 하고 감정적인 결핍과 의존과 끈질김 때문에" 보호자가 오히려 거리를 두게 되고 그로 인해 그들은 더 불안해지기도 한다.[10)]

아버지는 재활원에서 돌아와 가정 간호를 받았다. 이때 자신의 고통을 부정하지도 않고 '의존성'을 전시하지도 않은 채로 도움을 우아하게 받아들였다. 이런 면에서 아버지는 다시 한번 안정 애착의 도움을 받고 있는 듯했다. 하지만 아버지의 상황은 또 다른 애착 문제도 불러왔다. 보호사가 간병을 하기도 했지만 우리 형제들과 나도 간병을 했기 때문이었다.

아버지가 재활원에서 돌아오기 전에 형과 누나와 나는 아버지를 이전보다 더 적극적으로 돌보기로 했다. 우리는 매일 아버지를 방문하고 병원에 동행했고, 식료품을 사드리고 세금을 내드렸다. 우리 형제 모두 아버지의 간병인이 된 것이다. 그리고 이 과정에서 우리와 아버지는 중년의 성인이 부모를 돌보며 일어나는 역할 전환을 겪게 되었다. 연구자들은 성인이 된 자녀가 이 책임을 어떻게 받아들이는지와 부모가 돌봄을 어떻게 받아들이는지는 자녀와 부모의 애착 유형의 영향을 받는다고 말한다. "부모-자녀 유대감은 부모가 노년에

접어들었을 때 자녀들에게 받는 돌봄에 영향을 줄 수 있다."[11]

안정 애착 성인 자녀는 노년의 부모를 돌보는 책임을 전반적으로 잘 받아들이고 준비를 해야 한다고 느끼며 그 의무를 성실하게 이행하려 한다. 하지만 약 50퍼센트를 차지하는 불안정 애착 성인 자녀들은 돌봄을 필요로 하는 부모에게, 적어도 부분적으로는 어떻게 반응할까?

회피 유형 자녀는 부모의 고통에 덜 민감하게 반응하고 불안 유형 자녀는 돌봄을 제공하는 자신의 능력을 신뢰하지 못하며 자신의 욕구에 더 집중하면서 책임에서 빠져 나가려 한다.[12] 그러나 연구자들은 불안한 성인이 자신의 삶에서 스트레스를 경험하고(육아, 이혼, 직업) 여전히 감정적 지지를 위한 애착 인물로서 부모에게 의지하고 있다면 그 사람은 부모의 건강을 지키는 것이 강력한 이득이 되기 때문에 '수완을 발휘하여' 필요한 돌봄을 제공할 수도 있다고 지적한다.

조금 더 희망적인 면에서, 성인 자녀와 노년의 부모 사이에서 풀리지 않는 갈등이 남아 있는 경우 **부모 자녀 역할 전환은 묵은 상처를 치유할 마지막 기회가 되기도 한다.**[13] 우리 아버지와 나 사이에도 그 일이 일어났다.

1장과 2장에서 썼듯이 아버지와 나의 관계는 복합적이다. 아버지는 나의 주 양육자였고 가끔씩 엄하고 무서웠다. 이 긴장이 우리 관계에 남긴 약간의 껄끄러운 부분은 완전히 사라지지 않았다. 내가 아버지의 보호자가 되었던 그 마지막 몇 달 동안 우리는 많은 시간을 함께 보냈다. 대화를 하고 책을 읽어주기도 하고 가끔은 그냥 말없이 앉아 있었다. 그 껄끄러운 부분이 마법처럼 사라지지는 않았지만 우리는 방어막을 내려놓고 그저 같이 있을 수 있었다. 언젠가는 내가 아버지와 앉아 있다가 이렇게 말하는 꿈을 꾸었다. "아버지와 이렇게 함께하는 시간이 참 좋네요." 굉장히 직접적인 감정 표현이고 절대 우리가 하지 않을 법한 말이었기에 실제로 내가 그런 말을 할 수 있을지 나조차도 궁금했다. 다음 날 아버지 아파트에 갔을 때, 아버지 맞은편에 앉아서 눈을 맞추고 말했다. "아버지, 이렇게 아버지와 함께하는 시간이 참 좋아요." 아버지가 평소보다 훨씬 온화한 목소리로 나를 보며 말했다. "나도 참 좋구나."

마지막 말, "나는 평화롭구나."

사람들은 필연적으로 다가올 죽음을 어떻게 받아들일까? '죽음 불안(death anxiety)'이라고 불리기도 하는 이 감정 또한 애착 유형에 따라 달라질 수 있다. 불안형은 강도 높은 두려움을 느끼면서 죽음을 버림받거나 잊히는 사건으로 보기도 한다. 회피형은 반대로 죽음에 대한 걱정을 억누르려 하지만 무의식적으로는 통제력 상실로서 죽음을 두려워하기도 한다.[14]

반면에 안정형은 죽음을 남은 삶을 중시하는 계기로 삼고 죽음을 받아들여 최대한 활용하려는 것으로 보인다.

생물학적 유한성을 대면할 때도 안정 애착 유형의 정서적 안정은 유지된다. 주요한 애착 전략(다른 사람들과 친밀한 거리 찾기)을 추구한다. 사회적 연대의 감각을 높이고 죽음의 위협을 상징적으로 전환해 다

른 사람들을 돕고 성장의 기회로 삼기도 한다.[15]

요약하면 피할 수 없는 죽음 앞에서도 안정적인 사람들은 관계에 집중한다는 것이다.

우리 아버지가 그렇게 하셨다. 돌아가시기 전 마지막 몇 달 동안 자신의 인생에서 너무나 많은 사람들을 떠나보낸 아버지는 새로 만나는 유일한 사람들과 새로운 관계를 쌓았다. 바로 요양 보호사들이다. 아버지는 보호사의 가족에 대해 듣고, 그들에게 서재의 책을 빌려주고, 그 책에 관해 대화를 나누고, 자기 사업을 시작하려는 사람에게 조언을 해주고 어떤 보호사에게는 아들의 취업을 도와주기도 했다.

아버지는 안정 애착이었다고 생각하기는 하지만 아버지 또한 다수의 노년층 사이에서 발견되는 애착 전략에 의지하는 모습을 보이기도 했다. 우리는 나이 들면서 애착 인물을 잃는다. 부모, 배우자, 형제자매, 친한 친구 등인데 일반적으로 사람들은 세상을 떠난 사랑하는 사람을 '상징적인' 애착 인물로 내면화한다. "모든 연령대에서, 특히 노년층은 상징적인 인물에 의지해 애착 기능을 충족한다."[16] 셰이버와 미컬린서는 이렇게 썼다. 배우자를 잃은 사람은 배우자의 상징적 존재감을 자주 경험하고 "중요한 인생의 결정을 머릿속의 배우자와 의논한다." 신앙이 있는 사람은 신과 자신의 애착 관계를 내면화한다. 신은 언제나 가까이 있고 항상 지켜본다는 점에서 완벽한 안전한 안신처와 안전 기지이다. 이런 면에서 노인이 내면화한 애착 인물은 노년에게 정신적, 사회적으로 중요한 일부가 된다. 실제로 많은 노인들이 "실제 현실의 인물보다는 상징적이거나 내면화한 인물을 애착 인물로 삼는 경우가 많았다."[17]

아버지도 예외는 아니었다. 90대가 되자 아버지는 아내와 형제들과 여러 평생 친구들을 떠나보냈다. "줄이 많이 줄었다. 내가 알던 사람들이 거의 다 죽었구나." 이렇게 말하곤 하셨다.

"요즘 우리 어머니를 자주 생각한다." 아버지는 나의 누나를 어머니(Mother)로 칭하곤 했는데 그 '어머니'라는 단어는 아버지가 우리 있는 데서 우리 어머니를 부르는 말이기도 했다.

하지만 일반적인 죽음 불안에 관해서는 아버지는 죽음과도 평화를 이룬 듯했다.

나는 종종 말없이 앉아 있는 아버지에게 무슨 생각을 하시냐고 물었다.

대체로 과거를 생각한다고 대답했다. "미래는 없지 않니. 과거는 쌓여 있지. 물론 과거의 일은 내가 어쩌지 못하지. 바꿀 수가 없지. 이미 지나갔으니까."

아버지는 과거의 어떤 부분을 회상하고 있을까?

"전부 다 생각한단다. 어렸을 때 학교 다니던 기억. 사업을 하던 시절. 형들도 자주 생각해. 우리가 얼마나 잘 어울려 지냈는지. 서로 잘 돌봐주었는지. 난 후회는 없다. 적도 만들지 않았어. 미워하는 사람도 없다. 나는 평화로워."

아버지는 삶에 감사할까?

"그 표현도 맞겠구나." 아버지가 말했다.

아버지는 심지어 자신이 어떤 모습으로 죽고 싶은지도 알고 있었다. 아버지가 돌아가시고 요양 보호사가 내게 이런 말을 했다. "아버님께 한번 여쭤본 적이 있어요. '혹시라도 밤에 넘어지거나 상태가 안 좋아질 경우에 대비해서 밤에도 제가 여기 있을까요?' 아니라고 하셨어요. 밤에 혼자 있다가 홀로 떠나고 싶으시다고요. 원하시던 대로 가셨어요."

10장

역동적이고 만족스러운 일터의 비밀
애착 유형이 직장에서 작용하는 방식

플레전트 팝스는 워싱턴 D.C. 북서쪽의 고급 주택가 골목에 자리 잡고 있다. 나이가 지긋한 상원의원과 대법관들이 간간이 보이기도 하지만 단골손님들은 대부분 젊은 직장인들이다. 3월의 어느 맑은 아침, 서류 가방이나 요가 매트를 든 손님 대여섯 명이 커피를 주문하기 위해 카운터 앞에 줄 서 있었다.

그날 아침 바리스타로 일하는 청년 두 명은 아침 7시에 도착해 가게 문을 열 준비를 했다. 전날 밤 테이블 위에 거꾸로 올려놓은 의자를 내렸다. 2킬로그램 정도 되는 콜롬비아 원두를 개봉했다. 배송원에게 1회용 컵 뚜껑과 키친타월과 우유, 계란, 미니 바게트를 받아 정리했다. 이탈리아산 에스프레소 머신 전원을 연결하고 문 옆에는 고객들의 반려견이 마실 물그릇도 내놓았다. 카드 계산기를 켜고 7시 30분에 동쪽 창문으로 쏟아져 들어오는 햇살을 맞으며 음악을 틀고,

원목으로 된 '영업 중' 팻말을 뒤집어 걸었다.

애착 이론이 직장에서 작용하는 방식은 매우 간단하다. 일은 관계
의 활동이기 때문이다. 직종에 따라 양상은 달라도 대부분의 직장인
은 끊임없이 동료, 상사, 고객과 관계를 맺으며 살아간다. 연구자들
은 애착 유형이 관계 안에서 사람들의 행동에 영향을 끼친다고 전제
하고, 개인 긴 애착 유형의 차이가 일의 여러 측면에도 영향을 끼친
다고 밝혔다.[1] 진로 선택에서부터 직장에서 사람들과 어떻게 관계를
맺는지, 일을 얼마나 만족스러워하는지, 업무 스트레스를 어떻게 다
루는지, 한 직장을 오래 다니는지 아니면 금방 그만두는지가 모두 개
인의 애착 유형을 반영한다. 조직의 크기와는 상관없이 애착의 영향
력은 동일하다.

애착 이론이 일에 어떻게 적용되는지 관찰하기에 플레전트 팝스는
이상적인 장소로 보였다. 이곳은 사람들이 서로 밀착하여 일하는 사
업체이다. 직원들은 늘 관리자와 고객을 상대해야 한다. 창업자이자
사장인 로저 호로비츠와 브라이언 시코라는 너그럽게도 내가 그들의
직원을 인터뷰하고 업장을 관찰할 수 있도록 허락해주었다.

그곳에서 꽤 많은 시간을 보낸 후에야 알게 된 사실은 플레전트
팝스가 최근에 밝혀진 사업 성공의 비밀을 완벽하게 구현하고 있다
는 점이었다. 바로 회피형이나 불안형같이 불안정 애착인 직원들이
자신만의 특별한 능력으로 팀 전체에 기여를 할 뿐만 아니라 알맞은
조건에서 안정적인 직원들과 일하면 탁월한 성과를 낸다는 것이다.

직업 선택과 애착 유형

카페 주방 뒤에는 자그마한 사무 공간이 있다. 플라스틱 의자 몇 개와 벽에 붙어 있는 탁자 하나뿐인 그곳에 사장인 로저와 브라이언이 앉아 있었다. 하지만 어딘가 불편해 보였는데 일단 키가 185센티미터인 로저와 192센티미터인 브라이언에게 의자가 너무 작았다. 또 둘 다 에너지가 넘쳐서 가만히 앉아 있을 수 없는 것 같았다. 두 사람 모두 집업 스웨터를 입고 스니커즈를 신고 있어 학생처럼 보이기도 했다.

두 사람은 노스캐롤라이나대학의 조정 팀 크루로 만나 친구가 되었다. 졸업 후에 둘 다 워싱턴 D.C.로 와서 살게 되었는데, 어느 날 브라이언이 로저에게 이메일을 보냈다. "우리 동네에 빈 가게가 몇 군데 있는데 같이 장사 해보지 않을래?"

로저는 뉴욕 시 외곽 웨스트체스터 카운티에서 자랐는데, 그 동네에는 멕시코인이 운영하는 아이스크림 가게가 많았다. 주로 막대 아이스크림과 토르티야와 군것질거리를 파는 작은 카페였다. "그런 카페 주인은 대개 할머니죠. 젊은 백인 남자들이 운영하는 경우는 없었고요. 그런데 워싱턴 D.C.에는 비슷한 카페가 전혀 안 보이더라고요." 로저가 말했다.

로저와 브라이언 모두 요식업 경험은 없었지만 지역의 신선한 재료들로 건강을 신경 쓰는 젊은 층이 찾는 카페를 열자는 아이디어에 합의했다. 먼저 근처 동네 파머스 마켓의 작은 판매대에서 유기농 수제 막대 아이스크림을 팔아보았다. 그리고 파머스 마켓 옆에 있는 플레전트 산 이름을 따서 플레전트 팝스라는 이름으로 스타트업 사업체를 창업했다. 본격적으로 사업을 시작해보기로 하고 매장을 물색해 임대 계약을 했다. 로저는 말한다. "대학원 가려고 모았던 돈을 다 넣었죠. 킥스타터에서 투자도 받았고요. 또 브라이언과 같이 25만 달러를 대출했지요."

그 일이 불과 몇 년 전이었다. 내가 방문했을 즈음에 플레전트 팝스는 메뉴를 늘려 고급 원두커피, 샐러드, 샌드위치까지 판매하고 있었다. 연매출은 대략 백만 달러로 12명이 넘는 직원을 고용했으며 최근에는 백악관 근처에 분점을 내기로 하고 매장을 계약했다. 내가 방문한 3월의 아침, 플레전트 팝스는 '3월의 광란(March Madness)'이라고 불리는 전미 대학 농구 토너먼트를 기발하게 패러디한 '팝 매드니스' 행사를 열고 있었다. 아이스크림을 다 먹은 손님들이 막대기를 계산대 근처 상자 두 개 중 더 좋아하는 맛에 던져 넣는 행사였다. 딸기 생강 레모네이드가 1위를 차지했다.

플레전트 팝스의 임시 사무실에 앉아 있는 동안 로저와 브라이언 같은 젊은 청년들이 연고 없는 도시로 이사해서 시장 기회를 알아보고 돈과 시간을 투자해 경험한 적 없는 분야에 뛰어들 생각을 하게 한 것은 무엇인지 궁금해졌다. 어떤 요소가 기꺼이 위험을 감수하고 헌신하게 한 것일까?

이후 두 사람과 대화를 하면서 그 요소 중에 하나가 바로 애착 유형이라는 것을 알 수 있었다.

존 볼비에 따르면 안정 애착인 아이는 자신에게 탐험을 허락한다. 성인에게 직업이란 일종의 탐험이라 할 수 있다(한 연구자의 표현에 따르면 직업은 탐험과 '기능적으로 유사'하다).

브라이언과 대화하면서 그가 자신의 직업을 일종의 탐험으로 생각한다는 사실을 발견하고 놀랐다. "쉽게 질리는 편이지만 흥미로운 건 확실히 밀고 나가는 편이에요. 앞으로 어떻게 될지 분명치 않다고 해도요. 플레전트 팝스가 우리를 어디까지 데려다 줄지 전혀 예상할 수 없었지만 어디까지 갈지 보는 것도 나쁠 게 없다고 생각했죠."

연구자들은 안정 애착과 직종 탐험과 헌신 사이에 강력한 상관관계가 있다고 지적한다. 한 종적 연구에서 남성과 여성 피실험자들이 한 살일 때 애착 유형을 측정하고, 그들이 열여덟 살이 되었을 때 진로 계획을 물어봤다. 연구자들은 유아기의 안정 애착과 성인이 일자리를 효과적으로 탐색하는 능력 사이에 '확실하고 통계적으로 유의미한' 관계가 있음을 밝혔다.[2] 또 다른 연구에서는 더 안정적인 청소년들이 자신의 능력에 부합하는 현실적인 직업을 택하는 경향이 있음을 보여주기도 했다.[3]

반면 직업 선택을 할 때 우유부단하거나 혼란스러워하거나 '충분한 탐색 없이 성급한 선택'을 하는 경우는 모두 불안정 애착과 관련이 있었다.[4]

그렇다면 로저와 브라이언이 대담하게 플레전트 팝스 창업을 할 수 있었던 이유가 바로 그 안정 애착 때문이었을까? 두 사람은 내 부탁을 받아 친밀 관계 경험 질문지에 답변하고 나에게 최종 점수를 알려주었다. 둘 다 회피와 불안 척도에서는 매우 낮은 점수가 나왔고 안정 범위 안에 단단히 자리 잡고 있었다.

'용기와 헌신'을 끌어내는 안정형 관리자

오전 10시, 플레전트 팝스의 총지배인 해나 스미스는 로저, 브라이언과 주간 회의를 하고 매장 상황을 보고했다. 스물다섯 살인 해나는 사무실에서 로저와 브라이언 맞은편에 꼿꼿한 자세로 앉아 있었다.

세 사람은 평소처럼 주요 사항들을 점검했다. 직원 한 명이 그만두었고 주방 직원은 병가를 냈고 분점 인테리어가 지연되고 있으며 한 손님이 유기농 병우유가 빨리 품절된다고 불평했다.

해나는 우유 품절에 관해서 담당 직원이 충분한 물량을 주문하지 못해서라고 말했다. "하지만 계산 착오였을 거예요. 오늘 오후에 담당자와 이야기하겠습니다."

그 순간 한 직원이 사무실로 들어왔다.

"시청에서 위생 점검 나왔어요!" 그가 소리쳤다.

한 시간 후에 로저는 사무실로 돌아왔다. 위생 기준은 통과했지만 조사관은 매장 안 냉장고 온도가 기준보다 높다고 지적했다. 그들은 기술자를 불러 수리하기로 했다.

아직 12시도 되지 않았지만 로저와 브라이언은 여러 가지 스트레스 상황을 맞닥뜨렸다. 한 직원은 퇴사했고 다른 직원은 결근했고 또 다른 직원은 제품 주문 실수를 했고 분점 공사는 지연되고 예고 없는 위생 점검까지 받았다. 이제 긴급히 냉장고 수리도 해야 하고 당연히 비용도 추가될 것이다.

하지만 로저나 브라이언은 전혀 당황하거나 불평하지 않았다. 그들은 위생 조사관이 점검할 수 있도록 옆에서 상자를 옮겼고 시종일관 조사관을 존중하며 협조했다. 다시 말해 직원들 앞에서 사장들은 그들이 자신감 있고 유능한 관리자임을 몸소 증명했다. 애착 연구자들이 사용하는 용어로 설명하자면 그들은 '강하고 현명한' 리더의 역할을 취했다. 이는 일반적으로 안정 애착인 관리자들에게 나타나는 모습이며 직원들에게 '용기와 헌신'을 고무하기도 한다.[5]

하지만 로저와 브라이언이 안정 애착이 아니라면 어떠했을까? 연구자들에 따르면 불안정한 관리자들, 특히 불안 유형인 관리자들은 스트레스 상황에서 다른 사람들을 깎아내리면서 직원들의 '분노, 무질서, 불성실, 체념'을 유발한다.[6] 로저와 브라이언은 불시에 닥친 위생 점검에 당황했을 수도 있다. 차분하고 신속하게 일을 처리하고 조사관의 질문에 답변을 하는 대신 조사관의 능력과 의도를 의심하거나 담당 직원에게 비난의 화살을 돌렸을 수도 있다. 로저는 냉장고 업체에 전화를 걸어 방문 수리 날짜를 잡는 대신 왜 고장 났냐고 따지고 화를 냈을 수도 있다. 직원이 수량을 잘못 주문했을 때도 총지배인 해나가 그랬듯이 '계산 착오'라고 생각하지 않고—참고로 해나는 애착 검사에서 안정형으로 나왔다—그 직원이 게으름 피운다고 판단하고 징계를 고려했을 수도 있다. 우리는 모두 그런 상사를 알고 있지 않은가?

하지만 그들은 그런 행동은 전혀 하지 않고 문제를 한 번에 하나씩 해결해 나갔다. 이는 우리가 기대했던 안정 애착 관리자들의 스트레스 대처 능력과 정확히 일치했다.

불안정 애착 유형이 겪는 어려움

플레전트 팝스에 한 달 동안 드나들면서 서서히 직원들의 얼굴도 익혔다. 그중에는 몇 년 동안 재직 중인 정규직 직원도 세 명이나 되었다. 이들은 사실 안정적인 경력을 쌓지 못한 상태에서 플레전트 팝스에 지원했다. 당시 그들은 어떤 일이든 상관없이 경제적으로나 감정적으로 일이 절실하게 필요한 상황이었다. 그러나 이곳에서 직원들은 중요한 업무를 담당하는 소중한 인재로 성장했다.

"저는 성격이 불안한 편이에요." 한 직원이 내게 말했다. 지금은 바리스타인 그는 예전에 방위 산업체에 지원했다가 엄격한 신원 조회 기준에서 탈락한 후 플레전트 팝스에 왔다. "대체로 행복하다고 느끼지만 가끔은 마음이 약해져요. 내가 정말 하고 싶은 건 방 안에서 혼자 형편없는 시나 끼적이는 거라는 생각이 드는 날들이 있어요." 또 한 정직원은 마음 아픈 이별을 한 후에 플레전트 팝스에 취직했다. "상심이 너무 커서 워싱턴 D.C.에 와서 새 인생을 시작하고 싶었더랬죠." 이 여성은 현재 인사와 홍보를 담당하고 있다. 직원 중에 '시니어 대변인' 역할을 하는 직원도 있다. 서른세 살의 법학 전공자인데 법률가가 되고 싶지 않았고 교직도 내키지 않았다. "당장 무슨 일이든 하지 않으면 무너질 것 같았어요." 그러다 로저를 만나 제안을 받았는데, 처음에는 파머스 마켓에서 막대 아이스크림을 같이 판매하다가 지금은 바리스타로 근무한다.

그들에게 애착 질문지를 풀어보라고 요청하지는 않았지만 직업 문제에서 겪은 어려움을 고려할 때 이 세 사람 또한 나와 비슷하게 약간은 불안정 애착 유형이 아닐까 예상해보았다. 그리고 흥미롭게도 때로는 이런 유형의 직원들이 회사에게 난제가 될 뿐만 아니라 기회도 된다는 사실도 발견했다.

여러 연구에 따르면 안정 애착 유형 직원들이 불안정 애착 유형 동료들보다 직장 생활을 더 잘하는 편이다. 더 긍정적인 태도로 일하고 직업 만족도도 높고 적대감을 드러낼 가능성도 적고 정신적, 육체적 질병에도 덜 취약하다.

반면 불안정 애착 유형 직원들은 일에 집중하는 데 어려움을 겪거나 불만족도가 높은 편이고 일과 관련된 스트레스나 번아웃도 자주 느끼는 편이다.[7]

미컬린서와 셰이버에 따르면 불안 애착 유형은 일을 사회적으로 인정받을 기회로 보면서도 비난받거나 거부당할 잠재적 요인으로 보기도 한다.[8] 그들은 인정받지 못하고 오해받는다고 느끼기 쉬우며 거절당하는 문제에 더 큰 불안을 보이는 것 같다. 그들은 '매달리고, 징징거리고, 두려워함으로써' 조직 내 관계 문제를 일으킬 수 있으며 시시때때로 다른 팀원들의 인정을 확인하려 한다.[9] 요약하면 불안한 직원들은 직장에서도 애착 관련 고민에 사로잡혀 있어 직무를 수행하는 데 어려움을 겪을 수 있다.

반대로 회피 유형 직원들은 '사회적 관계를 피하기' 위해 업무를 이용하기도 한다.[10] 그들은 직무 불만족도가 더 높고 근무 시간에 대해 더 많이 우려하며 동료들에게 도움을 주기를 꺼리는 것으로 나타난다.[11] 동료들과 관계를 맺기 위해 노력하지 않고 때로 고의적으로 피하기도 하여 팀 내 갈등을 일으키기도 한다.[12]

근속 기간 또한 애착 유형의 영향을 받는다. 특히 신생 기업의 경우 이직률이 낮은 회사가 이직률이 높은 회사보다 성과가 높다. 연구에 따르면 불안 애착 유형과 회피 애착 유형 직원 모두 안정 애착 직원에 비해 일에 불만이 있을 때 더 쉽게 그만두는 편이다. 2013년 다양한 공공 기관에서 근무하는 직원 125명을 대상으로 한 설문에서 애착 유형과 자발적 퇴사 의지 사이에 직접적인 관련성이 드러났다. 불안한 지원들은 동료들과 '문제가 있는 상호 작용 패턴'이 나타나면 바로 퇴사를 고민하고 회피형 직원들은 '냉담하게 지내다' 동료들을 향한 '좌절과 분노'가 쌓이면 사표를 떠올린다.[13]

그렇다면 기업이 직원을 고용할 때 어떻게든 안정 애착 유형만 선발할 수 있을까? 성인 애착 유형 측정의 지표라고 할 수 있는 성인 애착 면접을 실시하려면 비용 면에서 일부 대기업을 제외하고 엄두도 내지 못할 것이다. 그 대안으로 플레전트 팝스의 관리자들에게 내가 요청했던 것처럼 지원자에게 온라인 친밀 관계 경험 질문지를 풀어 보게 할 수도 있다.

하지만 새로운 연구에서는 회사가 안정 애착 유형을 선별해 고용할 수 있다 하더라도 그렇게 하는 것은 이득이 있는 만큼 잘못하는 것일 수도 있다고 말한다. **불안정 애착 유형 직원들도 자신만의 고유한 능력을 발휘할 수 있기 때문이다.**

보초병과 신속 대응자

이스라엘 심리학자인 사치 아인도르는 불안이 높은 사람들은 위협에 민감하기 때문에 조기 경보 시스템 역할을 할 수 있다고 한다. 이른바 '보초병' 역할이다. 아인도르 연구 팀은 실험군을 위협적으로 보이는 상황에 노출시켰다(고장 난 컴퓨터 때문에 사무실에 연기가 점점 차오르는 상황). 이때 불안 애착 지수가 높은 사람들이 위험을 가장 먼저 알아차렸다.[14]

동반 연구에서 아인도르는 불안한 '보초병'들이 경고 메시지를 가장 부지런히 전달한다는 것도 발견했다.[15] 이 실험에서 연구자들은 실험군이 자신의 실수로 컴퓨터 바이러스를 활성화해 컴퓨터의 자료를 지웠다고 믿게 만들었다. 그리고 그들이 이 사건을 부서의 컴퓨터 담당 직원에게 알리는 과정에서 네 차례 선택의 순간을 주었다. 그들은 그때마다 보고를 미룰 수도 있고 기술 부서에 바로 알릴 수도 있었다. 이번에도 불안 애착 지수가 높은 사람들이 미루거나 지체하지 않고 메시지를 전달했다. 다른 연구에서 아인도르는 불안한 개인들이 포커 게임에서 가장 성공할 수 있음을 발견했다. 그들은 사기와 속임수를 알아보는 데 능해 상대가 허풍을 떨 때 바로 알아챈다.[16]

요약하면 불안 유형 개인들은 집단에 이익을 가져다주고 성공에도 기여할 수 있다. 주의 깊은 경계심으로 문제와 위협을 알아채면 지체하지 않고 집단에 경고를 한다.

마찬가지로 회피 유형 직원들 또한 중요한 역할을 한다. 공용 컴퓨터에서 연기가 날 때 회피 애착 유형 사람들이 가장 먼저 사무실에서 안전하게 빠져나갈 수 있는 방법을 찾아냈다. 스스로를 돌보는 데 익숙한 회피 유형은 위험한 상황에서 신속하고 효율적으로 움직이며 최상의 탈출 경로를 찾아낼 수 있다. 아인도르는 이를 '신속 대응' 행동이라고 불렀다. 다른 말로 하면 "시급하고 주도적인 행동이 요구될 때, 시간이 촉박할 때, 대담한 행동이 필요할 때" 회피 유형이 가장 먼저 행동하는 사람이라는 뜻이다.[17]

따라서 불안형 직원(보초병)과 회피형 직원(신속 대응자)은 조직에 잠재적으로 귀중한 존재가 될 수 있다. 하지만 '잠재적으로'란 단어에 유의해야 한다. 이 연구는 또한 불안정 애착 유형 직원들은 협력이 잘되는 안정적인 조직, 즉 팀원들 사이에 신뢰와 인정과 편안함이 있는 조직에서만 자신의 고유한 능력을 발휘할 수 있음을 보여준다.[18]

협력이 잘되는 집단을 만드는 일은 곧 직원이 필요로 하는 안전과 보호를 제공해주는 '안전한 섬'을 만들어 가는 일이라고 한 연구자는 말했다. 관리자는 불안 유형 직원에게는 자신이 조직의 일부로 받아들여지고 있으며 가치 있는 존재라는 사실을 확실히 알게 해주어야 한다. 회피 유형 직원은 독립적으로 일하는 시간이 많은 역할에 배치해야 한다. 또한 관리자들은 이 두 유형을 위해 갈등 상황에 민감하게 대처하여 긴장이 고조되기 전에 분쟁을 해결하도록 도와야 한다.[19]

플레전트 팝스의 안정 애착 관리자 삼인방 로저, 브라이언, 해나는 이 일을 해낸 듯했다. 이 스타트업은 직원들에게 진짜 '안전한 섬'이라는 환경을 만들어주었다. 그들은 한결같았다. 직원들이 업무와 사생활에서 어려움에 처했을 때 적절하게 격려해주었고 젊은 직원 특유의 불안정한 생활도 세심하게 다루었다. 직원들이 실수해도 좋은 의도였을 거라 여겼으며, 창피를 주지 않았다. 모든 직원이 매장을 청소하면서 진행한 저녁 직원 회의에서도 이런 모습을 보았다. 사다리를 놓고 조명의 먼지를 터는 사람은 로저였고 무릎을 꿇고 고객 화장실 변기를 청소하는 사람은 브라이언이었다.

브라이언이 나에게 자신들의 경영 방침을 설명할 때 그 점이 잘 표현된 것 같다. "로저와 나는 재정적인 위험을 감당할 수 있고 창의력을 발휘할 수도 있어요. 하지만 직원들에게는 재정적 압박 없이 창의력을 발휘할 기회를 열어주려고 합니다. 우리 목표는 똑똑한 사람들을 데려와 그들이 성공할 수 있도록 지원하는 겁니다. 우리가 그렇게 할 수 있을 때 모두가 힘을 얻습니다. 그렇게 **하지 않으면**, 그러니까 우리 둘만 결정권자라는 태도로는 작은 기업은 살아남지 못합니다."

직원들과 일주일 넘게 인터뷰하면서 진짜 증거를 찾을 수 있었다.

한 바리스타가 말했다. "2년째 플레전트 팝스에서 일하는 이유는 조직 문화 때문입니다. 동료들과 일주일에 40시간을 같이 있어야 하거든요. 여기서는 문제가 있으면 말을 합니다. 저는 예민한 편이고 신뢰가 필요해요. 처음에는 '그냥 돈 버는 직업이야'라고 생각했다가 '이들은 내 친구들이고 이들과 친밀한 관계를 맺고 있어'가 되어 갔죠."

또 다른 직원이 말했다. "이별을 겪고 무너진 상태에서 이곳에 왔지만 여기서 저를 다시 일으킬 수 있었어요. 플레전트 팝스의 사장님과 직원들 덕분이기도 해요. 첫날부터 제 아이디어와 의견이 전달된다는 느낌을 받았어요. 해나, 브라이언, 로저는 다른 직원들의 제안에 언제나 귀를 기울이고 우리에게 힘을 실어줍니다."

"이 사람들은 굉장히 어린 나이에 큰일을 해냈어요." 또 다른 바리스타는 로저와 브라이언의 플레전트 창업 과정이 존경스럽다고 말했다. "저도 그 일부가 되어서 기쁘죠." 그리고 직장에서 분란이 거의 일어나지 않는 이유를 들었다. "이 특별한 그룹은 갈등 반대자들이라고 할까요."

다양한 애착 유형이 모였을 때

불안 유형과 회피 유형 직원들이 직장에서 고유한 능력을 발휘할 수 있다는 연구 결과는 충분히 인상적이지만 시리 레비 연구 팀의 획기적인 논문은 이 정보를 한 차원 더 끌어올렸다.

이스라엘의 한 대학에서 연구자들은 학생 52팀이 조별 과제로 학술 프로젝트를 완성하도록 했다. 각 조는 다양한 애착 유형을 대표하는 세 명에서 다섯 명으로 구성했다. 과제가 완성되고 결과가 나왔을 때 발견한 놀라운 사실은 가장 성공적인 조는 모두 안정 애착 유형으로 이루어진 조가 아니라 애착 유형이 고르게 섞인 조라는 점이었다. 안정 애착, 불안 애착, 회피 애착 유형이 모두 있을 때 결과가 가장 좋았다.

연구자들은 이 결과가 다양한 애착 유형이 조직에 '중대한 기여'를 한다는 증거가 될 수 있고, 불안정 애착 유형의 '능력과 기여를 새로운 관점으로 볼 수 있는 기회'를 제공한다고 지적했다. "불안정 애착이 개인에게는 단점으로 작용해 달갑지 않은 결과를 초래할 수 있지만 조직 안에서는 다양한 애착 유형이 있는 게 집단에 이익이 된다." 이들은 조직을 강화하고 기능을 향상시킨다. 최고의 성과를 달성하고 싶은 관리자라면 "다양한 애착 유형을 가진 개인들을 팀에 골고루 배치하는 것이 이익이 될 것"이다.

초기 연구에서 이러한 긍정적인 결과를 얻으려면 직원들이 '안전, 인정, 신뢰'를 느끼는 결속력 강하고 서로 돕는 환경이 만들어져야 한다고 했다.[20]

따라서 사업 성공의 열쇠는 어쩌면 안정적인 직원들만 걸러내는 것과 거리가 멀지도 모른다. 그보다는 다양한 애착 유형이 함께 성장하고 우수한 결과를 만들 수 있는 결속력 있는 작업 환경을 만드는 것이다.

나는 이것이 플레전트 팝스의 관리 팀이 한 일이라고 믿는다. 한편으로 이 카페는 직원들에게 안전한 피난처와 안전 기지를 제공하는 애착 인물 역할을 하기도 했다. 그 과정에서 이 매장은 성장이라는 꽃을 피웠다. 효과적이고 안정적인 관리자의 역할이기도 했다.

그래도 이런 일까지 일어날 줄은 누구도 몰랐다. 플레전트 팝스가 서서히 입소문이 나고 있긴 했지만 특별한 인정을 받게 된 사건이 하나 있었다. 어느 주말 오후에 막대 아이스크림을 사려고 당시 미국의 대통령이었던 오바마가 예고 없이 들른 것이다.[21] 골목 상권을 살리자는 취지의 행사인 '스몰 비즈니스 새터데이(Small Business Saturday)'에 오바마 대통령과 두 딸 사샤와 말리아가 플레전트 팝스에 들렀다. 신기하게도 백악관 근처에 있던 분점이 아니라 본점으로 온 것이었다. 대통령 부녀는 청바지와 가을 재킷을 입고 카운터에 서서 손으로 쓴 메뉴를 읽었다. 말리아는 약간 고민하다가 쿠키 앤드 크림을 골랐고 사샤는 크랜베리 애플 맛을 선택했다. 오바마가 가장

인기 있는 제품을 묻자 직원들은 딸기 생강 레모네이드를 추천했다. "이걸로 하시면 후회는 없을 거예요." 직원이 말했다. 가격은 9달러였다. 대통령은 현금으로 계산하고 잔돈은 팁 항아리에 넣었다.

그날 저녁 근무였던 바리스타는 카운터 뒤를 쓸고 테이블을 닦고 의자를 거꾸로 세워 두었다. 로저는 쓰레기통 바퀴를 굴려 몇 미터 떨어진 이 동네 상점들의 공동 쓰레기장에 쓰레기를 버렸다. 그날 밤은 상쾌하고 맑았다. 거리 맞은편에는 24시간 현금 서비스인 에이스 캐시 익스프레스 광고판의 붉은 네온사인이 빛났다. 젠트리피케이션이 일어나기 전에 어떤 동네였는지 말해주는 풍경이었다.

밤 10시. 로저는 음악을 끄고 불을 끈 다음 앞문의 원목 팻말을 '영업 끝'으로 바꾼 다음 직원들에게 인사하고 집으로 향했다.

11장

최고의 경기를 위해

애착 이론과 스포츠

일요일 저녁 직장인 농구 경기가 시작되기 1분 전이었다. 양 팀 선수들은 경기장에서 워밍업을 하면서 골대와 6미터에서 9미터 정도 떨어진 지점에서 공을 던지고 있었다. 모두 나이는 서른 이하였으며 워싱턴 D.C.에서 자주 볼 수 있는, 무엇 하나 부족하지 않은 젊은 전문직 남성들이었다. 토미는 국토안보부에서 핵 위협에 대비해 외국 케이블망을 감시한다. 토드와 데이브는 군수업체에서 일한다. 제이미어는 한 정당의 재무 담당 사무관이다. 마셜은 하원 선거 위원회 직원이다. 팀원 일곱 명 중에 네 명은 보안 인가(security clearance)를 받았다. 즉 국가의 극비 문서에 접근 가능하다는 뜻이다.

하지만 이 모든 화려한 명함은 농구 코트에서는 아무 소용이 없다. 이 경기장에서 중요한 건 오직 이들이 뛸 수 있는지, 드리블할 수 있는지, 패스할 수 있는지, 공을 바스켓에 넣을 수 있는지다.

그리고 이들은 전부 다 못하고 있다.

오늘 경기 전에 이 팀은 2승 3패를 기록했고 그나마 1승은 다른 팀이 참가하지 않아서 추가된 것이다.

이 친절한 선수들은 내가 농구 코트 옆쪽에 서 있다가 경기 틈틈이 인터뷰를 해도 된다고 허락해주었다. 나는 애착 유형에 따라 운동하는 방식이 어떻게 다른지 알아보기 위해 왔다. 이 청년들을 서서히 알아 가고 응원하게 되면서 이들의 경기력 향상을 위한 조언을 해줄수 있겠다는 생각이 들기도 했다. 최근에 몇몇 스포츠 심리학자들과 앞서가는 감독들은 그들의 팀을 패배하는 팀에서 승리하는 팀으로 만들기 위해 애착 이론을 활용하기 시작했다.

하지만 나는 이들의 코치가 아니었다. 사실 이 팀에는 코치가 없었고 괜히 주제넘게 나서서 원치 않는 조언을 하고 싶지는 않았다. 게다가 이들의 운동 신경은 내가 젊었을 때와 비교할 수 없을 정도로 뛰어나지 않은가. 나의 운동 선수 경력의 최고점은 고등학교 2군 농구 팀이었으니 말이다. 물론 그때도 벤치 신세였다.

팀워크를 구성하는 요소

운동 선수들은 목표를 달성하기 위해 땀 흘려 노력해야 한다. 위험을 감수해야 한다. 경쟁의 압박감과 스트레스를 견뎌내야 한다. 그런 면에서 스포츠는 일종의 탐험이라 할 수 있으며 선수의 경기력은 애착 유형과 경쟁적인 스포츠가 제시하는 도전에 맞서 감정을 조절하는 능력에 영향을 받는다. 게다가 스포츠는 관계의 활동이다. 선수들은 팀원, 코치와 지속적으로 관계를 맺어야 한다. 선수들이 이 관계를 다루는 모습은 이들의 영유아기에 형성된 관계의 '심성 모형'인 애착 유형과 밀접한 관련이 있다. 워싱턴대학의 심리학자 켈리 A. 포러스트는 왜 어떤 선수들은 경쟁의 스트레스를 잘 다루고 실력도 더 탁월한지 설명하는 데 생애 초기 애착 경험이 도움이 된다고 말한다.[1]

스포츠 경기력에 애착이 영향을 끼친다는 해석은 이제 막 학계에서 현장으로 퍼지기 시작했고 어떤 까닭인지 모르겠지만 다른 국가보다 영국에서 조금 더 활발한 추세이다. 당연하지만 젊은 코치들과 스포츠 심리학자들이 앞장서서 이 분야를 개척하고 있다.

그중 한 명이 맨체스터에 기반을 둔 영국 스포츠 기관과 협력하고 있는 스포츠 운동 과학자인 엘리엇 뉴얼이다. "저는 운동 선수들이 관계와 환경에서 신뢰와 안정성을 어떻게 인식하는지 폭넓게 이해하기 위해 애착 이론을 사용합니다."[2] 스포츠와 운동 심리학 석사 학위가 있는 서른한 살의 뉴얼이 말했다. 그는 영국 카누단 개발 팀에서 선수 40명, 코치 6명과 함께 일하고 있다. 뉴얼과 동료들은 인터뷰와 '식별 가능한 행동'을 기반으로 삼아 선수들을 애착 유형에 따라 분류하고, 특정 애착 욕구에 부합하는 훈련 방식을 체계적으로 만들었다.

애착 이론을 바탕으로 한 훈련은 영국에서 점점 더 인기를 얻고 있다고 뉴얼은 말한다. (하계와 동계) 올림픽 국가 대표 팀과 럭비, 축구, 크리켓 경기까지 다양한 프로 스포츠 구단에서 애착 이론을 적용하고 있다고 한다.

체력 유지하기

심판이 경기 시작을 알리는 호루라기를 불었다.

3 대 3 농구였다. 코트에 올라갈 수 있는 선수는 각 팀에서 세 명이다. 우리 팀 센터인 조시는 점프로 공을 받아 토드에게 패스했고 토드가 드리블을 바로 득점으로 연결했다.

그때부터 내리막이었다.

토미가 자유투 지점에서 슛을 날렸지만 에어 볼이었다. 조시는 공격적으로 리바운드를 하긴 했지만 대부분의 슛이 링을 통과하지 못했다. 마셜은 공을 가져왔지만 드리블을 너무 높게 하는 바람에 상대편 선수에게 볼을 빼앗겼다. 3분 만에 토미가 빠지고 데이브가 들어갔다. 가장 출중한 슈터인 데이브는 장거리 3점 슛을 쏘았고 이후에 마셜 대신 들어온 토드에게 공을 넘기려 했으나 다른 방향으로 가려던 토드는 패스를 받지 못했다. 상대 팀 선수가 공을 가져가 득점했다.

전반까지 39 대 31로 뒤지고 있었다.

확실한 문제가 하나 보였다. 우리 팀 몇몇 선수들의 체력이 떨어진다는 점이었다. 선수들은 숨이 차 헐떡거렸고 드리블은 어설펐고 패스 실수가 잦았으며 몇 분 경기하다가 바로 휴식하러 들어가야 했다.

"난 그때 죽는 줄 알았어." 한 선수가 이번 시즌 첫 경기를 떠올리며 말했다. 이런 경기에선 선수 교체를 자주 해주어야 하는데 뛸 수 있는 선수가 부족했다. 또 한 선수는 같은 팀 동료를 두고 이렇게 말했다. "내가 그 친구를 좀 아는데요, 운동 비슷한 활동을 하는 걸 못 봤어요. 헬스장도 안 간다고요."

선수 모두 직업상 스케줄이 빡빡하고 출장도 자주 가야 해서 나름대로는 체력 보강을 못하는 여러 이유가 있었다. 하지만 이런 체력 부족 역시 애착 유형과 관련이 있을 수 있다.

한 연구자는 이렇게 말한다. "건강한 몸은 어린 시절부터 만들어진다. 물론 건강하지 않은 몸도 어린 시절부터 만들어진다."[3] 개인의 애착 유형과 체력을 유지하는 데 필요한 절제 사이에도 연관성이 있다. 애착 안정 지수가 높으면 대체로 체력과 건강을 위해 필요한 행동을 할 가능성도 높다. 건강한 식생활, 치아 관리, 위생 관리, 운동에 게으르지 않다. 안정 애착인 사람들은 자신을 돌볼 가치가 있는 사람으로 보고 건강 증진 또한 개인의 책임이라 생각한다.[4]

그러나 건강을 유지하지 못하는 것이 그저 동기 부여와 자긍심의 문제만은 아닐 수도 있다. 불안 애착 유형이 운동을 하지 못하는 또 다른 요인은 격렬한 운동과 관련된 육체적 고통일 수 있다. 연구에 따르면 불안 애착 유형은 통증의 역치가 낮아서 안정 애착이나 회피 애착 유형에 비해 실제로 통증을 더 심하게 느낀다.[5] 결과적으로 불안 애착 유형 성인들이 운동에 거부감을 갖게 될 수도 있다. 한편 회피 애착 유형은 관계를 회피하기 위한 방법으로 혼자 하는 운동에 집중할 수 있다. 따라서 체육관에서 몇 시간씩 운동하는 근육질 선수들 중 일부는 회피 유형일 수도 있다.

어느 쪽이건 팀원의 애착 유형은 운동 습관과 체력을 예측하는 단서가 될 수 있다.

위험 감수

그날 밤 경기의 전반전을 보고 알게 된 건 평소 운동이 부족해 보이는 선수도 있지만 소심하고 자신감이 떨어지는 선수도 있다는 점이었다. 한 선수는 이 팀에서 뛰는 것이 무척 자랑스럽다고 열정적으로 이야기했지만 막상 코트에서는 공을 지나치게 조심스럽게 다루었다. 그가 패스와 슈팅 전에 머뭇거리다가 공을 상대편에 빼앗긴 적이 한두 번이 아니었다. (그 선수는 생각이 많아서 공을 놓치던 고등학교 농구부 시절의 나를 떠올리게 했다.) 다른 팀 동료가 그 선수에 대해 내게 이렇게 말하기도 했다. "겁이 많아요. 슈팅을 두려워하죠. 안 들어가면 창피할까 봐 그런가 봐요."

위험 감수 또한 애착과 관련된 행동이다. 영국의 연구원 샘 카에 따르면 안정 애착 유형은 실패의 두려움에 방해받지 않고 자신의 목표를 적극적으로 추구하는 경향이 있다. 실패하건 성공하건 애착 인물의 지지를 받을 것이라는 믿음이 있어서다. 반면 불안 애착 유형은 애착 인물에게 지지를 받을 것이란 확신이 부족해 '자기 보호를 위해 실패를 회피'하며 너무 큰 위험은 외면한다.

카 박사는 불안 애착 유형 선수들에게 '심리적 약점'이 있을 수 있다고 말한다.[6]

안정 애착이 골대 밑으로 대담하게 돌파하고, 과감한 패스를 하고, 위험한 슛을 던지게 해준다고 할 수 있을까? 불안정 애착과 실패에 대한 두려움은 실력 발휘를 못하도록 만드는 것일까?

협동

후반전 20분은 참으로 길게 느껴졌다. 토드와 데이브는 인상적인 외곽 슛을 성공시켰고 마설은 훌륭한 수비를 선보였다. 그러나 패스하다 공을 흘리거나 쉬운 슛을 놓칠 때가 너무 많았다. 한편 상대 팀은 계속해서 슛을 성공시켰다.

경기가 2분 남았을 때 우리 팀은 59 대 36이라는 큰 점수 차로 끌려가고 있었다. 나의 고등학교 농구부 시절이 생각났다. 바로 이 시점에 코치님은 나를 비롯한 벤치 선수들을 투입했다. 어차피 승부가 결정 났기 때문에 아무리 우리 실력이 형편없어도 잃을 것이 없었기 때문이다. 또 앉아만 있던 선수들이 코트에서 뛸 기회를 얻을 수도 있었다.

종료 1분 전, 이제 작전을 세우거나 동료를 돕는 척하는 시간도 끝났다. 선수들은 하프 코트 근처에서 되는대로 공을 던지기 시작했다.

경기 종료. 64 대 38. 슬픈 점수였다.

선수들이 운동 장비를 챙겨서 눈발이 날리는 거리로 나왔을 때 한 친구가 말했다. "우리 팀 약점을 보완하고 해결해야 해." 다른 친구가 대답했다. "약점이 어디 한두 가지여야지."

내가 봐도 약점이 한두 가지가 아니었다. 내가 만약 이 팀 코치였다면, 만약 애착 이론에서 얻은 통찰을 선수들과 공유할 수 있다면 이들에게 친밀 관계 경험 질문지를 풀게 해 애착 유형을 검사해보았을 것이다. 물론 결과는 나와 선수만 공유할 테지만 그 정보는 이 선수들과 어떻게 훈련해야 할지를 아는 데 도움을 주었을 것이다. 그들의 신뢰를 얻고 난 뒤 코치인 나와의 관계나 팀원들과의 관계 개선을 위해 방법을 고심했을 것이다.

나라면 불안 애착 유형 선수들과 대화하며 훈련의 어떤 부분이 가장 어려운지 알아내고 다른 운동, 즉 강도가 약한 장시간의 운동을 추천해주었을 것이다. 또한 그들이 애착 유형 때문에 코트에서 머뭇 거릴지도 모른다는 사실을 잘 설명해주었을 것이다. 그런 다음 코트 에서 그들의 시도가 성공하건 실패하건 내가 그들을 아낀다는 사실 을 알려주고 확신시켜주었을 것이다.

스포츠의 역사에서 평범한 팀이 예상을 뒤엎고 승리하거나 재능 있는 선수들만 모인 팀이 패배한 경우는 얼마든지 많다.[7] 2004년 올 림픽에 출전한 미국 농구 대표 팀이 대표적이다. 스타 선수들로만 구 성된 그 팀을 스포츠 기자들은 입을 모아 '드림 팀'이라고 불렀다. 그 드림 팀은 1차 예선에서 푸에르토리코에게 패했다. 강팀이 약팀에게 잡힌 이 예상 밖의 결과는 '팀워크' 부족이 원인이었다는 평가가 지 배적이었다.[8]

최근 연구는 선수의 애착 유형이 어쩌면 팀워크나 단합을 구성하 는 요소일지도 모른다는 사실을 보여준다. 회피 애착 유형은 팀원들 과 거리를 두기 때문에 팀의 사기를 올리는 데 도움이 안 될 수도 있 다. 반면 불안 애착 유형은 팀원들 사이에서 안정을 찾으려 하지만 동시에 자신의 가치를 의심할 수도 있다. 같은 팀 선수들은 스트레스 가 극심하고 급변하는 환경에서 몇 달 동안 가깝게 붙어 있어야 하기 에 각 개인의 애착 유형의 효과에 민감해질 수밖에 없다.

단합력에 관해서라면 우리 팀은 처음부터 문제가 많았다. 이들은 사실 두 그룹이 모인 팀이다. 토미와 세 명의 친구들은 직장 동료고 토드와 다른 두 명은 같은 아파트 주민이다. 데이브만 양쪽에 모두 아는 사람이 있다. "기본적으로 다른 두 팀이었어요." 데이브가 말했다. 따라서 되는대로 즉석에서 같이 뛰는 법을 알아내야 했다. 토니는 말했다. "우리 중 반은 만난 지 5분 만에 첫 경기를 뛰었죠." 제이미어도 말했다. "우리의 가장 큰 약점은 팀워크 부족이에요."

팀을 조직한 마셜은 경기가 없는 날 단합 대회를 열자고 제안했지만 이제까지 한 번도 모이지 못했다. 모두 정신없이 바빴기 때문이다. 모두 긴 근무 시간과 무거운 책임감이 따르는 전문직 분야에서 자기 길을 닦고 있는 젊은이들이었다. 단합 대회는커녕 농구 경기를 위해 시간을 낸다는 것 자체가 큰 도전이었다.

코치가 없다는 사실 또한 도움이 되지 않았다. 가장 실력이 뛰어난 조시가 선수 겸 코치 역할을 맡고 있었지만 시즌 중반이 지난 이 시점까지 팀에는 여전히 리더가 없었다. 내 생각에 이 점이 최악으로 보였다. 좋은 코치가 있다면 불안한 선수들이 팀에 잘 섞이도록 도와주고 어쩌면 불안정한 선수와 안정적인 선수들을 '단짝'으로 만들어 서로를 알아 가면서 신뢰를 쌓게 해줄 수 있었을 것이다. 또한 회피형 선수가 지원을 요청하고 싶어 할 때를 알아챌 수도 있을 것이다. "회피형 선수는 지원을 요청하기 어려워한다"고 스포츠 및 운동 과학자인 엘리엇 뉴얼은 썼지만[9] (감독은 회피형 선수들이 혼자 해결하고 싶어 하는 경향, 볼 핸들러나 스타가 되고자 하는 성향도 알아챌 수 있을 것이다) 불안한 선수에겐 그들이 팀에 소중한 존재임을 거듭 확인해주어야 한다. 코치가 있었다면 단합 대회도 성사되었을지 모른다.

'승리를 부르는 코치'의 비밀

2010년 NCAA(전미 대학 농구) 듀크대학 대 웨스트버지니아대학의 경기였다. 웨스트버지니아의 다숀 버틀러는 2쿼터 중반쯤에 듀크대 선수와 골대 밑에서 충돌했다. 버틀러의 왼쪽 무릎이 꺾이면서 그대로 넘어졌고 고통으로 몸부림치는 모습을 보아 무릎 부상으로 보였다. TV 방송 중 캐스터가 외쳤다. "버틀러의 얼굴이 일그러졌네요."[10]

바로 웨스트버지니아의 수석 코치인 밥 허긴스가 코트로 뚜벅뚜벅 걸어갔다. 허긴스는 1부 리그 남자 팀 코치 중 700승 이상을 기록한 다섯 명 중 한 명이다.[11]

푸른색 셔츠를 입은 덩치 큰 허긴스는 부상당한 선수 앞에 무릎을 꿇고 앉았다. 몸을 숙이고 얼굴을 버틀러의 얼굴에 가까이 밀착했는데, 거의 코가 닿을 정도였다. 그는 두 팔로 버틀러의 머리를 감싸 안고 손으로 볼을 쓰다듬은 후 선수의 눈을 똑바로 바라보면서 다정하게 말을 걸었다.

"밥 허긴스만이 만들어낼 수 있는 특별한 순간입니다." 캐스터가 말했다.

이후 미국의 대표적인 애착 연구자인 메릴랜드대학의 주드 캐시디와 함께 이 '특별한 순간'에 관해 이야기해보았다. 캐시디 또한 허긴스 감독이 바닥에 무릎을 꿇고 앉아 선수를 위로하는 모습에 감명을 받았다고 했다.

"그렇게 해야 한다는 걸 어떻게 알았을까요?" 캐시디가 물었다.

나는 잘 모르겠다고 답했다.

"나는 그 감독도 몰랐을 거라고 생각해요. 아마 어머니가 그렇게 해주었겠죠. 그래서 감독도 이 선수에게 같은 방식으로 위로했을 거예요. 애착 용어로는 안전한 피난처가 되어준 거죠. 아마도 자동적으로 나온 행동이었을 겁니다. 그가 배운 대로요. 고통이 있으면 위로해준다."

일명 '승리를 부르는 코치'라는 현상, 어느 학교 어느 팀으로 가든지 그 팀의 승률을 높이는 코치의 특징을 어떻게 설명할 수 있을까? 물론 날카로운 경기 감각 같은 다양한 요소가 작용할 테지만 밥 허긴스 같은 코치는 선수들의 애착 인물이 되기 때문이 아닐까?

영국의 한 연구에서 300명 이상의 젊은 선수들에게 친밀 관계 경험 질문지를 주고 그들과 코치의 관계도 조사해보았다. 연구자 루이즈 데이비스와 소피아 주잇은 일부 선수들이 실제로 코치와의 특별한 관계를 통해 기본적인 애착 욕구를 충족한다고 말한다. '스포츠 환경의 다양한 측면을 탐험하고 발견한다.'(안전 기지) '스트레스 상황에서 코치에게 의지한다.'(안전한 피난처) '코치와 평소에 가까이 지낸다.'(근접성 유지)[12]

노르웨이의 연구자들도 다 합쳐서 올림픽 메달이 17개나 되는 엘리트 운동 선수들을 인터뷰하고 이런 결론을 내렸다. "코치와 선수의 좋은 관계는 애착 인물에게서 느끼는 충족감과 비슷한 감정을 느끼게 한다."[13]

나에게도 애착 관계로 이어졌다고 할 수 있는 코치가 한 분 계셨다. 고등학교 1학년 때 농구 팀 코치님인데 팀에 패색이 짙을 때 나를 코트로 들여보냈던 그분이다.

사실 그 코치님과 나의 관계는 농구부 이전으로 거슬러 올라간다. 내가 성인 애착 면접을 받을 때 '가족 외에' 중요한 관계를 맺은 어른이 있냐는 질문을 받았을 때 즉각 떠오른 사람이기도 하다.

선생님의 성함은 클레이턴 '버드' 오델이었다. 그분이 농구부 코치라는 사실을 알게 된 순간 형편없는 농구 실력에도 불구하고 농구부에 들어가고 싶어졌다. 코치님은 나에게 엄청나게 영향을 준 중학교 1학년 때 담임 선생님이었다. 선생님이 나를 이해하고 나의 잠재력을 알아본다고 느꼈기에 그분 눈에 들기 위해 수업 시간에 최선을 다했다. 그래서 농구부 입단 시험을 볼 때도 최선을 다하고 싶었다. 예를 들어 농구부에 들어가려면 왼손으로 드리블을 잘해야 한다는 말을 들었다. 당연히 못했지만 오른손에 테이프를 감아 두면 어쩔 수 없이 왼손으로 드리블을 하게 된다는 형들의 말이 생각났다. 학교가 끝나면 마스킹 테이프로 오른손을 감아놓고 몇 시간 동안 우리 집 진입로에서 왼손 드리블을 연습하곤 했다. 물론 그렇게 한다고 해서 내가 하루아침에 드리블의 귀재가 될 리는 없었지만 가까스로 농구부에 합격할 수 있었다.

50년 전 일이다.

이제 교사와 코치에서 모두 은퇴한 86세의 버드 오델 선생님은 아내 제시와 노스캐롤라이나주 샬럿에 살고 계셨다.

선생님을 꼭 찾아뵙고 싶었는데 한 가지 궁금한 것이 있어서였다. 그분은 나의 애착 인물이었고 나는 그분이 선생님일 때는 공부를 열심히 하려고 노력하고 그분이 지도하는 팀의 선수일 때는 선수로서 역량을 끌어올리려고 했다. 선생님은 어떻게 나를 그렇게 만들 수 있었을까? 어떻게 나의 애착 인물이 될 수 있었을까?

문이 열리자 노쇠한 노인 한 분이 나왔다. 선생님은 암 진단을 받아 화학 요법과 세 차례의 수술을 받으신 후였다. 가는 회백색 머리 카락을 가지런히 빗어 내리고 귀에는 보청기를 끼고 계셨다. 키가 더 작아지신 것 같았는데 최근에 재보니 180센티미터가 안 되었다고 했다. "선수 시절에는 거의 190이었는데 말이야. 어디에선가 10센티를 잃어버렸다네!"

우리는 따뜻하게 악수했는데, 선생님의 악력은 여전히 강했다.

버드 선생님과 사모님이 소박한 아파트의 거실로 날 안내했다. 선생님은 안락의자에 앉았다. 날이 더운데도 셔츠 두 장을 겹쳐 입고 계셨다. "혈액 항응고제를 복용해서인지 항상 으슬으슬 춥구나."

"혹시 제가 선생님 농구부에 들어갔던 거 기억나세요? 저는 주전 선수는 아니었어요."

선생님은 대답 전에 잠시 생각에 잠겼다. 나는 선생님 특유의 말 사이의 침묵을 기억한다. 얼마나 신중하게 단어를 고르는지 알았다.

"내 기억에 너는 농구를 진심으로 좋아했어. 그리고 너만의 기술이 있었단다."

"그렇게 말씀해주시니 감사하네요." 둘 다 웃음을 터트렸다.

그 다음 선생님 말씀에 놀랐다. 내게 뛸 기회를 더 주지 못해 후회 스럽고 학교가 워낙 우승에 집착해서 그랬다고 했다. "하지만 나는 확신한다. 너희들에게 모두 공평하게 농구를 가르쳤어." 그리고 덧붙였다.

"모두가 기본적인 기술을 익히길 바랐지. 드리블, 패스, 슈팅, 오른손으로 레이업하기, 왼손으로 레이업하기."

내가 끼어들었다. "모든 선수들이 왼손 드리블을 할 줄 알아야 한다고 하신 건 맞나요?"

"그랬지." 말씀하시고는 잠시 뜸을 들이셨다. "하지만 솔직히 말하면 나도 20년 동안 왼손 드리블을 연습했지만 결국 잘하지는 못했어. 그래서 어려워하는 친구들을 보면 충분히 이해했지."

아, 어쩌면 왼손 드리블 때문에 그렇게 애태우지 않았어도 팀에 들어갈 수 있었겠구나.

나는 선수와 관계를 맺기 위해서 어떻게 접근하셨는지 물었다.

"나는 선수 한 명 한 명을 개인적으로 알고 싶었어. 어떤 친구들이고 무엇을 잘하고 무슨 생각을 하는지, 어디에 관심이 있는지, 강점이 뭔지……."

버드 선생님은 내가 50년 전 느낀 그대로를 정확히 묘사하고 계셨다. 나를 한 명의 인간으로 이해하는 데 진심이었던 것이다.

"너희들 모두를 이해하고 싶었지. 도전을 받아들일 수 있는지, 도전에 어떻게 대응하는지. 만약 도전에 대응 못한다면 내가 도울 수 있는 방법을 찾으려 했지. 왜냐면 교실에서나 농구장에서나 어려움은 있을 수밖에 없으니까. 아이들에게 무엇이 필요한지 이해하고 그걸 얻으려면 내가 어떻게 도와주어야 하는지만 알면 되지. 그게 코칭의 기본이고 내 교육 방침이기도 하고."

나의 옛 코치님은 애착이라는 단어를 사용하지는 않았다. 그러나 그의 방법은 명확했다. 선수에 관해 정확하게 알기, 선수 성향에 맞쳐 관심 주기, 선수들이 잘해내기 위해 필요한 연장 마련해주기 따위였다. 이것이 바로 감독과 선수 사이에 애착 관계를 형성하는 열쇠였다. 아마도 이렇게 접근했기 때문에 버드 선생님은 승리를 부르는 코치이자 학생들을 성장시키는 교사가 되었을 것이다.

홈 경기장의 이점

몇 주 전 속수무책으로 경기에 패한 뒤 이 직장인 농구 팀에 진전이 있었다. 함께 시간을 보내면서 서로 강점을 알아 갔다. 누가 공격을 잘하고 누가 수비에 강한지, 누가 외곽 숏을 쏠 수 있고 누가 중앙으로 파고들 수 있는지 알게 되었다. 따로 단합 대회나 회식을 하지는 않았다. ("계속 취소를 하게 되더라고요. 다들 일이 너무 바빠요." 한 선수가 말했다.) 하지만 코트에서 훈련을 한 덕분에 둘로 나뉘어 있던 팀이 드디어 조금씩 한 팀으로 맞춰지기 시작했다.

시즌 마지막 경기 날, 이 경기에는 많은 것이 걸려 있었다. 현재 성적은 4승 4패였다. 이 경기에서 패배하며 시즌을 마무리하면 상위권 팀과 첫 플레이오프 게임을 하게 되고 탈락할 가능성이 높아진다. 하지만 승리하면 약팀과 붙으면서 결승까지 가는 희망의 끈도 놓지 않을 수 있다.

상대 팀은 강해 보였다. 워밍업을 하는 모습만 봐도 얼마나 신체 조건이 좋은지 한눈에 알 수 있었다. 특히 평균 신장이 월등했다. "195 정도 되는 선수가 두 명이나 있어." 데이브가 놀라서 말했다.

팀이 모여서 마지막 작전 타임을 갖고 심판이 경기장 중앙에서 팁

오프를 준비했다. 한겨울 일요일 저녁 7시였다. 커뮤니티 센터 농구장에는 선수, 심판, 시간 기록원, 그리고 나 외에는 아무도 없었다. 관중은 한 명도 없었다. 선수 하나가 내게 다가와 말했다. 이렇게 조용하고 텅 빈, "들리는 건 운동화가 코트에 마찰해 나는 끽끽 소리뿐인" 경기장에서 경기하려니 "기분이 묘하다"는 것이다.

기분이 이상하다거나 묘하다는 건 애착의 관점에서는 그리 도움이 되지 않는다.

한 연구에서 세 살부터 열두 살 사이 어린이 50명에게 야구장 내야한 바퀴를 최대한 빠른 속도로 달려보라고 했다. 한 번은 부모님이 보고 있을 때, 다음엔 부모님이 핸드폰을 보고 있을 때였다. 그 결과는 어떠했을까? 부모님이 아이들을 지켜보고 있을 때 어린이 다섯 명 중 네 명이 평소보다 3초 빠른 속도를 기록했고 넘어지는 횟수도 적었다. 반면 부모님이 핸드폰을 보고 있을 때는, 말하자면 아이를 무시하고 있을 때는 더 천천히 뛰고 더 자주 넘어졌다.[14] 다만 부모가 관심을 주는 한 크게 응원을 하는 것과 말없이 지켜보는 것 사이에 큰 차이는 없었다. 중요한 건 부모가 와 있다는 것과 주의를 기울이고 있다는 것이었다. "부모가 안전 기지 역할을 할 때 어린이들은 더 실력을 발휘한다."[15] 실험을 했던 브랜디 스튜피카는 이렇게 말했다.

어린이 선수와 부모를 중심으로 연구한 이 논문에서는 성인 선수에게도 사랑하는 사람들의 응원이 동일한 효과를 발휘할 것이라고 했다. 샘 카에 따르면 애착 인물과 분리되었을 때 "심리 상태는 최적의 실력 발휘에 도움이 되지 않는다"고 한다.[16]

그렇다면 이것이 우리가 흔히 생각하는 '홈 코트 이점'과 적어도 부분적으로는 같은 맥락일까? 사랑하는 사람들이 물리적으로 가까운 곳에서 관심을 보이는 것이 도움이 될까?

안타깝게도 코치와 팀 매니저들은 반대로 생각하는 것 같다. 선수들의 집중력이 흩어질 수 있다는 이유로 배우자나 연인이나 가족들과 만나지 못하게 하기도 한다. 2010년 월드컵에서 영국 대표 팀 감독은 연습일은 물론 경기 당일에도 선수들과 아내, 여자 친구와의 만남을 금지했다.[17] 애착의 관점에서 그 방침은 역효과를 초래한다. 아마 애착 이론을 아는 감독이었더라면 배우자나 연인을 비롯한 애착 인물들이 가까운 장소에서 경기를 지켜보게 했을 것이다. 그리고 정신을 산만하게 하는 핸드폰이나 전자기기를 치우게 하고 경기에만 집중하게 했을 것이다.

이 정규 시즌 마지막 경기날 밤 우리 팀 한 선수의 연인이 경기장에 왔다. 토드의 여자 친구 매기였다. 매기와 나는 경기장 측면에 앉아서 심판이 휘슬을 부는 순간을 기다렸다.

부상

첫 점프에서 조시는 공을 건드려 토미에게 보냈고 토미는 데이브에게 패스했으며 데이브는 코너 3점 라인 밖에서 3점 슛을 성공시켰다. 하지만 상대 팀도 곧바로 득점했다. 치열한 접전이 벌어졌고 전반전이 끝났을 때는 우리 팀이 21 대 19로 앞서고 있었다. 이 말은 곧 시즌 전체가 다음 20분에 달려 있다는 뜻이었다. 내가 뛰는 것도 아니면서 마음이 조마조마했다. 선수들이 이 스트레스를 어떻게 견디는지 상상도 할 수 없었다.

후반전이 6분 남았을 때, 우리 팀은 30 대 26으로 점수 차를 4점으로 벌려놓았다.

하지만 선수들이 공을 흘리거나 슛을 실패하기 시작했고 상대 팀 거인들이 불을 내뿜기 시작했다. 경기 종료 2분 전 역전을 당해 34 대 35가 되었다. 토드가 토미 대신 들어갔고 어쩌면 여자 친구 응원의 힘이었는지 에너지를 폭발시켰다. 골대 아래서 장신 선수를 제치고 리바운드를 따냈다. 30초 후에는 한 번 더 깔끔한 리바운드를 해낸 후에 드리블을 하면서 곧장 질주해 레이업 슛을 했다. 그리고 바닥에 넘어졌다.

토드는 그대로 누워 있었다. 여자 친구가 자세히 보기 위해 자리에서 벌떡 일어났다.

심판이 경기를 잠시 중단시켰다. 선수들은 토드를 둘러싸고 일어날 수 있을 때까지 기다렸다.

일반적으로 안정 애착인 선수는 부상에서 더 빨리 회복되어 경기장으로 복귀하는 편이다. 불안형 선수들은 부상에 조금 더 집중하고 회피형 선수들은 증상을 무시하다가 악화시키기도 한다.[18] 안정 애착 유형은 도움이 필요할 때면 유능한 보호자가 곁에서 도움을 줄 것이라고 확신하기 때문이다. 또 안정적인 선수들은 부상 회복에 더 낙관적이다. 불안정한 선수들은 통증에 더 예민하게 반응하는데 심각하지 않다는 말을 믿지 않거나 사람들이 적절하게 잘 치료해줄 것이라는 믿음도 부족하다. 최악의 상황을 상상하고 ('이건 끔찍한 부상이고 난 끝장났어') 실제로 물리적 통증을 더 예민하게 느끼기도 한다.

선수들에게 애착 인물이 된 코치는 선수가 부상을 당했을 때 앞서 말한 밥 허긴스처럼 선수를 위로해줄 수 있다. 더 나아가 선수의 애착 유형에 맞게 자신의 반응을 조절할 수도 있다. 만약 부상당한 선수가 안정 애착 유형이라면 선수의 회복 탄력성을 강화하고 경기에 다시 복귀하도록 격려한다. 선수가 회피 애착 유형이라면 다른 선수들이 가까이 오지 않게 하고 부상 선수와 1 대 1로 대화한 다음 자립성과 통증에 대한 인내심을 강화한다. 불안 애착 유형 선수라면 감독은 팀 의사에게 해당 선수가 입은 부상이 심각하지 않다는 확신을 주라고 말하며 팀원들이 부상 입은 선수에게 다가와 그 통증을 이해하고 지지한다는 것을 보여주도록 할 수 있다.

다행히 그날 밤 토드는 다치지 않았다. 금방 털고 자리에서 일어났다.

압박 상황에서 숨이 막히다

1분도 채 남지 않았을 때 우리 팀은 1점 차로 뒤져 있었다. 상대 팀의 장신 선수들이 시간을 끌었다. 그들끼리만 패스하면서 우리 팀이 공을 만질 기회도 주지 않았다. 30초 남았을 때 마셜은 일부러 상대 선수를 넘어뜨려 파울로 퇴장을 당했다. 상대 팀은 자유투를 넣었고 몇 초를 앞두고 2점이 뒤처지게 되었다.

키가 172센티미터인, 우리 팀에서 가장 단신이지만 가장 실력 좋은 슈터인 데이브가 마셜 대신 투입되었다.

이제 우리 팀은 최강 선수로만 구성되었다. 조시, 토드, 데이브였다.

마지막 몇 초만 공을 지킨다면 우리 선수 중 한 명이 경기 종료 신호 전에 마지막 슛을 던져볼 수 있을 것이다.

클러치 상황이었고 이제 선수들이 '초크(choke) 현상'*을 겪지 않아야 했다.

왜 어떤 선수들은 부담되는 상황에서 숨이 막히고 실력 발휘를 못할까. 켈리 포러스트가 지적한 것처럼 스트레스가 증가할 때 애착 유형에 따라 '집중력 붕괴'의 정도가 다르기 때문일 수도 있다.[19]

안정적인 선수는 스트레스가 있으면 눈앞의 목표에만 십중하는 경향이 있고 압박이 심할 때도 그렇게 할 수 있다. 하지만 불안 애착 유형 선수는 스트레스를 받을 때 자기 내면에만 집중하는 경향이 있다. 회피형은 외부 환경에 집중하거나 팀보다 자기 이익에 치중한다. 두 유형 모두 집중력이 떨어지고 산만해지고 평소 훈련했던 대로 '작동하지 못한'다. 포러스트에 따르면 이런 유형인 선수는 마지막 순간 새가슴이 되어 실수할 가능성이 높다.

애착 이론에 익숙한 감독이라면 상황이 급박하게 돌아갈 때 타임아웃을 요청해 마지막 작전에 안정적인 선수가 파이널 슛을 던질 수 있는 기회를 마련해주었을 것이다. 이는 정당하지 않아 보일 수도 있는데 모든 선수들이 팀을 위해 노력하기 때문이다. 하지만 애착의 관점에서 승리의 확률을 높이려면 안정적인 선수에게 클러치 슛을 맡겨야 한다.

이 팀도 그렇게 했다.

데이브가 마지막 슛을 던진 것이다.

---

* 압박감에 따른 지나친 긴장감 또는 성공에 대한 강한 열망 때문에 오히려 수행 능력이 평소보다 크게 떨어지는 현상을 말한다.

데이브는 팀 내 마당발이었다. 그는 팀이 결성되기 전부터 각각 직장 동료와 친구로 구성된 두 그룹을 모두 알고 있었다. 관계를 소중히 여겼고 인연을 당연하게 여기지 않았다. 그는 내게 이렇게 말한 적이 있다. "팀원들을 믿어야죠. 먼저 친해져야 하고요. 이기고 지는 것보다 그게 더 중요한 것 같아요." 데이브는 조화롭고 건강한 인생관을 갖고 있기도 했다. 그와 아내 레베카는 대학교 1학년 때 만났고 지금은 결혼 2년 차였다. "게임도 중요하지만 제 사생활과 제 주변 사람들만큼 중요하지는 않죠. 농구도 무척 재미있어요. 그래도 취미 활동일 뿐이죠. 저는 인생의 더 큰 경기에서 이겼다고 생각하고요."

데이브는 안정 애착이었을까? 확실히 말할 수는 없다. 다른 선수들과 마찬가지로 그에게 친밀 관계 경험 질문지를 작성해 달라고 요청하지는 않았다. 하지만 그를 지켜보고 대화하고 나니 내 직감은 그가 안정 애착 유형일 것이라고 말하고 있었다.

토드가 공을 드리블하다 코트 중앙선 바로 앞에 서 있던 데이브에게 패스했다. 2점차로 뒤처진 상황에서 그의 슛은 경기 마지막 골이자 정규 시즌 마지막 골이 될 참이었다.

데이브는 나중에 이렇게 설명했다. "조시에게 패스했어요. 그 친구가 마지막 슛을 던지고 싶어 할 거라 생각했거든요. 하지만 수비가 제게서 멀어졌고 조시가 다시 제게 공을 패스했어요. 저는 3점 슛 라인에서 몇 걸음 뒤에 있었고요. 던져야만 한다는 걸 알았죠. 승패를 가르는 슛이었어요. 이기느냐 지느냐가 걸려 있었죠. 아무 생각도 느낌도 없었어요. 그냥 던지던 대로 기계적으로 던졌어요."

데이브의 집중력은 흐트러지지 않았고 슛을 쏘았다.

타이머의 모든 숫자가 0이 되었고 경기 종료 신호가 울렸다. 공은 네트 안으로 빨려 들어갔다.

선수들은 커뮤니티 센터를 같이 나왔다.

토드가 말했다. "진짜 거인 선수들이었는데. 영리하게 경기를 못 풀더라."

마셜이 말했다. "우리는 오늘 밤 한 팀이었어. 이제 어떻게 팀 경기를 하는지 알게 된 거 같아."

그들은 옷도 갈아입지 않고 여전히 운동화와 반바지 차림인 채 흥분된 목소리로 오늘 경기를 되새기고 플레이오프 전략을 세우면서 어두워진 골목으로 들어갔다.

12장

|

애착과 정치 리더
우리는 안정형 지도자가 필요하다

마이클 두카키스를 인터뷰하기 위해 찾아가면서 대선 승패가 사람의 인생을 얼마나 다르게 만드는지를 실감했다. 노스이스턴대학 정치학과의 두카키스가 사용하는 소박한 교수실의 문은 열려 있었다. 전망 좋은 고급 사무실이 아니었다. 사무실 안에는 4천2백만 표를 받은 적이 있는 한 정치인이 셔츠 차림으로 앉아 있었다.

머리가 거의 백발이 된 것 빼고는 82세의 두카키스는 내가 민주당 전당대회에 가서 보았던 사람과 크게 다르지 않았다. 그때 나는 (두카키스가 그리스 이민자 자녀라는 사실을 상기시키던) 닐 다이아몬드의 "커밍 투 아메리카(coming to America)"를 들으며 벅찬 마음으로 그를 기다렸다. 두카키스는 다른 정치가들과는 달리 무대 뒤에서 등장하지 않고 환호하는 대의원들 사이를 걸어와 무대로 올라갔다.

하지만 대선 캠페인 중 두카키스는 공화당 후보였던 조지 W. 부시의 공격에 신속하게 대응하지 못했다. 전국에 방송된 대선 후보 토론에서 두카키스는 자신의 아내를 언급하는 도발적인 질문을 받았다. "만약 키티가 성폭행당한 뒤 살해된다면 범인의 사형 집행을 계속 반대하시겠습니까?" 두카키스는 이때 별다른 감정 표현 없이 사형제 반대 입장에는 변함이 없다고 답했다. 정치평론가들은 이 답변을 결정적인 실수라고 보았고 그의 대선 패배에 큰 영향을 끼쳤다고 여겼다.

하지만 그냥 실수였을까? 두카키스의 성격과 애착 유형에 뿌리박힌 무언가를 드러내는 신호는 아니었을까?

두카키스와 약속을 정하면서 내 목표는 두카키스에게 성인 애착 면접 질문지에 나온 질문을 몇 개 해보는 것이었다. 내가 아는 한 정치가에게 성인 애착 면접을 진행하는 것은 최초였다. 어쩌면 이 실험으로 정치가들의 애착 유형과 관련해 국가의 안녕을 위해 중요한 의미가 담겨 있는 몇 가지 발견을 할 수도 있을지도 모른다.

리더십 유형을 결정하는 애착

애착 연구자들은 종종 미국 대통령의 애착 유형에 관해 여러 가설을 내놓기도 한다. 물론 '수수께끼 맞추기' 이상이 되지 못할 수도 있는데 왕이건 평민이건 성인의 애착 유형 측정법으로 유일하게 신뢰할 방법은 친밀 관계 경험 질문지나 성인 애착 면접뿐이기 때문이다. 하지만 내가 아는 한 이 두 방법을 사용해 미국 대통령의 애착 유형을 조사한 적이 없기에 우리는 대통령의 개인사와 발언과 행동을 통해 유추해볼 뿐이다.

그래도 어림짐작 정도는 해볼 수 있다. 예측이 가능한 이유는 점점 더 많은 연구가 성인의 행동에 애착 유형이 영향을 끼친다는 사실을 보여주고 있고 우리도 지도자의 애착 유형이 그 사람의 됨됨이나 리더십 스타일에 영향을 준다는 사실을 잘 이해하기 때문이다. 게다가 지도자의 애착 유형은 시민의 삶의 질에까지 영향을 끼칠 수 있다. **대통령이 백악관에 들어가는 순간부터 애착 인물의 기능을 충족시켜야 할 때가 많기 때문이다.** 시민들을 외부의 적으로부터 보호해야 한다(애착 용어로 안전한 피난처). 국내 정책을 조율하고 경제적 선택을 함으로써 시민들이 자신의 삶을 추구할 수 있게 하고(안전 기지), TV나 소셜 미디어 등에서 상징적인 존재감을 드러내면서 시민 곁에 있다는 확신을 주어야 한다(근접성 유지). 지도자가 병이나 암살로 갑자기 사망했을 때 시민들은 인생의 중요한 애착 인물을 잃은 것처럼 상실감을 느끼기도 한다.

안정 애착 유형 지도자라면 애착 관계를 활용하여 자신의 역할을 유능하게 수행하면서 연구자들이 말하는 '강하고 현명한' 양육자가 될 수 있다. 이러한 능력이 있는 남성이나 여성 지도자는 우리의 자부심과 능력을 키워주고 자율성과 창의력을 격려하며 새로운 도전에 맞서고자 하는 열망을 지지해준다. **안정적인 지도자**는 필립 셰이버와 마리오 미컬린서가 지적한 것처럼 '변혁적(transformational)' 지도자가 될 잠재력이 있다. 변혁적 지도자는 시민들에게 '용기, 희망, 헌신'을 고취하는 환경을 만들 수 있다. 그러나 대체로 자기와 타인에 대해 긍정적인 감각을 지닌 안정적인 지도자만이 이 과업을 해낼 수 있다. "안정된 사람들은 안전을 강화하는 지도자의 역할을 해낼 능력을 갖추고 있으나 불안정한 지도자는 안전한 피난처와 안전 기지를 갈망하는 지지자들을 만족시키는 데 어려움을 겪기 쉽다."[1] 심리학자 티파니 켈러 핸스브로는 이렇게 결론 내린다. "변혁적 지도자는 안정적인 내적 애착 모델을 갖고 있는 경향이 있다."[2]

근현대 미국 대통령 중에서 가장 안정 애착에 가까워 보이고 변혁적 리더십을 보여준 사람은 프랭클린 루스벨트이다.[3] 대공황과 2차 세계대전 중에 그는 유명한 '노변 담화'를 통해 시민들에게 '공포 자체'에 굴복하지 말라는 메시지를 보냈다. 루스벨트는 미국인들이 무척 힘들고 불안한 시기에 자신들의 숨겨진 강점을 발견하고 안정감을 느끼도록 도운 강한 지도자였다. 그의 사망 소식에 온 국민이 눈물을 흘리며 애도했다. (20년 후 존 F. 케네디 암살 소식을 들은 시민들 또한 깊이 애도했다.) 최근으로 온다면 공화당의 로널드 레이건이 변혁적 지도자로 여겨진다. '다시 맞이한 미국의 아침'이라는 낙관적인 슬로건과 효과적인 소통 방식으로 그는 실용 보수주의(일명 '레이건 혁명')를 내세우며 애국심과 대통령제에 대한 신념을 부활시켰다.

그러면 불안정 애착 유형 지도자는 어떤 특징이 있을까? 이들도 유능한 일꾼일 수 있다. 그러나 연구자들은 불안정 애착 지도자는 변혁적 지도자가 되기는 어렵다고 말한다. 불안정 애착은 최고 자리까지 올라가게 하는 동기가 될 수 있고 적절한 환경에서는 탁월한 성과를 보여주기도 한다.

회피 유형 지도자들은 리더십을 자신이 '터프하고 독립적인' 사람이라는 관점을 강화할 기회로 보기도 한다고 세이버와 미컬린서는 말한다. 그러나 '친밀함과 상호 의존성을 불편해하는 성향'이 지지자들의 욕구와 관심사를 이해하는 데 장애물이 될 수 있다.[4] 이에 가까운 사례로 리처드 닉슨을 들 수 있다. 그의 사교성 부족과 지지자와 측근까지도 믿지 못할 정도인 타인에 대한 불신은 회피 유형의 증거가 될 수 있다. 닉슨은 대통령을 사임한 후에 헬리콥터를 타고 백악관을 떠나기 전 고별 연설에서 이런 말을 했다. "우리 어머니는 성인(聖人)이셨습니다." 사실 그의 전기 작가인 에번 토머스에 따르면 어린 시절 닉슨은 엄한 어머니를 무서워했다고 한다.[5] 물론 누구나 부모가 완벽하지 않음을 알고 때로 학대를 받았다 해도 부모의 결함을 받아들이고 부모를 사랑할 수도 있다. 그 또한 안정 애착의 증거이다. 그러나 회피 유형인 이들은 종종 자신의 부모가 하나부터 열까지 완벽하다고 주장하거나("성인이셨다") 어린 시절의 아픔을 인정하지 않은 채 부모의 모든 점을 사랑한다고 주장하기도 한다. 부모를 지나치게 이상화하는 것은 회피 애착의 증거라고 전문가들은 말한다.[6]

반면 불안 유형 지도자들이 공직에 오르면 "지지자들의 욕구를 채워주고 그들의 건강한 성장을 돕기보다는 관심받고 싶고 친밀감을 느끼고 싶고 인정받고 싶은 자신의 욕구를 채우는 데 급급하다"고 셰이버와 미컬린서는 지적했다. 그들은 자신의 애착 욕구에 '집착하면서' 선서한 의무를 수행하는 데 필요한 '정신적 자원을 끌어다 쓸 수 있다.'[7] 아마 그 예로 빌 클린턴을 들 수 있을 것이다. 물론 추측이지만 전문가들은 클린턴의 관심받고 싶은 욕구, 잘 보이고 싶은 욕구와 함께 '자신을 선망하는 인턴의 속옷도 무시하지 못하는 성향'이 그를 탄핵 위기까지 가게 했다고 말하기도 한다.[8]

닉슨과 클린턴은 모두 영리하고 재능 있는 정치가들이었다. 만약 그들이 자신의 애착 유형을 인식했다면 백악관에서의 행동이 달라졌을 수도 있다. 닉슨이 정적에게 느낀 위협과 측근들을 향한 불신의 일부가 자신의 회피 애착에서 유래되었다는 사실을 이해했더라면 불법 행위를 거부하고 사임까지 가지 않았을지도 모른다. 클린턴이 젊은 인턴과 가까워지려는 자신의 욕구가 부분적으로 불안 애착과 연결되어 있음을 이해했다면 유혹을 이겨낼 수 있지 않았을까.

극좌파, 극우파의 애착 유형

애착 유형은 우리의 정치 성향과 선택하는 후보에 영향을 줄 수 있다. **예를 들어 안정 애착이 중도 좌파, 중도 우파를 선택하는 경향은 관련이 높아 보인다.** 크리스토퍼 웨버와 크리스토퍼 페데리코는 안정 애착의 특징은 '자신감, 연민, 신뢰'이며 그들은 이 세상이 선한 의도를 품고 있는 사람들이 살아가는 '안전하고 조화로운 장소'라고 믿는다.[9] 따라서 안정 유형 유권자는 모호함을 받아들이고 융통성 없는 독단주의를 거부한다. 마리오 미컬린서는 안정 애착이 '더 균형 잡히고 융통성 있고 현실적인 정치적 관점'을 갖는 경향이 있다고 말한다.[10]

불안정 애착은 더 극단적인 이데올로기, 극좌파나 극우파에 끌리는 경향이 있다. 유니온대학 심리학 교수인 조슈아 하트는 이렇게 말한다. "불안정성은 불확실성 때문에 더욱 악화된다. 불안정한 이들은 강력하고 확고한 세계관을 제공하는 극단적인 이념에 끌린다."[11] 물론 이 세상에서 살아가는 우리가 불안정한 이유는 분명히 있다. 경제도 불안하고 전쟁과 테러 위험도 도사리고 있다. 그러나 여기서 말하고자 하는 것은 일반적으로 극단적 이념에 끌리는 성향이다.

타인을 불신하고 자립을 중시하는 회피 유형 유권자는 우파 보수주의에 끌린다고 웨버와 페데리코는 말한다. 경제적인 면에서도 그렇고("세상은 피도 눈물도 없는 정글이다") 군사적인 측면에서도 그렇다("우리는 오직 우리 군사력만 믿을 수 있다").[12] 불안한 유권자들은 위협적으로 느껴지는 세상에서 안전을 찾고자 하는 마음에 부와 권력의 분배를 옹호하는 극좌파 이념에 끌리며 모든 시민의 복지를 책임지는 정부에 보호와 '포용'을 지나치게 요구하기도 한다. 하지만 물론 이는 고정불변의 법칙은 아니다. 회피형 유권자가 좌파 사상을 지지하거나 불안형 유권자가 우파 보수주의를 지지하기도 한다. 어쨌든 이들은 독단주의의 안정성에 끌린다.

불안형 유권자는 지도자에게 자신의 충족되지 않는 애착 욕구를 투사하기도 한다. 그러면서 또 다른 문제가 생길 수 있다. 불안한 유권자들은 보호를 약속하는 지도자를 갈망하다가 정말 보호하고 격려하고 힘을 주는 변혁적인 지도자와 그러한 자질이 없는 지도자를 구분하지 못할 수도 있다.

한 연구에서 심리학 교수 티파니 핸스브로는 실험 대상자들에게 정치가들의 연설 영상 두 개를 보여주었다. 하나는 마이클 두카키스의 후보 수락 연설과 역시 민주당 후보였고 인권 운동가이자 목사인 제시 잭슨의 영상이었다. 이전에 두 사람의 연설은 모두 변혁적인 자질이 충분하다고 평가받았다.("지지자들의 감정과 가치에 호소하고 집단

정체성을 강조했다.") 확실히 잭슨의 연설에서는 변혁적 자질을 찾아볼 수 있었다. 그러나 두카키스의 연설은 '실용적이긴 했지만' 호소력이 부족했다.

결과는 어떠했을까? 불안한 사람들은 객관적으로는 그렇지 않다는 평가를 받는 두카키스의 연설을 변혁적이리고 보았다. 핸스브로가 지적한 문제는 불안형 유권자들은 강인하고 보호적인 리더를 갈망하기에 진정한 변혁적 지도사와 그저 카리스마가 있는 지도자를 구분하지 못한다는 것이다. 이것이 위험한 이유는 이미 극단적인 우파나 좌파로 치우쳐 있는 유권자들이 뛰어나지 않거나 심지어 위험한 정치가를 변혁적 리더로 판단하고 선동 정치가로 밝혀질 사람을 맹목적으로 지지할 수도 있기 때문이다.[13]

어떤 정치 지도자의 '성인 애착 면접'

"피터 선생? 들어오세요."

매사추세츠 주지사를 세 번이나 지냈고, 다른 주지사들에 의해 최고 주지사로 꼽히기도 했던 사람이 일어나서 문까지 나를 맞으러 왔다. 걸을 때 보니 등이 살짝 구부정해진 것 같았다.

나는 정치인 마이클 두카키스를 존경했고 그에게 투표했다. 그런 그가 내게 귀한 시간을 내주어 무척 고마웠다.

"만나 뵈어서 영광입니다. 주지사님, 초대 감사합니다."

"이메일 한 통만 마저 쓰고요." 그가 책상 의자에 앉더니 의자를 빙 돌려 뒤의 데스크톱 컴퓨터 앞에 자리를 잡았다. "아, 아닙니다.

나중에 써야겠어요." 그가 다시 의자를 돌려 내 쪽을 바라보았다.

전화가 울리자 그는 다시 의자를 빙 돌려 전화를 받았다.

"여보세요. 아, 그래요? 안 될까? 절대 안 된다고 하던가? 그래요. 알았어요. 끊어요."

그의 굵직한 목소리와 짧게 툭툭 끊어지는 말투가 기억났다.

내가 잠깐 나갔다 오겠다고 제안하자 그는 손짓으로 그냥 머물라고 답했다.

평범한 사무실이었다. 내가 예상한 일반적인 대학교 교수실이었다. 하지만 내가 기억하는 두카키스는 이런 소박한 환경은 전혀 개의치 않는 사람이었다. 그와 아내 키티는 브루클린의 소박한 집에서 50년째 살고 있다. 주지사 시절 그는 별다른 경호 없이 전차를 타고 출퇴근했다. "일부러 남의 시선을 의도한 건 아닙니다." 그가 내게 말했다. "다섯 살 때부터 전차를 타고 다녔어요. 캐딜락을 타고 경호원 스무 명과 다니면서 무슨 일을 할 수 있겠어요?" 창가에는 아내 키티와 일곱 명의 손자 손녀 사진 액자가 놓여 있었다.

그의 전화 통화는 이어졌다. "그분한테 초대장 갔어요. 존. 그래. 우리가 알아서 할게요. 알아서 합니다. 네. 좋아요. 내가 처리할게요."

그가 통화를 마치고 다시 의자를 돌려 나를 보았다.

"질문하실 게 있다고 하셨죠? 물어보시죠." 그가 말했다.

나는 애착 이론에 관한 관심을 짧게 설명하고 지금 집필 중인 책에 들어갈 내용으로 성인 애착 면접에 포함된 질문을 몇 개 하고 싶다고 말했다.

그는 괜찮겠다고 답했다.

내가 배운 바에 따르면 성인 애착 면접의 목적은 당사자의 개인사를 밝혀내는 것이 아니다. 그보다는 어린 시절 주 양육자와의 관계를 설명하게 함으로써 애착 체계를 활성화하는 것이다. 특히 분리되었을 때, 상처받았을 때, 사랑하는 사람을 잃었을 때 같은 어린 시절 경험에서 내적으로 일관성 있고 믿을 수 있는 이야기를 만들 수 있는지 관찰하는 것이다. 이 질문들은 '무의식을 자극해' 애착 관계에 대해 말하는 사람의 마음 상태를 드러낸다.[14]

대체로 이 방법론을 개발한 사람들이 운영하는 교육 과정에 등록하고 수련을 마쳐야 자격증을 취득할 수 있다. 나는 따로 전문 교육을 받지 않았기에 정식 자격을 갖추었다고 할 수는 없다. 하지만 저널리스트이자 작가로서 수십 년간 인터뷰한 경험은 많다. 그리고 전문가인 모리시오 코르티나에게 성인 애착 면접을 받았고, 그 경험을 글로 쓰기 위해 성인 애착 면접의 구성 요소를 꼼꼼히 공부했다. 내가 이 말을 길게 하는 이유는 공식적으로 수련을 받거나 자격증이 있는 건 아니지만 교수실에서 두카키스를 만날 즈음에는 이 면접의 목적, 구조, 내용을 숙지하고 있었다는 말을 하고 싶어서다.

그렇다고 해도 두카키스의 책상 맞은편에 앉아서 유명한 정치인이 솔직하게 자신을 노출할 수밖에 없는 질문을 할 생각을 하니 적잖이 긴장되었다. 그를 곤란하게 하지 않을 것이며 혹시라도 있을지 모를 실수에 대비해 출간 전에 그에게 내용을 확인받기로 약속했다.

"모두 다 써도 됩니다. 걱정 마십시오. 나는 이건 되고 저건 안 되고 하는 사람이 아닙니다. 그러면 너무 복잡해지거든요."

나는 녹음기를 확인하고 그의 동의를 받아 책상 위에 올려놓고 녹음 버튼을 누르고 시작했다.

"좋습니다. 그러면 가족 소개부터 시작하면 어떨까요? 어디에 사셨고 가족은 누구였나요? 자주 이사를 다녔을까요? 부모님은 어떤 일을 하셨지요?"

"우리 부모님은 둘 다 이민자였습니다." 그의 아버지는 공장과 식당에서 일하면서 야간 학교를 다녔다. "아버지가 미국에 도착했을 때는 영어를 한마디도 못했어요. 주머니에 한 푼도 없었고요. 그런데 12년 후에는 하버드 의대를 졸업했습니다. 어떻게 그럴 수 있었는지는 저도 모르겠습니다."

나는 어린 시절 그와 부모님의 관계에 대해 물었다. "기억할 수 있는 가장 어린 시절로 돌아가면 그때를 어떻게 표현하시겠습니까?"

"행복한 아이였어요. 학교를 좋아했고요. 스포츠에 열광해서 매 시즌 챙겨봤죠. 그리고 이유가 어찌 되었건 학교생활을 잘했습니다. 아마 열두 살이나 열세 살 때였던 거 같은데 이런 생각을 했던 기억이 나네요. '내 인생이 지금 이 순간 정지했으면 좋겠다'라고요. 왜냐면 매일매일 너무 즐거웠거든요."

부모와의 관계를 묻는 내 질문에 딱 맞는 대답은 아니었다. 하지만 성인 애착 면접 지침에 따르면 면접자는 응답자의 대답을 수정하지 말고 계속 질문해야 한다.

어쨌든 첫 두 질문은 위밍업일 뿐이다. 그 다음 질문인 '다섯 개 형용사'가 핵심이다.

"어머니를 떠올리면서 어렸을 때 어머니와의 관계를 묘사할 수 있는 형용사 다섯 개를 말씀해주실 수 있을까요?"

"다정한. 그리고 엄격한. 우리 부모님은 자식들에 대한 기준이 높았거든요. 성적이 우수해야 했어요. 또 두카키스 집안 아이들은 늘 집안일을 도와야 했습니다. 집에 잔디 깎아주는 사람은 따로 없었습니다. 우리가 깎았어요. 눈도 치우고요."

잠깐 멈추었다가 세 번째 단어를 말했다. "격려해주는."

그리고 한참이나 말을 멈추었다.

"원래 대답이 바로 떠오르지는 않습니다." 나는 지침에서 본 대로 유도했다.

"적절한 단어가 있을지 잘 모르겠네요. 우리 부모님은 자식들에게 다양한 경험을 하게 해주려고 하셨습니다. 그리고 뭐랄까 전통적이랄까요. 이 점을 과장하고 싶지는 않습니다만. 우리는 그리스 집안에서 자랐습니다. 적어도 우리 할머니가 계실 때는 그리스어로 말했습니다. 그래도 우리 집은 다른 그리스 이민 가정과는 약간 달랐습니다. 부모님 모두 고등 교육을 받으셨는데, 그 시절엔 흔치 않은 일이었죠. 저는 다섯 살 때부터 열세 살까지 교회 학교에 다녔습니다. 하지만 우리 집이 딱히 종교적인 분위기는 아니었고요."

"그래서 형용사를 생각해보셨나요?" 나는 다시 원래의 질문으로 돌아갔다.

"다정한, 엄격한, 격려해주는."

"교육열이 강한." 그가 말했다.

두카키스는 다섯 번째 형용사를 생각해내진 못했다. 나는 이 질문의 두 번째 부분으로 넘어갔다. 그가 선택한 단어의 근거가 될 수 있는 구체적인 경험이나 일화를 들려 달라고 하는 것이다.

"어머니와의 관계를 묘사하는 첫 번째 단어가 '다정한'이었는데요. 이와 관련된 구체적인 기억이나 일화가 있을까요?"

20초 정도가 흘렀다. "더 생각해봐야겠네요." 그가 말했다.

"충분히 생각하셔도 됩니다."

"특별히 떠오르는 구체적인 기억이 있는 건 아닙니다. 그냥, 워낙에……."

"어머니가 다정한 분이었다는 것을 보여주는 기억이나 이미지가 있을까요?" 내가 물었다.

10초 정도가 흘렀다.

"그것도 더 생각을 해봐야겠습니다. 특정한 사건이 있었다기보다는 제가 자란 환경이 전반적으로 그랬달까요? 특별히 지금까지 남아 있는 기억은 없습니다. 하지만……."

"알겠습니다. 두 번째 언급해주신 형용사가 '엄격한'이었는데요. 엄격하셨던 어머니와 관련된 사건이 있을까요?"

전화벨이 울렸고 그는 돌아서 전화를 받았다.

"여보세요. 그렇군요. 지금 실무단과 작업하고 있습니다. 그렇게 하라고 말했어요. 걱정 마시죠. 그래요. 좋습니다. 노동자들은 옵니까? 꼭 왔으면 좋겠습니다. 그래요. 고마워요."

다시 나를 돌아보았다.

"어디까지 이야기했죠?"

어머니와의 관계에 대해서 이야기하고 있었다고 상기시켜주었다.

"가끔 매를 드셨죠." 그가 유일한 형제인 네 살 많은 형 스텔리언

이야기를 꺼냈다. "우리 형제는 정말 친했지만 싸움도 많이 했죠. 남자 형제들 있는 집이 다들 그렇겠지만. 한번은 어머니가 우리한테 너무 화가 나셔서 바지 벨트 없이 학교에 가게 하셨어요. 왜냐면 우리가 가끔 벨트를 빼서 그걸로 서로 싸웠거든요. 말하자니 조금 부끄럽기도 합니다."

이제 아버지와의 관계를 설명하는 형용사 다섯 개를 말해 달라고 하니 그는 어머니와 비슷하다고 대답했다. 다만 '정도가 덜했다'고 했다. 어머니는 대부분의 시간 동안 전업주부였고 아버지는 병원에서 휴일도 없이 근무해서 아버지와 보낸 시간은 많지 않았다.

"그러면 아버지를 생각할 때 '다정한'도 되는 걸까요? 그 단어를 보충해줄 수 있는 기억이 있을까요?"

"아니요. 특별히 기억나는 장면이 있다기보다는 늘 한결같이 자상하고 따뜻하셨고 우리를 지원해주셨어요."

그는 다른 형용사에 대해서도 덧붙일 말은 없다고 했다.

우리는 다음 질문으로 넘어갔다.

"부모님과 처음 분리되었을 때를 기억하세요?"

그렇다고 했다. 열한 살 때 뉴햄프셔주에서 1박 2일 캠프를 한 적이 있다.

"너무 집에 가고 싶고 부모님도 보고 싶었습니다. 그런데 그게 부끄러웠어요. 정말 집에 가고 싶었거든요. 각종 운동 프로그램도 있었어요. 그래서 수영도 배웠는데. 오로지 집 생각밖에 안 나는 겁니다. 기분이 이상했습니다……. 사실 내가 왜 이러는지 도통 이해를 할 수가 없었죠. 몰래 숨어서 많이 울었습니다. 스스로 기가 막혔습니다.

미치게 화도 났어요. 왜 나한테 이런 일이 일어나는지 이해할 수가 없었어요."

"부모님이 어떤 방식이든 위협적이었던 적이 있나요?" 자연스럽게 다음 질문으로 넘어가려 해보았다. "체벌을 했다거나 아니면 장난으로라도요?"

이 질문에 그는 아버지에 관한 일화를 들려주었다. 보통 일요일 오후면 아버지는 평소보다 일찍 퇴근해 낮잠을 자고 가족들과 저녁 식사를 했다. 그런데 두카키스가 열 살 무렵일 즈음 어느 일요일 오후, 그가 형 스텔리언과 거실에서 공을 갖고 놀다가 아버지의 단잠을 깨웠다. "아버지가 불같이 화를 내시는 겁니다. 1층으로 내려가서 벽난로 불쏘시개를 가져오셨죠. 나는 후다닥 화장실로 도망가 문을 잠갔죠. 볼기짝 맞기 싫어서." 그가 웃으며 말했다.

성인 애착 면접의 어려운 점은 인터뷰어가 상대의 대답에 자기 의견을 붙이면 안 된다는 점이다. 내가 이 면접을 할 때 어린 시절의 아픈 이야기를 하고 있는데도 코르티나 박사가 말없이 듣고만 있어서 서운했던 기억이 있다. 이제 입장이 바뀌어 두카키스에게 그런 이야기를 들으면서도 동정의 말을 한마디도 덧붙일 수 없어서 힘들었다.

다음으로 넘어가려 해보았다. "그래서 어린 시절을 돌아보면 그 시절 경험이 성인이 된 자신의 성격에 영향을 미쳤다고 생각하세요?"

"잘 모르겠습니다. 꼭 그렇다고 말할 수는 없을 것 같습니다. 그저 나는 사랑받는 행복한 아이였고 학교생활도 공부도 좋아했지요. 특별히 그 점에 대해서 깊이 생각해본 적은 없습니다."

그렇다면 그가 자랄 때 주변에 그에게 중요했던 다른 어른이 있었을까? 앞서 친할머니 올림피아 이야기를 했다. 할머니는 그의 가족과 함께 살았다고 했다.

"참 다정하셨죠. 일요일 저녁 식사 시간에 내가 거실로 나가면 할머니가 내 팔을 잡았죠. 그러면 내가 할머니를 모시고 식탁으로 가서 앉혀드렸습니다. 아마 여섯 살 때였을 겁니다."

그러나 할머니는 그 이듬해 돌아가셨다.

할머니의 죽음은 어떻게 기억하고 있을까?

"우리 거실에 관을 놓았고 그 안에 누워 계셨어요." 사람들이 집으로 조문을 왔다고 한다.

그날은 어떤 경험을 했을까?

"잘 기억이 안 납니다. 물론 슬펐겠죠. 하지만 슬펐다는 것 외에 다른 기억은 없어요. 그냥 할머니가 돌아가셨구나 했습니다. 일곱 살짜리 아이가 죽음을 어떻게 감당할 수 있었겠어요. 슬펐겠죠. 그저 받아들이고 살아갔던 것 같아요."

그의 형인 스텔리언은 대학에 진학한 후에 '심각한 심리적 장애'를 겪고 병원에 입원하기도 했다. 그의 가정에 "그런 일은 처음이었다"고 그가 말했다. 두카키스가 서른아홉 살이었을 때 스텔리언은 교통사고로 사망했다.

"나는 언제나 타고난 낙관론자였습니다. 문제가 무엇이든 상관없어요. 어딘가에 해결책도 분명 있다고 생각하니까요. 하지만 형에 관해서는 혼란스러웠어요. 내가 볼 때 형은 괜찮았거든요. 학교 성적도 우수했고 운동에도 소질이 있었습니다. 그런데 어느 날 갑자기 그 일이 일어난 거죠. 이제는 정신 질환에 생물학적인 원인이 있다는 걸 알죠. 아마 우리 형도 그런 사례가 아니었을까 싶습니다. 그런 일은 얼마든지 일어날 수 있다고 생각하죠. 하지만 그게 하필 우리 형이었다는 거죠."

인터뷰가 끝나 갈 즈음 두카키스는 52년을 함께 산 아내 키티가 우울증과 기억상실증으로 고생한 적이 있다고 했다. 언론을 통해 본 두카키스는 아내에게 늘 헌신적이었다. "지금은 많이 괜찮아졌습니다. 전기 충격 요법 덕분이죠. 솔직히 말하면, 그 치료가 없었다면 아직까지 살아 있을 거라고 장담을 못하죠. 키티와 나는 지금도 매일 사람들을 돕고 있어요. 아내를 미국 메디케어(미국 노인 의료보험제도)의 최고 수혜자라고 소개하기도 하죠. 하지만 아시겠지만 우리는 롤러코스터 같은 인생을 살았어요. 평범하지 않은 삶이었죠."

이후 나는 인터뷰 녹취록을 내가 한 면접을 포함해 수백 명의 면접을 분석한 심리치료사 쇼사나 링겔 박사에게 보냈다. 몇 주 후에 그는 두카키스의 답변을 분석했고 몇 가지 질문에는 의견까지 적어 보내주었다.

다섯 개의 형용사 질문: "형용사를 뒷받침해줄 기억이나 경험을 찾지 못함. 특히 사랑에 관한 기억을 구체적으로 말하지 않음." "정서적 지지가 아닌 학업 성취를 강조."

어머니에게 체벌을 받았다는 부분: "굴욕적이고 부끄러웠으면서도 어머니의 엄한 훈육을 지지함."

여름 캠프에서 향수병을 앓은 경험: "부모님을 보고 싶어 했던 걸 인정은 하지만 오랜 세월이 지났는데도 그 경험을 숙고하거나 이해하거나 받아들이기 어려워함."

아버지의 위협과 체벌에 대하여: "두려웠던 경험과 아버지의 불같은 성미를 인정하면서도 우습게 넘기고 축소하려 함."

할머니의 장례식: "거리감 있고 감정이 섞이지 않은 일반적인 묘사."

형인 스텔리언의 정신 질환에 대하여: "형의 질환의 진행 과정은 자세히 이야기하면서 자신에게 미친 영향은 말하지 않음. 논리를 사용하고 감정은 축소."

종합 평가: "구체적인 기억과 솔직한 감정과는 거리가 먼 추상적인 답변을 주로 한다. 자신을 강인하고 독립적인 사람으로 묘사하고 약한 모습은 축소하려 한다. 감정 표현이 적고 누군가를 필요로 하거나 의지한다는 이야기를 하지 않으며 그런 감정을 적극적으로 무시하려는 태도도 보인다. 부정적인 경험은 축소하거나 생략하고 정서적 친밀감보다는 성공과 학업 성취 따위를 강조한다.

분석 결과: "애착 유형: 회피 애착"[15]

내가 대단히 존경하는 정치인이자 선거 때 열렬히 한 표를 행사했던 인물이 회피 애착 유형이란 말인가?

처음에는 성인 애착 면접 자체를 과연 100퍼센트 신뢰할 수 있는지 의심이 들었다. 심리학자가 아닌 내가 인터뷰를 진행했다는 사실이 잘못된 결과를 만든 것일까? 링겔 박사는 그럴 수도 있다고 말했지만 내가 볼 때 두카키스는 성심성의껏 대답했고 실제로 많은 면접이 심리치료사가 아닌 연구자들에 의해 이루어지기도 한다.

성인 애착 면접 평가에 편견이 들어가 있는 건 아닐까? 두카키스는 이민 가정에서 자란 80대 남성으로서 자신의 감정을 드러내지 않고 열심히 일하고 성공하는 것을 중시하던 시대에 성장했다. 그가 감정적으로 열려 있지 않다는 점 때문에 애착 면접이 과도하게 점수를 깎은 것은 아닐까? 우리 사회는 강하고 말이 적은 존 웨인 타입의 남성을 존경해 왔다. 링겔 박사는 문화적 편견도 개입할 수 있지만 나이대와 배경이 비슷한 다른 사람들 인터뷰도 분석한 경험이 있었는데 그들은 훨씬 더 마음이 열려 있고 감정적이었다고 한다.

링겔의 평가를 보면서 나는 두카키스의 정치 경력을 새로운 시선으로 보아야 했다. 만약 이 결과가 맞다면 어쩌면 두카키스가 성공한 주지사가 될 수 있도록 만든 일등 공신은 그에게 추진력과 자립심을 준 회피 애착이었을 것이다. 그러나 그가 희망과 열정이 부족했던 대통령 후보 수락 연설로 '변혁적이지 않은' 정치적 수사의 모델이 된 것도 회피 애착 성향이 작용한 것은 아닐까 싶었다. 또한 대선 토론에서 그의 아내가 성폭행당하고 살해된다 해도 사형제 폐지를 지지할 것이냐는 질문에 감정이 실리지 않은 답변을 한 것도 회피 애착과 연결될지 모른다. 그의 답변은 실수였다기보다 솔직한 대답이었고 안타깝게도 그의 애착 유형을 그대로 반영한 것일지도 몰랐다.

왜 대다수 정치인들은 회피형일까?

나는 성인 애착 면접 질문을 내가 만난 다른 정치가들에게도 해보았다. 현직과 전직 하원의원에게 해보았는데 놀랍게도 두카키스와 비슷하게 일관적으로 회피 애착이 나왔다.

링겔 박사는 전 하원의원의 성인 애착 면접을 검토한 후에 나에게 개인적으로 이런 질문을 보냈다. "어쩌면 회피 애착이 정치인들의 '직업병'일 수도 있지 않을까?"

대답하기 어려운 질문이다. 하지만 예외도 있었다. 뉴욕주 로체스터의 젊은 시장이었다. 나는 성인 애착 면접을 하기 위해 시청에 가서 당시 3년 차 시장이었던 러블리 앤 워런을 만났다.

워런은 어린 시절의 중요한 일화들을 기억해냈다. 부모님의 사랑에 관해서 구체적으로 답했다. (엄마는 "우리를 안아주고 뽀뽀해주고 사랑한다고" 말해주었고 아빠는 딸이 최선을 다하도록 격려해주었고 화가 났을 때 아빠를 찾아가 위로받기도 했다.) 상실의 이야기도 있었다. (열세 살 때 인생이 "실체를 드러내기 시작했다." 아버지가 약물을 복용했고 부모님이 이혼했다. "나의 어린 시절은 그날 끝나버렸다고 할 수 있죠.") 트라우마와 관련된 이야기도 있었다. ("아버지가 집을 나갈 때 따라 나갔지만 아버지는 차를 타고 가버렸어요. 난 소리 질렀죠. '아빠는 나보다 약이 더 중요해?' 아버지는 대답 없이 떠났어요.") 회복의 이야기도 있었다. (고등학교를 졸업하고 대학에서 법학 학위를 받았으며 시 의회 의장이 되고 서른다섯 살에는 시장에 당선되었다.)

링겔 박사는 내 인터뷰 원고를 보고 워런이 안정 애착에 속한다고 했다. 평가 설명은 다음과 같다.

형용사를 뒷받침하는 근거와 설명이 있었다. 자신의 나약한 면을 드러내고 애착의 경험을 인정했다. 고통스러운 경험과 가슴 아픈 거절의 경험도 묘사할 수 있었다. 과거를 돌아볼 줄 알고 해석하며 부모와 분리하여 자신의 정체성을 찾은 듯하다.

워런은 생애 초기 안정 애착이 회복 탄력성의 밑받침이 될 수 있음을 보여주는 대표적인 예로 보인다. 안정 애착 덕분에 상처와 상실도 이겨낼 수 있었다. 만약 대부분의 정치가들이 회피 애착이라는 내 이론이 맞다면 워런 시장은 예외인 경우일 것이다. 워런이 앞으로 이 애착의 안정성을 기반으로 삼아 진정 변혁적 리더가 될 수 있을지 여부는 아직 판단하기 이르다. 그러나 가능성은 있다.

물론 무작위로 실시한 정치인 몇 명의 인터뷰로 일반화하기에는 무리가 있다. 하지만 인구의 25퍼센트 정도를 차지한다는 회피 애착 유형이 정말로 정치인들 사이에서 유독 비율이 높을까? 그렇다면 왜 그럴까? 이 정보로 어떤 유의미한 결과를 얻을 수 있을까?

회피 애착의 특성이 공인으로 성공하는 데는 이점이 있다고 할 수 있다. 회피 유형은 자립심이 강한데 이는 정치인들에게 필요한 자질이다. 그들은 가정과 가족과 떨어져 보내는 시간을 잘 견딘다. 이 또한 선거 캠페인이나 주 전체 혹은 전국구에서 직책을 맡았을 때 필요한 자질이다. 이스라엘의 한 연구는 프로 테니스 단식 선수 중 순위가 높은 선수들 중에 회피 애착의 비율이 높다고 말한다.[16] 프로 테니스는 매우 경쟁이 심한 분야로 선수 혼자 경기를 이끌어야 하고 출장이 잦아 가족이나 사랑하는 사람들과 장시간 떨어져 있어야 한다. 이 두 가지 요소에 자립심은 굉장히 중요하다. 아마 정치는 그런 자질이 더 필요한 분야일 수도 있다.

게다가 회피 유형은 다른 사람을 신뢰하지 못하는 경향이 있다. 이는 이중 거래와 배신이 판치는 정치계에서는 또 하나의 강점으로 작용할 수 있다. "일리 있는 의견이네요." 전 하원의원인 팀 페트리가 동의하기도 했다. 얼마 전 정계에서 은퇴한 페트리는 36년간 위스콘신주 동부 지역 하원의원으로 활동했다. 그가 의원으로 재직하던 1980년대에 FBI가 앱스캠으로 알려진 작전을 수행했다. FBI 수사관이 잠입 수사하여 정치적 이익을 약속하며 아랍 회사에게 뇌물을 받은 정치인들의 동영상을 촬영해 적발한 사건이다. 하원의원 6명과 상원의원 1명이 유죄 판결을 받았다. "정치인들은 다른 사람들의 동기를 알아채는 본능이 발달해서 뭔가 잘못되었을 때 민감하게 알아채죠." 페트리가 말했다. "주의력 깊고 사람과 쉽게 가까워지지 않는 사람들이 바로 그 결정적인 순간에 '의심스러운데'라거나 '그럴 리 없어'라고 말하면서 문제에서 벗어날 수가 있습니다."

2016년 대선에서도 이 패턴이 나타난다.

힐러리 클린턴의 자기 보호 본능과 아마도 남들을 완전히 신뢰하지 않는 성향은 회피 애착 유형이 보이는 자립심과 타인을 불신하는 성향과 일치한다. 그가 국무장관이었을 때 개인 이메일 서버로 업무를 봤던 것이 이러한 성향을 보여주는 예시일 수도 있다. 그의 선거 연설은 대부분 공약에 대한 꼼꼼한 설명이었지 감정 호소는 아니었고 어찌 보면 마이클 두카키스의 연설과 비슷했다고 할 수 있다. 힐러리 클린턴은 유권자들에게 인간적인 면이나 자신의 진짜 모습을 드러내기 어려워했고 이 또한 회피 애착인 사람들에게서 자주 볼 수 있는, 자기 노출을 꺼리는 특징과 일치한다.

공화당의 도널드 트럼프 또한 회피 애착과 일치하는 특질을 보여주었다. 강한 자립심을 보여주고 자기 반성을 하지 않으려 하며 또 성적인 관계를 친밀함의 표현이 아닌 으스대는 기회로 삼고 자신의 부모에 대한 불편한 진실에도 불구하고 부모를 이상화한다. 주목과 인정을 받고자 하는 성향은 불안 애착의 증거로 보일 수도 있다. 그러나 트럼프 경우에는 지나친 찬사를 원하는 것에 가까웠고 이는 회피 유형의 특징이다.[17] 요약하자면 그가 회피 유형임을 보여주는 여러 흔적과 그중에서도 특히 그의 극단적인 자기 신뢰는 대다수가 회피 애착 유형인 수많은 정치가들을 제치고 그를 미국의 45대 대통령으로 선출되게 만들었다.

만약 이 가정이 옳다면, 즉 수많은 혹은 대부분 정치가들이 회피 애착 유형이라는 사실에는 어떤 의미가 담겨 있을까? 확실히 우리가 효과적인 정치적 리더십을 갖고 있지 못하다는 뜻은 아닐 것이다. 마이클 두카키스는 성공적인 정치인이었고 세 번 재선되었고 동료들에게 최고의 주지사로 꼽혔고 상식적인 정책을 내세웠고 여전히 공적으로 활발하게 활동하며 시민과 정치가들에게 존경을 받고 있다.

그러나 효과적인 건 변혁적인 것과 같지 않다. 그 흔치 않은 리더십은 안정 애착의 성향을 갖고 백악관으로 들어오는 정치가에게 남겨주어야 할 것 같다. 그 사람은 '강하고 현명한' 양육자로서 위기를 헤쳐 가면서 감정적인 지지를 제공하고 시민들에게 희망을 주고 지지자들에게 힘을 실어주어 개인적으로나 국가적으로나 잠재력을 발휘하게 하는 인물일 것이다. 필립 셰이버와 마리오 미컬린서의 의견에 따르면 그런 지도자는 모든 애착 유형 시민들에게 '용기, 희망, 헌

신'의 정신을 불어넣을 수 있다.[18]

회피 애착 유형 정치 지도자들이 많았다는 사실은 미국에 장기간 안정적 리더십이 부족했으며 나라를 책임지는 '강하고 현명한' 지도자 없이 이 시대를 헤쳐 왔다는 의미도 될 것이다. 우리가 신뢰, 조화, 행복이 충만한 사회 대신 전반적으로 불안정한 사회를 경험했다는 뜻일 수도 있다. 사회 전반적으로 긍정적인 가치가 부족하면 내분이 촉발되고 집단 사이 갈등이 분출할 수도 있다. 사실 수많은 국가들이 긴 역사 동안 겪어 온 상황이다.

확실히 하자면, 우리는 정치인의 애착 유형을 그저 예측해볼 수 있을 뿐이다. 알려진 개인사에서, 공개 연설에서, 집무실 내외의 활동에서 단서를 유추해볼 수는 있다. 다른 가족들이 쓴 자전적 에세이나 기사에서 어린 시절에 대한 사연들이 드러날 수도 있을까? 누가 주 양육자였고 그 관계는 어떠했는가? 그 관계에서 분열이 있었는가? 성인이 된 후에 아니라고 밝혀지기 전까지는 타인이 좋은 의도였을 것이라고 잘 믿었는가? 이는 안정 애착의 표시이기도 하다. 친구, 동료, 참모들과의 관계에 신뢰와 안정감이 있는가? 아내나 사랑하는 사람과의 관계는 건강하고 안정적인가? 그 정치인의 메시지가 시민들에게 희망과 용기를 주는가, 아니면 자기 만족적이며 분열을 초래하는가?

이렇게 눈에 보이는 모든 요소들이 그 자체로 안정 애착을 보장해주지는 않는다. 일례로 수많은 정치인들이 안정적인 결혼 생활을 유지하는 척하면서 불륜을 저지르기도 한다. 하지만 여러 요소가 그 정치인의 관계 유형을 드러내고 그 사람이 안정 애착인지 불안정 애착인지 약간은 보여줄 수 있다.

우리는 변혁적인 지도자 없이도 잘 지낼 수 있지만 있다면 더 잘 지낼 것이다. 평화로운 시대에 변혁적인 지도자는 애착 이론에서 말하는 탐험의 형태로 복잡한 사회 문제를 해결할 창의적인 방법을 찾도록 도와줄 것이다. 전쟁이나 경제 위기가 닥쳤을 때, "더 강하고 더 현명한" 지도자가 안전한 피난처이자 안전 기지가 되어주어야 할 시기에 우리를 믿음직스럽게 이끌어줄 수도 있다. 그러한 이유로 앞으로 정치가들 중 변혁적 지도자가 될 잠재력이 있는 안정 애착 유형 지도자들이 있는지 눈을 크게 뜨고 찾아야 할 것이다.

13장

세상에서 가장 안전한 피난처

죽음을 초월한 애착 관계

텅 빈 대성전(바실리카)에는 침묵만 흘렀다. 크리스마스 이브 어린이 예배 성탄 공연은 끝났지만 자정 미사가 시작되려면 아직 한 시간이 남아 있었다.

나는 단상에서 3분의 2 정도 뒤에 있는 신도석의 가장자리에 앉아 있었다. 이 성당의 신도석은 무척 길다. 워싱턴 D.C. 북동쪽 가톨릭 대학 캠퍼스에 있는 이 성당은 미국에서 가장 큰 로마가톨릭 교회이며 전 세계에서도 10위 안에 드는 규모다. 돔 지붕은 국회 의사당만큼이나 거대하다. 또한 비잔틴 로마네스크 건축 양식은 유럽의 유서 깊은 성당들과 견줄 만하다. 이곳은 워싱턴 시내에 있는 유명한 성 마태오 대성당과는 다른 곳이며 정식 명칭은 성모 무염시태 국립 대성당(Basilica of the National Shrine of the Immaculate Conception)이다. 성모 마리아를 기념하기 위해 건축된 곳으로 대통령과 교황이 방문했고 매년 수백만 명이 예배를 드리고 많은 이들이 성지 순례차 방문하기도 한다.

나는 궁금했다. 애착의 관점에서 볼 때 신앙과 종교 의식 참석이 무엇을 의미할까? 애착 유형이 우리가 신을 믿는지, 신과 어떻게 관계 맺는지, 어떤 종교를 받아들이는지와도 관련이 있을까?

나는 성당 자정 미사에 참석해본 적이 없었다. 유대인인 나에게 크리스마스란 중국 음식이나 영화처럼 나와는 전혀 관련 없는 날일 뿐이었다. 하지만 대성당에 들어와 자정 미사의 영적인 충만함에 푹 잠기자 몇 가지 질문이 떠올랐다.

신은 애착 인물이 될 수 있을까?

믿음을 가진 사람들, 특히 유일신을 믿는 이들에게 신앙의 핵심은 인격신과 직접 상호 관계를 맺는다는 믿음이다.[1] 갤럽 조사에서 대부분의 미국인들은 종교적 믿음을 '신과의 관계'로 정의할 수 있다고 답했다.[2]

많은 기독교인들은 신과 직접 관계 맺는다. 어떤 이들은 예수나 성모 마리아를 찾기도 한다. 유대교의 신 또한 인격신으로 그 신과 논쟁하고 질문하면서 신과 연결된다. 오래전 아브라함과 모세가 그랬고 영화 〈지붕 위의 바이올린〉의 신앙심 깊은 우유 배달부 테비에도 그렇게 했다.

또한 종교학자들은 알 무민(al-Mu'min, 안정의 수호자이자 수여자)이나 알 무집(al-Mujib, 호응자)을 비롯한 알라신의 신성과 쿠란에 실린 여러 이야기와 신화를 조사해보면 알라 또한 애착 인물로서 '중요한 특징'을 갖추고 있다고 말한다. 테헤란대학의 교수인 바게르 고바루보납은 이렇게 말한다. "알라는 근접성, 안전한 피난처, 안전 기지라는 중요한 애착의 기능을 충족시켜준다."[3]

심리학자인 리 커크패트릭은 유대교, 기독교, 이슬람교 외에 힌두교, 불교같이 서구인이 볼 때 신이라는 개념을 바탕에 두지 않은 종교에서도 '고대 민간 신앙의 인격신'을 의식한다고 말한다.[4]

그동안 애착 관련 저서나 논문에서 신앙인들에게 신과의 관계 또한 상징이 아니라 실제로 진정한 애착 관계가 될 수 있다는 글을 읽긴 했으나 개인적으로 나는 이 생각에 냉소적이었다. 과한 해석으로 느껴졌다. 내가 젊고 우리 아이들이 어렸을 때는 나도 믿음이 있었으나 점차 종교와 멀어졌다. 가끔은 종교 의식에 참여했고 기도문을 암송할 수도 있었지만 보이지 않고 형체 없는 신을 애착 인물로 여길 정도로 믿음이 깊지는 않았다.

그러나 신앙인들에게 신과의 관계가 실제로 애착 관계의 다섯 가지 심리적 요건을 만족시킬 수 있다는 주장이 있다. 이 분야를 깊게 연구한 커크패트릭은 다음과 같은 근거를 들어 설명한다.[5]

안전 기지: '무소부재하고 전지전능하며' 우리를 위에서 내려다보고 있는 애착 인물은 '가장 안전한 안전 기지'를 제공한다고 커크패트릭은 말한다. 성경도 신을 안전의 원천으로 묘사한다. 신은 '방패'이고 '바위'이고 '요새'다. 가장 널리 알려진 시편의 한 구절은 이 요점을 분명하게 표현한다. "내가 사망의 음침한 골짜기로 다닐지라도 해를 두려워하지 않을 것은 주께서 함께 하심이라. 주의 지팡이와 막

대기가 나를 안위하시나이다."(시편 23:4) 신은 심리적으로 안전 기지 역할을 하면서 신자가 "힘과 자기 확신과 평화와 함께 일상 생활에서 부딪히는 문제와 도전에 대면하도록 한다"고 커크패트릭은 썼다.[6]

안전한 피난처: 충격적인 사건, 질병, 부상, 분리의 위협 등 존 볼비가 애착 체계를 활성화한다고 믿었던 상황은 사람들이 안전한 피난처로서 신에게 의지할 가능성이 가장 높은 상황과 같다. "참호에는 무신론자가 없다"는 속담은 절체절명의 상황에서 무신론자마저 신에게서 위안을 찾는다는 진실을 예리하게 포착한다. 포화 속 군인이나 치명적인 병에 걸린 환자나 사별한 사람, 혹은 원래 신앙이 있거나 이제 막 신을 만난 사람들에게 신은 고난을 헤쳐 나갈 수 있는 힘의 원천이 되기도 한다.

근접성 추구: 아이들은 놀랐을 때 양육자가 물리적으로 옆에 있기를 바란다. 하지만 성인에게 애착 인물의 가치는 물리적 근접성뿐만 아니라 심리적 근접성에도 있다. 신은 물리적으로는 옆에 없지만 여전히 심리적으로나 영적으로 애착 인물의 역할을 할 수 있다. 죽거나 떠날 수 있는 사랑하는 사람과 달리 신은 어디에서나 영원불변하게 우리 곁에 있다. 성화나 십자가나 복식, 때로는 유대교 회당 앞쪽에 항상 켜진 채 매달려 있는 등불 같은 종교적 물건들은 신의 임재를 연상시킨다. 또 신과 더 가까이 있다고 느끼고자 성전이나 성지에 가고 산 정상에 오르기도 한다. 기도 또한 신과 가까이 있다는 느낌을 준다. 기도하는 순간 우리 자신이 인격신과 관계 맺고 있다고 느낀다.

분리와 상실: 애착의 네 번째와 다섯 번째 요소는 (1장에서 언급했듯이) 애착 인물과의 분리 가능성이 불안을 야기하고 (그래서 저항을 하게 된다) 애착 인물의 상실이 고통과 슬픔을 불러온다는 것이다. 신의 상실은 사실 상상하기가 어렵다. 심리학 교수 페르 그란크비스트와 리 커크패트릭은 이렇게 지적했다. "신은 죽지 않고 배를 타고 전쟁터로 가지도 않고 이혼 소송을 하지도 않는다."[7] 그렇다고 해도 우리는 신과 분리된다는 것이 무엇을 의미하는지는 이해한다. 비극 속에서 고통받을 때 신이 우리를 버렸다고 느끼며, 안전 기지와 안전한 피난처의 상실은 분노, 불안, 슬픔을 불러올 수 있다. 유대교 전통에서 신에게 버림받는 것은 최악의 형벌(Karet, 히브리어로 절멸, 신이 내리는 형벌)이다. 이슬람교에서도 마찬가지라고 바게르 고바루 보납은 지적한다. 신자들은 "알라에게 버림받았다고 느끼면 극심한 분리 불안을 경험한다"고 한다. "아이가 애착 인물이 가까운 곳에 없으면 스트레스로 울음을 터트리듯이 신자들은 궁극적인 애착 인물인 알라와의 분리를 애통해한다."[8] 기독교 신앙에서 신과의 분리는 '지옥 그 자체'다. 예수도 십자가 위에서 이렇게 울부짖었다. "주여, 왜 저를 버리시나이까."(마태복음 27:46)

나를 위로하는 슬픔의 성모

미사가 열리는 대성전 양옆에는 성모 마리아에게 헌정된 작은 예배실들이 있다. 커크패트릭에 따르면 성모 마리아의 가장 강력한 매력은 "어머니가 아기를 사랑하듯이 신이 우리를 사랑할 수 있다는 가능성"이다. 이는 현대의 가톨릭교도들이 교리에 동의하지 않아도 '여전히 가톨릭 신앙 안에 머무는 중요한 이유'이다.[9] 가톨릭 신자가 아닌 이들에게도 마리아는 "모성애의 원형이고 고통과 희생의 상징이다." 저널리스트 모린 오스가 프란치스코 교황에게 성모 마리아가 그에게 어떤 의미인지 묻자 이렇게 간단히 대답했다고 한다. "우리 엄마입니다."[10]

유대교에서도 비슷한 개념을 찾아볼 수 있다.[11] 신의 이름의 하나인 아브 하라차만(Av Harachaman)은 연민의 아버지(father of compassion)라는 뜻이며, 연민을 뜻하는 히브리어 단어의 어원은 '자궁'이다.

대성전 안 좌우의 커다란 벽감마다 마리아 예배실이 들어서 있다. 중국의 성모 예배실, 그리스도인의 도움이신 마리아 예배실, 과달루페의 성모 예배실 등 이 예배실들은 전 세계의 수도회와 가톨릭 커뮤니티에서 온 기증품으로 만들어졌다. 내가 앉은 신도석 오른쪽에 있는 예배실은 슬픔의 성모라는 이름이 붙어 있다. 안에는 피에타 성모상이 있다. 실물 크기의 마리아가 죽은 예수를 안고 있는 대리석 조각이다. 조각상을 자세히 보기 위해 일어나 가까이 다가갔다.

이 조각상은 미켈란젤로의 유명한 조각상 피에타와 비슷하지만 모사 작품은 아니다. 미국 조각가인 어니스트 모레논의 창작품이다. 베이지색 대리석으로 만들었는데, 예수는 어머니에게 안겨 있고 머리는 등 뒤로 떨어지고 팔은 옆으로 축 처져 있다. 마리아는 체념했지만 동시에 평화로운 표정으로 예수를 바라보고 있다. 조각상 밑에는 다음과 같은 글귀가 쓰여 있다. "슬픔의 성모여, 우리를 위해 기도해주소서."

이 조각상은 분명 감동을 주었지만 종교적 표현력 때문은 아니었다. 이 조각상을 보면서 나의 하나밖에 없는 누나 제인이 떠올랐던 것이다. 나보다 일곱 살 많은 제인 누나는 어린 시절 내내 나를 자상한 엄마처럼 보살펴주고 놀아주었다. 어른이 되어서도 누나와 나는 같은 동네에 살면서 가깝게 지냈다. 아버지가 돌아가시고 주 애착 인물을 대신할 사람을 찾아야 했던 나에게는 다른 선택지가 없었다. 당시 가까이 사귀는 사람은 없었기에 나에게 늘 애착 인물이었던 사람, 어쩌면 평생 엄마를 대신한 사람인 누나에게 의지했다.

하지만 아버지에 대한 애도가 아직 끝나지 않았을 때 하나뿐인 누나마저 잃게 되었다. 누나와 매형은 플로리다에서 휴가를 보내기 위해 개인 비행기를 타고 남부로 가다가 비행기의 기내 압력이 정상으로 유지되지 못하면서 몇 분 안에 의식을 잃었다. 비행기는 네 시간가량 자동 운항을 하다가 자메이카 해안에 추락했고 두 사람 다 목숨을 잃었다.

내가 성당에 온 이날은 크리스마스 이브였으며 제인의 생일이기도 했다. 사고가 일어나지 않았다면 나는 누나에게 전화를 걸어 생일 축하 노래를 불러주었을 것이다. 그러나 지금 피에타 상을 바라보며 누나의 주검을 안고 있는 상상을 한다. 바닷물에 젖어 갈색 머리가 축 늘어진 누나를.

조각상 앞에는 무릎 꿇고 있는 사람이 한 명 있었는데, 그 순간 나도 무릎을 꿇고 싶어졌다. 누나의 황망한 죽음은 아직 아물지 않은 상처였고 바다에 조금 더 가까이 간다면 위로가 될 것 같았다. 그러나 유대인인 나에게 무릎을 꿇는다는 건 이질적이고 부적절한 행위였기에 차마 그렇게 하지는 못했다.

예배실의 한쪽 벽 선반에 커다란 양초가 줄지어 늘어서 있었다. 그 밑에 '봉헌(votive)은 4달러'라고 쓰여 있었다. 봉헌이 무슨 뜻인지 정확히 알지 못했지만 누나를 위해 초에 불을 붙이고 싶었다. 그렇게라도 하면 누나를 더 가깝게 느낄 수 있을 듯했다. 나는 누나의 사진과 소지품 몇 개를 갖고 있고 그중에는 카리브해에서 건진 모서리가 녹슨 핸드폰도 있다. 가끔은 누나에게 말을 하고 싶지만 대부분은 속으로만 말한다. 누나는 떠났지만 우리 사이 애착은 남아 있다고 느낀다.

무릎 꿇는 건 낯설었지만 초에 불을 밝히는 건 익숙했다. 유대교 전통은 사실 많은 부분 가톨릭에서 왔고 매년 부모나 가족의 기일인 야르차이트(yahrzeit)에 우리는 24시간 동안 촛불을 켜 둔다. 제인의 기일은 9월 5일이다.

봉헌함에 5달러를 넣고 촛대에 불을 밝혔다.

예배실에서 나오면서 입구의 명판을 읽었다. 슬픔의 성모 예배실은 몇 년 전 9월 5일에 완성되었다. 내 눈을 믿을 수 없었다. 누나가 세상을 떠난 날과 같은 날이라니.

그날 대성당에 앉아 있던 저녁 내내 그 예배실이 날 끌어당긴다고 느끼기도 했다. 나의 이런 감정은 종교와 애착을 이해하는 중요한 열쇠가 될 것 같았다.

안정 애착형 믿음, 불안정 애착형 믿음

대성당 안, 도합 9,365개 파이프가 있는 두 대의 오르간 소리 때문에 누나 생각에 잠겨 있다가 정신을 차렸다. 귀에 익숙한 캐럴 〈천사 찬양하기를(Hark! The Herald Angels Sing)〉은 고전 영화 〈멋진 인생〉의 마지막 장면과 〈찰리 브라운의 크리스마스〉에서 들었던 곡이지만 라이브 연주로 들은 기억은 없었다.

미사가 시작되기 전에 대성당이 수용할 수 있는 한계인 3,700석이 신도들로 가득 찼다. 정말 많은 사람들이 신과 애착 관계가 있다고 생각할 수밖에 없었다. 하지만 이 모든 사람들의 애착 유형은 저마다 다를 것이다. 그 유형이 신앙에도 영향을 미칠까?

연구자들은 사람들이 다른 모든 관계에 다가가듯이 신과의 관계에 다가간다고 말한다. 어린 시절 형성된 관계의 '심성 모형'이 이후에 형성하는 신과의 관계를 빚는 것이다. "유일신이나 신들에 대한 믿음, 신과 개인적인 관계를 형성하는 능력은 애착 인물과 인간 관계를 맺는 경험과 일치하는 것으로 보인다"라고 커크패트릭은 지적한다.[12]

애착 유형이 안정형이라면 애착 인물을 사랑이 풍부하고 신뢰할 수 있는 존재로 여긴다. 신은 나를 사랑하는 보호자라는 이미지이고 언제나 내 곁에 있고 믿을 수 있으며 내 말에 반응하는 존재다.[13] 신이 주는 안전한 느낌은 신자들에게 특별한 능력과 의미를 부여해 어려운 시간을 헤쳐 나가게 해줄 수 있다.

그러나 애착 인물을 신뢰하거나 예측하기 어렵다고 여기는 불안형에게는 신과의 관계도 '감정적이고, 소모적이며 일방적으로 매달리는' 관계가 될 수 있다. 회피형은 불가지론이나 무신론에 끌릴 확률이 높거나 신을 형벌을 내리는 근엄한 존재로 보기도 한다.

물론 일반화다. 많은 사람들에게 들어맞지만 당연히 개개인에게는 적용되지 않을 수 있다. 그렇다고 해도 대성당에 가득한 수천 명의 신도들을 보면서 그날 밤 자정 미사에 온 사람 대부분은 안정 애착이거나 불안 애착이고 회피 애착은 적을 것이라는 생각이 들었다.

하지만 왜 나를 둘러싼 이 수천 명의 사람들이 하필이면 이 예배, 그러니까 다른 의식이 아니라 로마 가톨릭의 자정 미사를 드리러 왔을까? 어떤 이들은 가톨릭 신자 집안에서 자라나 어른이 되어서도 신앙을 유지하기로 했을 수도 있고 다른 종교에서 개종한 이들도 있을 것이다. 애착 유형이 종교 선택에도 영향을 끼칠까?

연구 결과에 따르면 애착이 우리가 종교를 선택할 때 (혹은 종교를 거부할 때) 영향을 끼치는 두 가지 경로가 있다.[14]

우선 부모가 아이를 안정 애착으로 기르고, 그러면서 아이가 신실한 부모를 보고 자란다면 아이는 부모의 종교를 따를 확률이 높다. 하지만 이 모델에는 두 가지 요소가 함께 있다. 아이를 안정 애착으로 기르기와 부모의 종교적 신실함이다. 그란크비스트와 커크패트릭에 따르면, 자녀들이 자신의 종교를 따르기를 바라는 부모라면 종교적인 설교와 가르침만으로는 충분하지 않다고 말한다. "보호와 안정에 대한 아이의 욕구를 충족시키는 세심한 양육을 최우선 순위에 놓지 않는다면 종교적인 설교와 가르침이 강요로 느껴질 수 있다."[15]

만약 당신이 가톨릭교도이고 자녀들이 자라서도 가톨릭교도가 되길 원한다면 독실한 가톨릭 신자의 모습을 보여주어야 할 뿐 아니라 아이를 안정 애착으로 키워야 한다.

만약 아이가 종교적인 가정에서 자랐지만 안정 애착이 아닌 경우는 어떨까? 커크패트릭은 어린 시절 부모와의 부정적인 관계에 대한 반응으로 성인이 된 후 부모의 종교적 전통은 물론 종교 자체를 거부할 수 있다고 말한다. 이러한 성인 자녀들은 '배교자, 전투적 무신론자'가 될 수 있다.[16]

불안정 애착인 개인은 어린 시절 종교에 등을 돌리고 나중에 종교가 필요하다고 느끼면 다른 종교로 개종할 수 있다. 연인과 이별하거나 사랑하는 사람이 죽는 상황같이 절망이나 상실에 대한 반응으로 종교를 찾을 수도 있다. **요약하면 불안 애착 유형은 정신적 고통을 달래기 위한 방법으로 종교를 찾는 수도 있다.** 보통 불안 애착의 개종 서사는 극적이다. 어느 순간, 신이나 예수를 발견하고 애착 인물의 대체자로 여긴다.[17]

안정 애착 유형의 개종 과정은 불안정 애착의 갑작스럽고 극적인 개종과는 다를 수 있다. 예를 들어 연인과 헤어진 후가 아니라 새로운 친밀한 관계가 생기고 안정적인 상태에서 서서히 특정 종교에 관심을 갖게 되는 것이다.[18]

그란크비스트와 커크패트릭은 갑작스러운 개종은 '신 안에서 부모와 맺지 못한 애착 관계'를 발견하는 것일 수 있다고 말한다.[19] "개종자는 어느 날 갑자기 신이나 예수에게 다가간다. 그들을 완벽히 사랑하고 아껴주며 끝까지 지켜봐주는 존재로서…… 실제로 현실에서 겪은 애착 인물과의 경험과는 전혀 다르다."[20] 불안정 애착인 사람들에게 '이 느낌은 감정적으로 매우 강력할 수 있고' 어쩌면 '태어나서 처음으로 사랑에 빠진 감정'일 수도 있다.[21]

갑작스러운 개종에 대한 연구는 대체로 기독교 사례를 중심으로 이루어졌지만 비정통파에서 정통파로 개종한 유대인을 대상으로 한 연구에서는 이러한 변화를 겪은 사람들 중에서 극심한 불안정 애착을 발견했다.[22] 또 다른 연구에서는 불안정 애착인 여성 기독교인은 (특히 불안 애착일 때) 안정 애착인 여성 기독교인보다 "다시 태어났다고" 말하는 경향이 있으며 방언을 자주 하는 것으로 나타났다.[23]

참호에는 무신론자가 없다

내가 앉은 신도석에서, 슬픔의 성모 예배실에 한 백발노인이 들어가 봉헌 초를 켜는 모습이 보였다. 내가 밝힌 초 바로 옆이었다. 노인은 상자에 돈을 넣고 의자에 앉아서 고개를 푹 숙이고 손을 모아 기도를 드렸다. 한 젊은 여성도 예배실로 들어와 피에타 상 앞에 무릎을 꿇었다. 그 두 사람의 고요하고 평온한 모습이 부러웠다.

나 또한 슬픔의 성모 예배실에 강하게 이끌렸다. 피에타를 보았을 때 생명을 잃은 예수를 보며 사고를 당한 누나를 떠올렸다. 예배실의 헌정 날짜도 누나의 기일과 일치했다. 크리스마스는 누나의 생일이기도 했다. 아버지가 돌아가신 지 얼마 안 되어 누나까지 세상을 떠나면서 나는 처절한 슬픔에 잠겨 있었다. 아마 앞서 언급했던 무신론자에 관한 속담에 따른다면 나는 참호 속에 있었고 여기서 어떻게 빠져 나가야 할지 알 수 없었다.

예배실에 들어가 앉아서 누나를 위해 기도하면 어떤 기분일지 궁금했다. 무릎을 꿇을 필요까진 없을 것이다. 그저 봉헌대 앞 긴 의자에 저 노인처럼 앉아 있으면 될 것이다.

나의 자리는 예배실에서 6미터밖에 떨어져 있지 않았다. 위로받고 싶은 마음이 나를 감쌌다. 하지만 기도를 한다는 건 어떤 의미일까? 애착 측면에서 신이 나의 안전한 피난처가 되도록 허락한다는 의미일 것이다. 하지만 그것은 신을 애착 인물로 받아들인다는 의미일 것이고, 사실 나는 보이지 않는 존재와의 관계를 믿지 못했기에 거부했다. 어쨌건 내가 기도를 할 수 있다 해도 유대인이 크리스마스 이브에 성모 마리아에게 헌정된 대성당의 예배실에서 기도하는 것은 아무래도 적절하진 않아 보였다. 그래도 내가 만약 제인을 위해 기도를 한다면 지금 내가 누나를 생각하는 이 장소, 내가 밝혀 둔 그 촛불이 여전히 타고 있는 곳이어야 할 것만 같았다.

갑자기 대성당의 조명이 꺼졌다. 하나도 남김없이 꺼졌다. 피에타도 보이지 않았다. 내 주변 사람들은 동요하지 않았지만 나는 생각에 잠겨 있다 주의를 기울이지 못했다. 조명이 꺼져 고개를 드니 모든 사람이 촛불을 들고 있었다. 그들이 초를 돌렸다는 게 기억났지만, 나는 그때 초를 받지 않았다. 단 한 명을 빼고 3,700명의 신도들이 든 흰색 초들이 대성당을 밝혔다. 진정 아름다운 광경이었다.

성탄 선언문을 크게 읽은 후에 모두 일어나서 〈고요한 밤 거룩한 밤〉을 불렀다. 그 순간까지 사실 미사에 적극적이지 않았는데 조명이 꺼지고 내 주변에 촛불의 파도가 넘실거리는 순간 나도 예배에 참여

할 수밖에 없었고 2절 가사를 따라했다. "천군 천사 나타나 기뻐 노래 불렀네."

그 순간 이 모든 것이 너무나 따스했고 매혹적이었다. 마리아의 이미지와 상념은 나의 슬픔에 너무도 큰 위로가 되었으며 어둠 속에서 모두 촛불을 들고 한목소리로 노래했고, 찬양 소리는 오르간의 가장 높은 음을 타고 흘렀다. 나는 압도되었고 나보다 큰 무언가, 나의 슬픔보다 더 큰 무언가의 일부가 된 기분이었다.

잠시 궁금했다. 내가 지금 갑작스러운 개종을 경험하고 있는 것일까? 나는 그 모델에 들어맞는다. 불안 애착이고, 애착 인물을 잃고 슬픔에 빠져 있고, 누나의 생일인 이날 애착 체계가 활성화되었다.

나에게는 다행히도 (아마 가톨릭에게도 마찬가지였을 것이다) 그때 십자가 예수의 동상을 들고 걷는 신부들의 행렬이 다가왔다. 그 순간 거품이 꺼지고 말았다. 이 광경은 나의 유대인 감성에는 너무 이질적이라 순간의 마법이 사라진 것이다.

미국에 파견된 로마 교황 대사인 대주교 카를로 마리아 비가노는 흰 가운을 입고 붉은색 주케토를 머리에 쓰고 설교했다.

"사랑하는 형제자매 여러분." 그는 명랑한 이탈리아 억양으로 전 세계에 방송 중인 미사를 이끌었다. "이곳 미국의 성지와 전 세계에서 프란치스코 교황님을 대신하여 성탄절 밤에 축복을 보냅니다."

그는 설교를 이어 갔다. "오늘은 어린이의 얼굴로 신의 축복을 만나는 날입니다. 우리는 신께 다가가는 것을 두려워하지 말고 모든 마음을 그분에게 쏟아야 합니다. 그분이 우리를 끌어안고 따뜻한 사랑을 느끼게 하고, 우리 눈에서 눈물을 닦아주시게 해야 합니다."

그 순간 그런 생각이 들었다. 신이 보이지 않는다고 해도 신과 진정한 애착 관계를 만들 수 있겠구나. 나 또한 누나를 거의 1년 정도 보지 못했지만 여전히 누나와 애착 요건에 들어맞는 관계를 유지하고 있다. 내가 사후 세계를 믿는다고 하기는 어렵지만 사후의 사랑은 믿는다. 앞으로 계속 사진과 추억의 물건들로 누나를 가까이에 둘 것이다(근접성). 우리의 사랑은 계속해서 나를 강하게 지켜줄 것이다(안전 기지). 스트레스 상황에서 나를 위로해줄 것이다(안전한 피난처). 누나에 대한 나의 사랑과 나에 대한 누나의 사랑은 죽음을 초월할 것이다. 우리 애착 관계도 그럴 것이다.

11시 15분에 다시 조명이 켜졌다. 성찬식을 하고 다 함께 〈기쁘다 구주 오셨네〉를 부르며 미사는 끝났다.

집에 어떻게 갈지 아직 결정하지 않은 상태에서 같은 방향으로 걸어가고 있는 젊은 커플을 만났고 택시를 같이 타기로 했다.

나는 그들에게 말했다. "저기 잠깐만 기다려주실래요. 아직 출발하지 마세요. 바로 오겠습니다."

슬픔의 성모 예배실에는 대여섯 명이 피에타를 보면서 핸드폰으로 사진을 찍고 있었다.

생명이 꺼진 아들을 안고 있는 성모 마리아를 올려다보았고 고개를 숙인 후 중얼거렸다.

"제인 누나, 생일 축하해. 누나 보고 싶어."

그렇게 나는 기도를 드렸다. "하느님. 누나가 바다 속에서 평화롭게 잠들길 기도합니다."

기다리던 택시를 타고 집으로 왔다.

참호에는 무신론자가 없다. 크리스마스 이브에 나는 예상치 못한 깊은 슬픔의 참호에 갇혀 있었다. 다행히 아름다운 조각상과 3,700개의 촛불과 두 대의 오르간 연주 덕분에 참호 속에서도 새로운 애착 관계를 받아들이며 위안을 받을 수 있었다. 대성당을 나오면서 우리가 나이가 들수록 어쩔 수 없이 '현실'의 애착 인물들을 잃을 수밖에 없다는 사실이 떠올랐고 보이지 않고 내면화된, 절대 떠나지 않는 존재에게서 받는 위안이 있음을 다시 한번 깨달았다. 내가 믿는 종교가 아니라 다른 종교적 환경에서도 내가 간절히 바라던 교감과 믿음을 찾을 수 있었다.

대부분의 서구 사회에서 그렇듯이, 미국에서도 종교인은 점차 감소하고 있다. 1980년과 1994년 사이에 출생한 밀레니얼 세대 중에는 거의 35퍼센트가 종교가 없거나 불가지론자라고 답했고 종교는 "중요하지 않다"고 답했다.[24] 나는 모든 이들의 종교적 선택을 존중하지만 만약 35퍼센트의 밀레니얼들이 앞으로 몇 년 후에 사랑하는 배우자나 연인이 없는 상황에서 부모님은 돌아가시고 형제자매가 탄 비행기가 추락한다면 어떻게 할지 궁금해졌다. 적어도 그들에게 선택지가 있다는 사실을 아는 것만으로도 약간은 안심이 되었다.

처음 애착 이론을 탐구하기 시작했을 때는 이후 내 인생에 애착과 관련된 여러 사건들이 잇따라 일어날지 전혀 몰랐다. 이 책을 위해 노력하던 6년 사이에 나의 주 양육자라 할 수 있었던 아버지가 돌아가셨고 얼마 후에는 누나가 세상을 떠났다. 그러나 두 딸의 결혼식에 참석하고 외할아버지가 되는 축복을 누리기도 했다. 그리고 안정 애착 유형의 여성과 사귀는 행운까지 얻었다.

처음에 이 여정을 시작한 이유는 지치고 힘겨운 연애를 끝내고 애착이 무엇인지 이해하면 조금이라도 나아질까 싶어서였지만 덕분에 나의 인생을 밝혀줄 주제에 관해 풍부한 지식과 깨달음을 얻을 수 있었다. 시작할 때는 이 애착 연구라는 분야가 얼마나 방대하고 얼마나 중요한지 지금처럼 알지는 못했다.

애착은 왜 중요할까? 먼저 나 자신을 이해할 수 있게 해주기 때문이다. 우리가 왜 이렇게 느끼고 행동하는지, 특히 두려움이나 상실이나 불확실성 앞에서 적나라하게 드러나는 우리의 감정과 행동을 설명해주기 때문이다. 또 애착이 중요한 이유는 타인을 이해하게 해주기 때문이다. 가까운 이들과 관계를 어떻게 형성하고 유지해야 하는지, 다른 사람의 두려움, 상실, 불확실성 앞에서 내가 어떻게 반응해야 하는지도 알려준다. 그리고 연인이나 배우자 선택에 도움을 주고 상대의 애착 욕구를 있는 그대로 존중할 수 있게 해주기 때문이기도 하다. 애착은 부모와 파트너와 나 자신을 용서할 수 있게 해주기도 한다. 왜냐하면 이제 우리는 모든 사람이 자신의 애착 욕구를 충족시키는 데 종종 어려움을 겪는다는 사실을 알기 때문이다. 또 애착은 어떻게 하면 아이의 욕구를 세심하게 살피고 채워주는 부모가 될수 있는지를 가르쳐준다. 종합하면 애착은 우리를 더 나은 인생으로 인도해주는 최고의 도구일 수도 있다. 가능한 한 충분히 많은 인류가 애착을 이해하고 새로운 세대에게 안정 애착이라는 선물을 안겨주려고 노력하면 어떨까? 우리는 어쩌면 지금보다 훨씬 더 아름다운 세상에서 살아가게 될지도 모른다.

이 책에서 나는 애착 이론이 무엇인지, 우리의 애착 체계가 인생 전체에 어떻게 영향을 미치는지 설명하려고 노력했다. 이제 마지막으로 앞서 나왔던 다양한 영역을 간단히 정리하면서 우리에게 가장 실용적이고 유용한 핵심이 무엇인지 요약하는 마무리가 유익할 것이다.

애착의 열 가지 교훈

1. 나의 애착 유형을 알자.

내향형, 외향형 같은 자신의 성격적 특징을 아는 편이 도움이 되는 것처럼 애착 유형도 아는 편이 좋다. 부록에 실린 검사를 해보거나 전문가와 성인 애착 면접을 진행하고 책에 실린 정보를 참고해 나의 애착 유형이 나의 생각과 감정과 행동에 어떻게 영향을 끼치는지 이해하자. 애착 유형을 알고 있으면 나의 감정과 행동을 더 잘 조절할 수 있으며 특히 스트레스나 위협적인 상황에서 내가 어떻게 행동할 가능성이 높은지도 예상할 수 있다.

2. 애착 유형과 함께 살거나 돌보자.

운 좋게 생애 초기에 안정적인 애착 관계가 형성되었다면, 안정 애착에 따라오는 자존감, 친밀함에 대한 편안함, 회복 탄력성, 안정적인 관계에 감사하자.

하지만 내가 불안정 애착 유형이라고 해도 절망할 필요는 없다. 이것은 평생 나쁜 관계를 맺게 될 거라는 선고가 아니다. 나의 애착 유형을 알고 영향력을 이해하면, 이 애착 유형으로 인한 결과를 예상하고 가능하다면 부정적인 성향이 발현될 상황을 피할 수도 있다. 때로는 피하지 못한다 해도 (이별, 질병, 사랑하는 사람의 죽음 같은 문제) 자신의 평소 반응이 어땠는지 인지하고 누그러뜨릴 수도 있다.

불안정 애착 유형만의 장점도 있다는 것을 잊지 말자. 불안한 사람들은 위협을 민감하게 알아차리는 '보초병' 역할을 하면서 다른 이들에게 위험을 경고해줄 수 있다. 회피 유형은 자립적이고 독립적인 행동으로 '신속한 대응자'가 되어 위험한 상황에서도 재빨리 해결책을 찾을 수 있다.

3. 노력하면 애착 유형을 바꿀 수 있다.

대부분의 사람들은 평생 동일한 애착 유형을 유지하면서 살아가지만 어떤 이들은 바뀌기도 한다. 2장에서 논의한 것처럼 불안정 애착은 '획득된 안정 애착'으로 변할 수 있다. 성장기에 나를 온전히 지지해주는 성인, 예컨대 교사, 멘토, 코치 등과 장기적인 관계를 통해 바뀔 수도 있고, 상담, 명상, 사색, 혹은 육아 경험을 통해 바뀌기도 하며, 안정적인 배우자나 연인과 오랜 세월을 보내면서 변하기도 한다.

4. 자녀들에게 안정 애착이라는 귀한 선물을 주자.

6장에서 논의한 바와 같이 애착 육아법을 모두 실행에 옮겨야 하는 것은 아니다. 그러나 아기의 애착 욕구가 굉장히 크다는 사실을 무시해선 안 된다. 그러기엔 걸린 것이 너무 많다. 정서적으로 건강한 사람이 되도록 기르려면 적어도 출생 후 18개월에서 24개월까지는 애착 인물이 아이 곁에 있어야 한다. 이는 특정 성별만의 의무가 아니다. 양육자는 엄마나 아빠가 될 수도 있고, 조부모, 유모와 같은 다른 사람도 가능하다. 그러나 누구든 하긴 해야 한다.

애착 육아는 언제나 아기 옆을 "떠나지 않는" 것이 아니다. 아이와 같이 있을 때는 예민하게 반응하고 조율하는 것으로 신뢰하는 타인에게 비슷한 돌봄을 받을 수 있다는 사실을 확인해주는 것이다. 애착 육아의 핵심 전략인 모유 수유, 아기띠 하기, 같은 방에서 자기 등은 아기에게 충분히 가까이 다가가 신호를 정확하게 읽고 반응하는 데 도움이 되기도 한다.

임상심리학자 글렌 쿠퍼는 설명한다. "아이들은 사용 설명서를 갖고 태어나지 않는다. 그들 자체가 사용 설명서이다. 아이들은 행동으로 자신의 욕구를 전달한다."[1]

5. 다른 사람들도 그들의 애착 유형에 영향을 받는다는 사실을 기억하자.

나의 행동이 나의 애착 유형을 반영하는 것처럼 다른 사람의 행동도 마찬가지다. 앞서 논의했듯이 이 점을 인식하고 있으면 친구, 동료, 스포츠 팀원 같은 주변 사람의 행동을 이해하고 설명할 수 있게 된다.

회피 유형은 친구에게 자신의 감정을 드러내기, 사무실에서 살갑게 대하기, 농구장에서 다른 선수에서 패스하기를 상대적으로 불편해한다. 불안 유형은 친구들에게 자신을 지나치게 드러낸다거나 회의에서 제외되는 데 지나치게 예민하거나 경기장에서의 작은 부상에도 과도하게 반응한다.

하지만 적어도 일부 행동이 그저 그 사람의 애착 체계의 표현이라는 사실을 명심하고 있으면 그들이 애착 욕구를 채울 수 있도록 도와주거나 적어도 그들을 좀 여유롭게 대할 수 있다. **가장 기본은 회피 애착에게는 더 많은 공간을 주고 불안 애착에게는 더 많은 확신을 주는 것이다.**

6. 애착 지식의 도움을 받아 좋은 짝을 찾는다.

나와 맞는 짝을 찾아내는 마법의 공식은 없지만 로맨틱한 사랑은 성인 애착의 한 형태이기에 상대의 애착 유형을 고려하면 여러모로 도움이 될 수 있다.

5장에서 논했듯이 첫 만남에서도 상대의 애착 유형을 예측해볼 수는 있다. 일반적으로 안정 애착은 편한 대화 상대다. 명랑하고, 긴장하지 않으며, 대화가 매끄럽게 흘러간다. 이들은 사적인 이야기를 숨기지 않지만 너무 기댄다거나 매달린다는 인상을 주진 않는다. 회피 애착은 감정이나 사생활을 훨씬 적게 말하고 직업이나 응원하는 스포츠 팀을 대화 소재로 삼으며 사적인 문제에 깊게 들어가지 않는다. 불안 애착인 사람들은 재미있고 공감을 잘해주지만 그 태도가 다른 사람에 관한 관심 때문이라기보다는 거절에 대한 두려움이나 다른 사람이 날 좋아해주고 안정감을 주길 바라는 욕망 때문인 경우가 많다. 자신을 너무 빨리 노출하여 애정에 굶주렸다거나 지나치게 애쓰는 모습으로 비칠 수 있다.

애착 유형에 상관없이 누구나 인생의 좋은 파트너가 될 수 있다. 그러나 특정 애착 유형끼리의 결합이 다른 결합보다 더 나을 수는 있다. 회피 애착과 불안 애착 커플은 자주 삐걱거릴 수 있다(불안-회피의 덫). 물론 각자가 이 사실을 인지하고 상대의 애착 욕구를 수용할 자세를 갖출 수도 있지만 그러한 노력이 전무할 때는 이별과 재회를 반복하는 불안한 관계가 될 수 있다. 대체로 최고의 조합은 한 파트너가 안정 애착일 때가 많다. 해리 리스 교수는 말한다. "안정 애착인 사람을 만난다면 이미 다섯 걸음 앞에서 시작하는 셈이죠."

7. 애착 지식의 도움을 받아 흔들리는 관계를 지키자.

연인이나 배우자가 상대의 애착 욕구를 채워주지 못할 때, 서로의 안전한 피난처나 안전 기지가 되어주지 못할 때 관계는 위기에 직면한다. 7장에 나온 심리학자이자 치료사인 수 존슨의 말에 따르면 부부 싸움이란 감정적 연결이 끊어진 상태에 대한 격렬한 저항이다. 존슨은 애착 이론을 바탕으로 한 상담 치료인 정서 중심 치료(EFT)를 개발했다.

정서 중심 치료란 부부가 정서적 유대감을 찾고 서로에게서 안정을 느낄 수 있도록 도와주는 상담 방식이다. 미국과 전 세계 수천 명의 상담가들이 정서 중심 치료 교육을 받았고, 연구 결과 이례적으로 높은 성공 확률을 보였다. 많은 상담사들이 개인 내담자와 상담할 때도 비슷한 방법을 사용한다.

정서 중심 치료 전문가를 찾고 싶다면 iceeft.com을 참고하자.

애착 이론은 개인에게 큰 영향을 끼치지만 사회 전반적으로도 매우 중요한 정치적, 도덕적 의미가 있다. 케네스 코보와 엘런 더라라 교수는 지적한다. "애착 이론은 한 사회가 '인간들'을 어떻게 잘 길러낼 수 있는지에 대한 질문을 제기한다."[2] 그들은 우리 사회에 어린이와 양육자들 사이에 건강한 유대를 지원하는 시스템이 갖춰져 있는지 묻는다.

더욱 폭넓은 시야에서 사회 제도나 구조까지 염두에 두었을 때 내가 애착 이론에서 배운 마지막 세 가지 교훈은 다음과 같다.

8. 부모 교육과 유급 육아 휴가를 지원하고 보육 기관을 증설한다.

애착 이론을 발전시킨 영국 정신분석가인 존 볼비는 후기에 쓴 에세이에서 정서적으로 건강한 아이를 키우는 것의 가치를 사회가 알아보지 못한다며 안타까움을 표했다.

이 사회는 남성과 여성의 능력이 물질적인 상품 제작에 쓰여야 우리 경제가 발전한다고 믿는다. 남녀의 능력이 행복하고 건강하고 자립적인 어린이를 양육하는 데 들어가지 않는 것이다. 그리하여 우리는 온통 뒤죽박죽인 세상을 만들고 말았다.[3)]

이 '뒤죽박죽인' 상태를 바로잡기 위해 가장 먼저 할 일은 아마 육아에 관한 더 나은 교육일 것이다. 예비 부모들은 예방주사, 안전한 장난감, 적절한 자동차 시트에 대해서 배울 것이다. 그러나 아기에게 조율하고 민감하게 반응하기는 어디서 배울까? 전반적인 애착 이론과 이러한 주제들이 육아 교육의 기본이 되어야 한다. 되도록 일찍부터 의무적인 부모 수업을 고등학교에서 시작하거나 정기적인 산전 관리에 포함시키는 것도 나쁘지 않은 아이디어일 것이다.

보육 기관에도 제도적 지원이 마련되어야 한다. 아동 발달 전문가들은 돌 전에 어린이집에 보내는 것을 우려하기도 하지만 두 살 이상부터는 보육 기관의 역할에 긍정적이다. 세심한 육아와 결합된다면 보육 기관은 맞벌이 부모에게 훌륭한 선택지이며 아동 발달에 이롭기도 하다. 그러나 보육 기관에서 제공하는 돌봄의 질이 높다고 가정할 때 가능한 일이다. 직원들이 아이의 신호를 정확하게 해석할 수 있고 보육 교사 1명당 맡는 아이의 수가 적어야 한다(영아는 교사 1명당 아이 3명이고 세 살 이하는 교사 1명당 4명이다). 어린이들에게 특정한 보육 교사가 지정되어야 하고 교체 비율은 낮아야 한다.

하지만 미국의 보육 기관 수준은 대체로 이런 기준에 못 미치고 특히 빈곤층 아이들의 환경은 매우 안타까운 수준이다. 미국 보육 기관 절반 이상이 미국 공공보건협회와 미국 소아과협회의 최소 기준도 충족하지 못하고 최저 수준까지도 내려간다.[4] 보육 기관의 접근성, 비용, 질을 개선하는 법안이나 기업 정책은 무조건 환영해야 한다.

9. 혼란 애착 유형인 위기 아동을 돕는다.

혼란 애착은 아기가 보호와 지원을 받기 위해 의지하는 양육자를 오히려 두려워하게 될 때 주로 나타난다. 전체 인구 중 혼란 애착 아동은 5퍼센트밖에 안 되지만 빈곤, 방치, 학대같이 불우한 환경에서 자라는 어린이들 사이에서는 혼란 애착 비율이 80퍼센트까지 올라간다.[5]

3장에서 언급한 대로 혼란 애착과 해리장애가 있는 아이들은 사회성과 자제력이 부족하여 유치원부터 고등학교까지 학교생활 적응력이 떨어진다. 일찍부터 반항적인 행동과 적대감과 공격성을 보이기도 한다. 청소년기와 성년기 초반에는 청소년 비행과 강력 범죄에 빠지기도 한다.

정신의학자인 토머스 루이스와 동료들은 이렇게 말한다.

돌봄을 받지 못했던 어린이들은 성장해 자신을 등한시했던 사회를 위협한다…… 이 복수심에 불타는 불사조들은 사실은 건강한 인간을

길러낼 수도 있었던 환경의 잔해에서 출몰한 것이다.[6]

　그러나 연구자들은 혼란 애착을 안정 애착으로 변화시킬 수 있는 다양한 개입 방법을 밝혀내기도 했다. 아동-부모 심리 치료(Child-Parent Psychotherapy) 전문가들이 일 년 동안 일주일에 한 번씩 가정에서 엄마와 아기를 만나 상담 치료를 했을 때 혼란 애착 아동의 수는 반 이상 떨어졌다. 또한 부모들이 워크숍에 참석해 애착 이론과 육아법을 배우는 프로그램인 '서클 오브 시큐리티(Circle of Security)' 또한 좋은 결과를 얻었다.

　위험한 환경에 있는 아이의 혼란 애착은 자기 자신과 가족은 물론 사회도 막대한 비용을 치르게 할 수 있다. 개입 프로그램은 예산이 들어가지만 학생들의 퇴학, 비행, 강력 범죄로 인해 발생하는 사회적 비용에 비하면 사소하다고도 할 수 있다. 지방, 주, 국가 차원에서 정치인들은 이 프로그램에 아낌없이 투자해야 한다.

10. 우리는 모두 애착이 필요한 존재임을 인정하자.

　대부분의 성인은 자신의 애착 욕구를 이해하지 못한다. 사실 이 욕구를 이해한다는 것은 우리 사회의 성인이라는 개념을 거스르는 것이기도 한다. 이 사회에서 성숙함의 척도는 독립성이고 자족적인 성향이며 의존성은 나약함의 증거다. 그러나 존 볼비는 '효과적인 의존'(상호 의존이라 부를 수도 있다)과 정서적 지지를 받기 위해 다른 사람에게 의지하는 능력은 나약함이 아니라 강인함의 신호이자 원천이라고 보았다.[7]

인간은 기본적으로 연대와 공감을 필요로 하는 존재임을 인정하고 받아들인다면 더욱 건강하고 궁극적으로 더 행복한 사회를 건설할 수 있을 것이라고 믿는다.

가장 중요한 변화는 우리 모두가 애착이 필요한 존재라는 사실을 인정했을 때만 찾아올 수 있다. 사회 전반적으로 분위기와 태도에 변화가 생긴다면, 그리고 우리의 생물학적 욕구와 우리가 가장 바라는 공감과 연대를 무시하지 않는다면, 우리는 상호 의존을 통해 우리가 될 수 있는 가장 강한 존재로 성장할 수 있을 것이다.

부모 입장에서 자녀의 고통을 지켜보는 건 힘든 일이다. 하지만 그래도 딸 밸러리가 나를 남편, 언니, 엄마와 함께 분만실에 들어가도록 허락해줘서 손녀의 탄생을 볼 수 있었던 건 무척 감사한 일이었다. 몇 년 전 밸러리의 대학 심리학 개론서에서 애착 이론에 대한 글을 처음 읽었다. 6년 후, 나는 딸과 같은 방에서 현실 속 애착 과정의 시작을 목격하려는 참이었다.

밸러리가 분만 중일 때 나는 숙연해지면서도 흥분되었다. 숙연해진 건 당연하게도 딸의 고통을 덜어줄 수 없기 때문이었고 흥분되었던 이유는 첫 손자의 탄생을 지켜볼 수 있어서였다. 얼마나 마법 같은가.

그러다 어느 순간 무력한 새 생명인 작은 여자 아기가 이 세상에 나왔다. 아기는 눈으로 세상을 보고 팔을 움직이고 울었다. 모두 자신을 보호해줄 양육자를 찾는 행동이었다. 이 새로운 인간은 나의 손녀딸이었고 양육자는 나의 딸이라는 사실이 더 없는 기쁨이자 경이로 다가왔다. 내가 애착에 대해 배운 모든 지식에 완전히 새로운 의미가 더해졌다.

몇 분 후 아기는 아기가 있어야 할 자리인 엄마의 가슴에 안겨 피부를 맞대었다. 나는 밸러리가 딸을 안고 부드럽게 눈을 맞추며 수유를 하기 위해 자세를 잡는 모습을 보았다. 그 순간 애착 전문가가 했던 말이 떠올랐다. 아기가 엄마를 보는 **느낌**을 알고 싶다면 조 코커의 노래 가사를 떠올리면 된다고 했다. "당신은 참 아름답군요." 이는 아기가 엄마에게 불러주는 노래였다.[8]

그로부터 1년이 더 흐른 뒤 이 책의 집필과 편집을 마쳤을 즈음 나의 큰딸 세라 부부가 첫 아이를 낳았다. 이번에는 할아버지들은 분만실에 들어가지 않았고 긴 진통 끝에 건강한 아들이 축복 속에 탄생했다. 나는 이 모자를 바라보면서 또 한 번 감응과 사랑이 가득한 애착 관계에 경탄했다.

딸들과 사위들이 이 어여쁜 아기들을 위해 고른 이름은 나를 더욱 감동시켰다. 손녀 마야 제인은 나의 누나에게서 이름을 딴 것이고 손자 앤드루는 나의 아버지 이름을 물려받았다. 새로운 두 생명 안에 이 책을 쓰는 과정에서 잃은 내 두 애착 인물에 관한 기억과 유산이 남게 되었다.

그때부터 지금까지 손자 손녀들을 자주 만나면서 매번 감사한다. 아기들이 자라고 부모가 아기의 애착 욕구를 채워주기 위해 세심히 노력하는 것을 보면서 우리 손자 손녀와 이 세상의 모든 아기들이 안정 애착이라는 축복을 누리게 되길 기도하곤 한다. 안정 애착이 선사하는 자신감, 회복 탄력성, 사랑할 수 있는 능력은 평생 동안 함께하게 될 가장 큰 선물이 될 것이다.

근접성 추구(proximity seeking) 영유아가 주 양육자와 신체적 접촉을 유지하거나 물리적으로 가까워지려고 노력하는 것을 말한다. 성인들은 친밀한 관계에 있는 파트너나 애착 인물과 연락을 하거나 적어도 그들의 행방을 알아내려는 행동 따위로 근접성을 추구한다.

낯선 상황(strange situation) 발달심리학자 메리 에인스워스가 한 살에서 두 살 사이 유아들의 애착 유형을 검사하기 위해 고안한 연구 실험.

내적 작동 모델(internal working model) 생후 2년 동안 아이는 양육자와 상호작용을 하면서, 즉 애착 인물의 근접성과 애착 인물이 스트레스 상황에서 자신을 지지해줄 가능성을 경험함으로써 내면에 타인에 대한 신뢰와 기대가 형성된다. 그러한 신뢰와 기대는 곧 자기 자신뿐 아니라 타인, 관계를 보는 기본적인 시각 혹은 인식 틀이 되는데 존 볼비는 이것을 '내적 작동 모델'이라고 불렀다.

불안 애착(anxious attachment) 불안정 애착 유형(insecure attachment pattern) 중 하나. 불안 애착인 아이는 부모나 다른 주 양육자가 자신의 욕구를 만족시켜줄지 아닐지 확신하지 못한다. 주로 주 양육자가 아이의 욕구에 적절하지 못한 반응을 보이거나 일관성 없이 반응한 결과로 형성된다. 불안 애착인 성인은 파트너에게 강도 높은 친밀감과 인정을 갈망하면서도 파트너를 신뢰하지 못하고 계속해서 확인을 원하기도 한다.

안전 기지(Secure Base) 애착 관계를 정의하는 기준 중 하나. 아기가 부모나 양육자의 보호 아래 안심하고 주변 환경을 탐험하고 탐색할 수 있다고 느긴다면 그런 부모나 양육자는 안전 기지로서 기능하는 것이다. 성인의 경우에는 안전 기지 역할을 해주는 사람이 있으면 그와의 관계가 주는 안정감을 바탕 삼아 자신의 목표를 추구하기 위해 안심하고 모험을 할 수 있다.

안전한 피난처(Safe Haven) 애착 관계를 정의하는 기준 중 하나. 아기의 경우에 자신이 스트레스를 받거나 위험한 상황에 직면했을 때 부모나 양육자가 자신을 달래주고 보호해줄 것이라는 믿음이 있다면 그런 부모나 양육자는 피난처로서 기능하는 것이다. 성인의 경우에 안전한 피난처는 내가 필요로 할 때 나를 보호해주고 지지해줄 거라는 믿음을 주는 사람이다.

안정 애착(secure attachment) 아이가 부모나 다른 주 양육자가 자신의 욕구를 충족시켜줄 거라는 믿음을 지닐 때 형성되는 애착 유형이다. 대체로 양육자가 아이의 욕구에 적절히 또 지속적으로 반응을 보인 결과다. 안정 애착인 사람은 좌절을 겪어도 금방 회복하고, 자존감이 높은 편이다. 또 자신의 욕구를 잘 표현할 수 있고, 친밀함을 편안하게 느끼며, 타인을 믿으려는 경향이 있다. 안정적이고 오래 지속되는 관계를 맺는다.

애착(attachment) 한 사람이 다른 사람과 깊고 지속적인 정서적 유대를 통해 연결된 상태, 혹은 그러한 친밀한 정서적 관계를 가리킨다.

애착 유형(attachment style) 유아기에 양육자와 상호 작용의 결과로 형성되는 핵심 정서나 성격 구조를 가리킨다. 애착 유형에 따라 타인과 맺는 관계에 대한 믿음이나 기대가 달라지며, 성인기 친밀한 관계의 원형이 되기도 한다.

애착 이론(attachment theory) 영유아와 주 양육자 사이의 정서적 유대와 이 유대가 아이의 행동과 정서 발달에 끼치는 영향을 설명하는 심리학 이론. 애착 이론을 발전시킨 존 볼비는 애착은 미숙하고 나약한 갓난아기가 부모와 가까이 있음으로써(근접성을 유지함으로써) 외부의 위험으로부터 보호받고 생존하기 위한 진화적 장치라고 설명했다.

애착 인물(attachment figure) '애착 대상'이라고도 한다. 다른 사람에게 애착 관계의 필수 요소를 제공하는 사람을 가리킨다. 탐험을 마치고 돌아올 수 있는 '안전 기지'이자 공포를 느끼거나 상처받았을 때 찾을 수 있는 '안전한 피난처'로 인식되는 사람이다. 물리적으로 가까운 거리에 있고자 하는 대상이기도 하다('근접성 추구'). 애착 인물과 분리될 수 있다는 위협은 정신적 고통을 유발하고 대체로 저항이 따른다. 애착 인물의 상실은 슬픔과 고통의 원인이 된다.

애착 체계(attachment system) 인간과 대부분의 포유동물은 애착 대상과 관계를 맺고 유지하는 일을 주관하는 생물학적 메커니즘을 타고난다. 진화 과정에서 발달한 이 메커니즘을 '애착 (행동) 체계'라고 부르는데, 어린 새끼들이 돌봄과 보호를 제공해줄 수 있는 유능하고 믿음직한 양육자와 가깝게 지낼 수 있게 해준다. 이 행동 체계에는 돌봄을 구하는 쪽과 돌봄을 제공하는 양육자가 주고받는 행동과 감정이 포함된다.

저항 행동(protest behavior) 주 양육자가 곁에 없을 때 영유아는 울거나 떼쓰는 행동 따위를 보인다. 성인의 경우 연인과 이별에 직면했을 때 울거나 싸우며 매달리기도 하고 애착 인물을 잃을 것 같다는 불안감에 자해나 폭력 같은 위협적인 행동을 하기도 한다.

혼란 애착(disorganized attachment) 불안정 애착 유형에 속하며, 대체로 아기가 보호와 돌봄을 의지하는 양육자를 두려워하게 될 때 나타난다. 양육자에게 방치나 유기, 학대를 당했거나 고아원 같은 기관에서 기본적인 돌봄이 부족한 상태로 자랄 때 형성되는 경우가 많다. 혼란형에 속하는 사람은 회피와 불안 수준이 모두 높게 측정된다. 보통은 인구의 5퍼센트 정도를 차지하지만 학대받은 아동들의 경우 80퍼센트까지 비율이 올라갈 수 있다.

회피 애착(avoidant attachment) 불안정 애착 유형에 속하며, 부모나 다른 주 양육자가 자신의 욕구를 충족해줄 것이라는 희망을 잃었을 때 발생한다. 양육자들이 세심하고 믿음직한 돌봄을 제공하는 데 계속해서 실패한 결과다. 회피형은 타인을 신뢰하지 못하고 독립성을 갈망하며 자신은 혼자서도 충분하고 친밀한 관계가 필요 없는 사람이라 생각한다.

획득된 안정(earned secure) 믿을 수 없거나 반응 없는 양육자 때문에 불안정 애착이 형성되었지만 시간이 흐르면서 점차 안정 애착을 획득한 경우를 가리킨다. 자신을 지지해주는 교사, 멘토, 코치 같은 어른들과 관계를 오래 유지한 결과일 수도 있고 혹은 심리 치료와 자기 성찰에서 나온 결과일 수도 있다. 안정적인 배우자나 연인과 오랜 관계를 유지함으로써 획득할 수도 있다.

다음 36개의 질문은 애착 연구자들이 개발한 성인 애착 유형 검사지이다.*
각 질문은 응답자가 감정적으로 친밀한 관계에서 어떻게 느끼는지에 주목
한다. 지금 맺고 있는 관계뿐만 아니라 일반적으로 관계 안에서 어떻게 느
끼는지를 기반으로 삼아 질문에 답하면 된다. 1점부터 7점까지 자신이 느끼
는 정도에 따라 점수를 매긴다. 제시된 문장에 전혀 동의하지 않으면 1점을
주고, 전적으로 동의하면 7점을 주면 된다.

점수 계산이 까다로울 수 있으므로 아래의 사이트에서 검사하고 자동 계산
한 결과를 받아 보는 편이 좋다. www.web-research-design.net/cgi-bin/
crq/crq.pl로 들어가 Survey B를 선택하면 된다.

1. 나는 파트너에게 다가가는 것이 어렵지 않다.

2. 파트너가 내 곁에 머물지 않을까 봐 자주 걱정한다.

3. 내 파트너가 나를 진정으로 사랑하지 않을까 봐 걱정한다.

4. 힘들 때 파트너에게 기대면 도움이 된다.

5. 나를 향한 파트너의 감정이 내가 그에게 느끼는 감정만큼 강하길 바란

---

* 《애착 이론과 친밀한 관계(Attachment Theory and Close Relationships)》(1997)
의 46~76페이지에 실린 켈리 A. 브레넌, 캐서린 L. 클라크와 필립 셰이버의 "성인 애
착 자가 진단"이 최초이지만 이후에 R. 크리스 프랠리, 니엘스 G. 웰러, 켈리 A. 브
레넌이 수정해 2000년에 학술지 〈성격과 사회심리학(Journal of Personality and
Social Psychology)〉 28호에 게재했다. 이 책에 수록된 질문은 프랠리, 웰러, 브레넌
버전이다.

다.

6. 나의 관계에 대해 많이 걱정한다.

7. 파트너와 자주 대화를 나눈다.

8. 파트너에게 내 감정을 보여줄 때 상대방이 나와 같은 감정을 느끼지 않을까 봐 두렵다.

9. 파트너가 나를 떠날까 봐 걱정되지는 않는다.

10. 파트너는 내가 화날 때만 나를 신경 쓰는 것 같다.

11. 파트너에게 의지하는 것이 편안하다.

12. 나는 버려지는 것에 대해 걱정하지 않는 편이다.

13. 파트너는 나 자신을 의심하게 만든다.

14. 파트너(들)은 내가 원하는 만큼 나와 가까워지려고 하지 않는다.

15. 파트너의 사랑을 잃을까 봐 두렵다.

16. 친밀해지고자 하는 나의 욕구 때문에 가끔 사람들이 날 떠나가기도 한다.

17. 내가 다른 사람의 기대에 부합하지 못할까 봐 걱정한다.

18. 파트너에게 의지하는 건 내게 쉬운 일이다.

19. 파트너에게 나의 속마음을 보여주고 싶지 않다.

20. 나의 사적인 생각과 감정을 파트너와 공유하는 것이 편안하다.

21. 내가 파트너를 아끼는 것만큼 파트너가 나를 아끼지 않을까 봐 걱정이 된다.

22. 파트너에게 기대고 의지하는 것이 어렵다.

23. 파트너가 날 잘 알게 되면 내 본 모습을 좋아하지 않을까 봐 두렵다.

24. 파트너와 가까워지는 것이 편안하다.

25. 파트너에게 마음을 여는 것이 편안하지 않다.

26. 파트너와 너무 가까워지지 않는 것을 선호한다.

27. 파트너가 너무 가까워지고 싶어 하면 불편하다.

28. 파트너에게 가까이 다가가는 것이 비교적 편안하다.

29. 보통 파트너에게 내 문제와 근심을 의논한다.

30. 파트너에게 거의 모든 것을 이야기한다.

31. 가끔 파트너가 확실한 이유 없이 나에 대한 감정을 바꾸곤 한다.

32. 파트너가 보이지 않을 때면 그가 다른 사람에게 관심이 생길까 봐 불안하다.

33. 파트너가 내게 너무 가까이 다가오면 긴장한다.

34. 파트너에게 애정을 표현하는 것이 쉽다.

35. 파트너에게 내가 필요한 애정과 지지를 받지 못하면 화가 난다.

36. 내 파트너는 나와 나의 욕구를 진정으로 이해한다.

머리말

1) Joyce Parker, PhD, "Using Attachment Theory Concepts in Couple Therapy," Independent Psychotherapy Network, Summer 2005, accessed on October 6, 2017, www.therapyinla.com/articles/article0905.html. 글자를 강조한 부분은 내(필자)가 추가한 것이다. 조이스 파커 박사는 '집착(preoccupied)'과 '거부(dismissive)' 같은 용어를 적절히 사용했지만, 이 책에서는 거의 비슷한 의미인 '불안(anxious)'과 '회피(avoidant)'라는 말을 일관되게 쓰기로 했다.

2) '불안-회피의 덫'이란 말은 아미르 레빈(Amir Levine)과 레이첼 헬러(Rachel Heller)가 공저한 책 *Attached: The New Science of Adulthood Attachment and How it Can Help You Find—and Keep—Love* (New York: Jeremy P. Tarcher/Penguin, 2010)에서 처음으로 쓴 것이다. (이 책은 한국에서 "그들이 그렇게 연애하는 까닭"이라는 제목으로 번역 출간되었다. – 옮긴이)

3) John Bowlby, *Attachment and Loss*, vol. 1 *Attachment* (New York: Basic Books, 1969), 208.

4) Thomas Lewis, Fari Amini, and Richard Lannon, *A General Theory of Love* (New York: Vintage, 2001), 160.

5) Tsachi Ein-Dor, Mario Mikulincer, and Phillip R. Shaver, "Effective Reaction to Danger: Attachment Insecurities Predict Behavioral Reactions to an Experimentally Induced Threat Above and Beyond General Personality Traits," *Social Psychological and Personality Science* 2, no. 5 (2011): 467–73.

6) Jude Cassidy and Phillip R. Shaver, eds., preface to *Handbook of Attachment: Theory, Research, and Clinical Applications*, 2nd ed. (New

York: Guilford Press, 2008), xi.

7) Lee A. Kirkpatrick, *Attachment, Evolution, and the Psychology of Religion* (New York: Guilford Press, 2005), 25.

8) Sue Johnson, *Hold Me Tight: Seven Conversations for a Lifetime of Love* (New York: Little, Brown and Company, 2008), 16.

9) Department of Psychology, State University of New York, Stony Brook, accessed on June 29, 2017, www.psychology.sunysb.edu/attachment/ mount_john_bowlby/mountains.htm.

10) Sean Alfano, "The Lonely States of America," CBS News, June 28, 2006, www.cbsnews.com/news/the-lonely-states-of-america/.

11) Lewis et al., *A General Theory of Love*, 225.

1장 애착, 생존을 위한 진화의 전략

1) Lee A. Kirkpatrick, *Attachment, Evolution, and the Psychology of Religion* (Guilford Press, 2005), 27.

2) Donald Winnicott, *The Child, the Family, and the Outside World*, 2nd ed. (Perseus Publishing, 1992), 88.

3) Kirkpatrick, *Attachment, Evolution, and the Psychology of Religion*, 37 – 8.

4) Thomas Lewis, Fari Amini, and Richard Lannon, *A General Theory of Love* (New York: Vintage, 2001), 160.

5) Kirkpatrick, *Attachment, Evolution, and the Psychology of Religion*, 38, citing Cindy Hazan and Phillip R. Shaver, "Attachment as an Organizational Framework for Research on Close Relationships," *Psychological Inquiry* 5, no. 1 (1994): 5.

6) Suzan van Dijken, *John Bowlby: His Early Life: A Biographical Journey into the Roots of Attachment Theory* (London: Free Association Books, 1998), 19.

7) Robert Karen, *Becoming Attached: First Relationships and How They Shape Our Capacity to Love* (New York: Oxford University Press, 1998), 30 – 1.

8) 2011년 10월 27일 뉴욕주 로체스터대학에서 해리 리스(Harry Reis)가 한 강의

("Relationship Processes and Emotions") 내용을 옮겼다. 강의에서 보여준 '성인기의 애착 유형' 슬라이드는 필립 셰이버의 것을 해리 리스가 수정한 것이었다. 이 책에는 (이 책에 쓰인 용어와 일관성을 유지하도록) 리스의 슬라이드 내용을 일부 수정해 실었다.

9) Theodore Waters, "Learning to Love: From Your Mother's Arms to Your Lover's Arms," *The Medium: The Voice of the University of Toronto* 30, no. 19 (February 9, 2004): 12.

10) 신디 헤이전(Cindy Hazan)과 필립 셰이버(Phillip Shaver)의 다음 연구에 기반한 것이다. "Romantic Love Conceptualized as an Attachment Process," *Journal of Personality and Social Psychology* 52, no. 3 (1987): 511–24.

11) Ibid.

12) Lewis et al., *A General Theory of Love*.

13) Marinus van IJzendoorn, from remarks presented at the 7th International Attachment Conference, New York, New York, August 7, 2015.

14) Tsachi Ein-Dor, Mario Mikulincer, Guy Doron, and Phillip R. Shaver, "The Attachment Paradox: How Can So Many of Us (the Insecure Ones) Have No Adaptive Advantages?" *Perspectives on Psychological Science* 5, no. 2 (2010): 123–41, as cited in Sam Carr and Ioannis Costas Batlle, "Attachment Theory, Neoliberalism, and Social Conscience," *Journal of Theoretical and Philosophical Psychology* 35, no. 3 (2015): 160–76. 또 다음을 보라. Willem Eduard Frankenhuis, "Did Insecure Attachment Styles Evolve for the Benefit of the Group?" *Frontiers in Psychology* 1 (November 2010): 1–3, dx.doi.org/10.3389/fpsyg.2010.00172.

15) Mario Mikulincer and Phillip R. Shaver, *Attachment in Adulthood: Structure, Dynamics, and Change*, 2nd ed. (New York: Guilford Press, 2016), 132, 142.

2장 나의 애착 유형 확인하기

1) Jude Cassidy, "Truth, Lies and Intimacy: An Attachment Perspective," *Attachment & Human Development* 3, no. 2 (September 2001): 121–55.

2) Marian Bakermans-Kranenburg and Marinus van IJzendoorn, "The First 10,000 Adult Attachment Interviews: Distributions of Adult Attachment

Representations in Clinical and Non-clinical Groups," *Attachment and Human Development* 11, no. 3 (May 2009): 223–63.

3) Erik Hesse, "The Adult Attachment Interview," in *Handbook of Attachment: Theory, Research, and Clinical Applications*, 2nd ed., eds. Jude Cassidy and Phillip R. Shaver (New York: Guilford Press, 2008), 555. 32

4) Ibid., 557.

3장 안정된 아이, 불안한 아이

1) Nancy S. Weinfield et al., "The Nature of Individual Differences in Infant-Caregiver Attachment," in *Handbook of Attachment: Theory, Research, and Clinical Applications*, 2nd ed., eds. Jude Cassidy and Phillip R. Shaver (New York: Guilford Press, 2008), 81.

2) Bert Powell, Glen Cooper, Kent Hoffman, and Bob Marvin, *The Circle of Security Intervention: Enhancing Attachment in Early Parent-Child Relationships* (New York: Guilford Press, 2014), 79.

3) Mario Mikulincer and Phillip R. Shaver, *Attachment in Adulthood: Structure, Dynamics, and Change*, 2nd ed. (New York: Guilford Press, 2016), 135.

4) Powell et al., *Circle of Security Intervention*, 74–5.

5) 2013년 4월 24일 메릴랜드대학 주드 캐시디(Jude Cassidy)의 심리학과 강의 내용과 2013년 12월 1일 필자가 주드 캐시디와 개인적으로 연락을 주고받은 내용 중 일부이다.

6) Mary Dozier, K. Chase Stovall-McClough, and Kathleen E. Albus, "Attachment and Psychopathology in Adulthood," in *Handbook of Attachment*, 2nd ed., 736.

7) L. Alan Sroufe et al., *The Development of the Person: The Minnesota Study of Risk and Adaptation from Birth to Adulthood* (New York: Guilford Press, 2005), 296–97.

8) Anna T. Smyke and Angela S. Breidenstine, "Foster Care in Early Childhood," in *Handbook of Infant Mental Health*, 3rd ed., ed. Charles H. Zeanah Jr. (New York: Guilford Press, 2009), 504.

9) R. Pasco Fearon et al., "The Significance of Insecure Attachment and Disorganization in the Development of Children's Externalizing Behavior: A Meta-Analytic Study," *Child Development* 81, no.2 (2010): 435-56.

10) J. Reid Meloy, "Pathologies of Attachment, Violence, and Criminality," in *Handbook of Psychology*, vol. 11 Forensic Psychology, ed. Alan M. Goldstein (Hoboken, NJ: John Wiley & Sons, 2003), 519.

11) Ibid.

12) Erin P. Stronach, Sheree L. Toth, Fred A. Rogosch, and Dante Cicchetti, "Preventive Interventions and Sustained Attachment Security in Maltreated Children," *Development and Psychopathology* 25 (2013): 919-30.

13) Dante Cicchetti, Fred A. Rogosch, and Sheree L. Toth, "Fostering Secure Attachment in Infants in Maltreating Families through Preventive Intervention," *Development and Psychopathology* 18 (2006): 623-49.

4장 뇌에 새겨진 관계 패턴

1) James A. Coan, "Toward a Neuroscience of Attachment," in *Handbook of Attachment: Theory, Research, and Clinical Applications*, 2nd ed., eds. Jude Cassidy and Phillip R. Shaver (New York: Guilford Press, 2008), 254.

2) James Coan, "Why We Hold Hands," YouTube video of talk at TEDx Charlottesville, filmed on November 15, 2013, posted January 25, 2014, www.youtube.com/ watch? v= 1UMHUPPQ96c.

3) Lane Strathearn et al., "Adult Attachment Predicts Maternal Brain and Oxytocin Response to Infant Cues," *Neuropsychopharmacology* 34 (2009): 2655-66.

4) Pascal Vrtička et al., "Individual Attachment Style Modulates Human Amygdala and Striatum Activation During Social Appraisal," *PLOS ONE* 3, no. 8 (2008): e2868, accessed July, 7, 2017, doi:10.1371/journal. pone.0002868.

5) C. Nathan DeWall et al., "Do Neural Responses to Rejection Depend on Attachment Style? An fMRI Study," *Social Cognitive and Affective Neuroscience* 7, no. 2 (2012): 184-92.

6) Kurt Vonnegut Jr., *Timequake* (New York: Berkley Publishing Group,

1998), 24.

7) Marinus van IJzendoorn, "Attachment in Context: Kibbutz Child-Rearing as a Historical Experiment," paper presented at the Biennial Meeting of the International Society for the Study of Behavioral Development, Amsterdam, the Netherlands, June 27-July 2, 1994, openaccess. leidenuniv.nl/bitstream/handle/1887/1477/168_144. pdf; jsessionid=88203 9C799E3AB7C332D6A24AF68FDD6?sequence=1.

8) Suzan van Dijken, *John Bowlby: His Early Life: A Biographical Journey into the Roots of Attachment Theory* (London: Free Association Books, 1998), 26.

9) Mario Mikulincer and Phillip R. Shaver, *Attachment in Adulthood: Structure, Dynamics, and Change*, 2nd ed. (New York: Guilford Press, 2016), 250-51.

5장 왜 나는 항상 비슷한 사람에게 끌릴까

1) Genesis Rabbah 68.4; www.myjewishlearning.com/article/our-god-our-matchmaker.

2) John Bowlby, *Attachment and Loss, vol. 3 Loss: Sadness and Depression* (New York: Basic Books, 1980), 40.

3) Mario Mikulincer and Phillip R. Shaver, *Attachment in Adulthood: Structure, Dynamics, and Change*, 2nd ed. (New York: Guilford Press, 2016), 346.

4) Ibid., 286.

5) Amir Levine and Rachel S. F. Heller, *Attached: The New Science of Adulthood Attachment and How It Can Help You Find—and Keep—Love* (New York: Jeremy P. Tarcher / Penguin, 2010), 135.

6) Ibid., 95.

7) Mikulincer and Shaver, *Attachment in Adulthood*, 336.

8) Gurit Birnbaum, "Attachment and Sexual Mating: The Joint Operation of Separate Motivational Systems," in *Handbook of Attachment: Theory, Research, and Clinical Applications*, 3rd ed., ed. Jude Cassidy and Phillip R. Shaver (New York: Guilford Press, 2016), 464-83.

9) Mikulincer and Shaver, *Attachment in Adulthood*, 209.

10) Thomas Lewis, Fari Amini, and Richard Lannon, *A General Theory of Love* (New York: Vintage, 2001), 158.

11) Mario Mikulincer and Phillip R. Shaver, *Attachment in Adulthood: Structure, Dynamics, and Change*, 1st ed. (New York: Guilford Press, 2010), 286.

12) Ibid.

13) Ibid., 287.

6장 엄마와 아기 사이

1) Kate Pickert, "The Man Who Remade Motherhood," *Time*, May 21, 2012, accessed July 9, 2016, time.com/606/the-man-who-remade-motherhood.

2) William Sears and Martha Sears, *The Attachment Parenting Book: A Commonsense Guide to Understanding and Nurturing Your Baby* (New York: Little, Brown and Company, 2001), 2.

3) Klaus Grossmann et al., "Maternal Sensitivity: Observational Studies Honoring Mary Ainsworth's 100th Year," *Attachment & Human Development* 15, nos. 5-6 (2013): 443-47.

4) Maria Blois, *Babywearing: The Benefits and Beauty of This Ancient Tradition* (Amarillo, TX: Praeclarus Press, 2016), 30-2.

5) 2013년 1월 22일 메릴랜드주 볼티모어에서 열린 '서클 오브 시큐리티 페어런팅 (Circle of Security Parenting)' 교육 중에 글렌 쿠퍼(Glen Cooper)가 한 이야 기이다.

6) Judi Mesman, Marinus van IJzendoorn, and Abraham Sagi-Schwartz, "Cross- Cultural Patterns of Attachment: Universal and Contextual Dimensions," in *Handbook of Attachment: Theory, Research, and Clinical Applications*, 3rd ed., eds. Jude Cassidy and Phillip R. Shaver (New York: Guilford Press, 2016), 853.

7) Thomas Lewis, Fari Amini, and Richard Lannon, *A General Theory of Love* (New York: Vintage, 2001), 75.

8) Mario Mikulincer and Phillip R. Shaver, *Attachment in Adulthood: Structure, Dynamics, and Change*, 2nd ed. (New York: Guilford Press,

2016), 123.

9) Ibid., 396, 433–35.

10) Deborah Blum, *Love at Goon Park: Harry Harlow and the Science of Affection* (Cambridge, MA: Perseus Publishing, 2002), 234.

11) NICHD Early Child Care Research Network, "Child-Care and Family Predictors of Preschool Attachment and Stability From Infancy," *Developmental Psychology* 37, no. 6 (2001): 847–62.

12) Robert Karen, *Becoming Attached: First Relationships and How They Shape Our Capacity to Love* (New York: Oxford University Press, 1998), 339.

13) Sears and Sears, *The Attachment Parenting Book*, 53.

14) American Academy of Pediatrics, policy statement, "Breastfeeding and the Use of Human Milk," *Pediatrics* 115 (2005): 496–506.

15) Sears and Sears, *The Attachment Parenting Book*, 6.

16) Thomas Lewis, Fari Amini, and Richard Lannon, *A General Theory of Love* (New York: Vintage, 2001), 194.

17) Donald Winnicott, *The Child, the Family, and the Outside World*, 2nd ed. (Perseus Publishing, 1992).

18) Sears and Sears, *The Attachment Parenting Book*, 4, 82.

19) Robert S. Marvin and Preston A. Britner, "Normative Development: The Ontogeny of Attachment," in *Handbook of Attachment*, 2nd ed., 276.

7장 매달리는 여자, 달아나는 남자

1) David Schwab (psychotherapist and EFT-trained family counselor), interview with author, Rochester, New York, June 8, 2014.

2) Sue Johnson, *Hold Me Tight: Seven Conversations for a Lifetime of Love* (New York: Little, Brown and Company, 2008), 84.

3) Ibid., 6.

4) Ibid., 3.

5) Ibid., 47.

6) Ibid., 15.

7) Ibid., 253.

8) Coan quoted in ibid., 26.

9) Ibid., 24.

10) Ibid., 30.

11) Ibid., 254, 47.

12) Audrey Brassard and Susan M. Johnson, "Couple and Family Therapy: An Attachment Perspective," in *Handbook of Attachment: Theory, Research, and Clinical Applications*, 3rd ed., eds. Jude Cassidy and Phillip R. Shaver (New York: Guilford Press, 2016), 806.

13) Ibid., 7.

14) Ibid., 44.

15) Ibid., 47−48.

16) Susan M. Johnson et al., "Soothing the Threatened Brain: Leveraging Contact Comfort with Emotionally Focused Therapy," *PLOS ONE* 3, no. 8 (2013): e79314, accessed July 10, doi:10.1371/journal.pone.0079314.

17) Sue Johnson, "Soothing the Threatened Brain," YouTube video, posted December 10, 2013, www.youtube.com/watch?v=2J6B00d-8lw.

18) Gurit Birnbaum, "Attachment and Sexual Mating: The Joint Operation of Separate Motivational Systems," in *Handbook of Attachment*, 3rd ed., 464−83.

19) Mario Mikulincer and Phillip R. Shaver, *Attachment in Adulthood: Structure, Dynamics, and Change*, 2nd ed. (New York:Guilford Press, 2016), 338.

20) Ibid., 337−40.

8장 나의 친구, 나의 안전 기지

1) Mario Mikulincer and Phillip R. Shaver, *Attachment in Adulthood: Structure, Dynamics, and Change*, 2nd ed. (New York: Guilford Press, 2016), 54.

2) Mario Mikulincer et al., "Attachment, Caregiving, and Altruism: Boosting Attachment Security Increases Compassion and Helping," *Journal of Personality and Social Psychology* 89, no. 5 (2005): 817−39.

3) Wyndol Furman, "Working Models of Friendship," *Journal of Social and*

Personal Relationships 18, no.5 (2001): 583–602.

4) L. Alan Sroufe, "The Place of Attachment in Development," in *Handbook of Attachment*, 3rd ed., 1004.

5) Mikulincer and Shaver, *Attachment in Adulthood*, 297.

6) Ofra Mayseless and Miri Scharf, "Adolescents' Attachment Representations and Their Capacity for Intimacy in Close Relationships," *Journal of Research on Adolescence* 17, no.1 (2007): 26.

7) Chong Man Chow and Cin Cin Tan, "Attachment and Commitment in Dyadic Friendships: Mediating Roles of Satisfaction, Quality of Alternatives, and Investment Size," *Journal of Relationships Research* 4, e4 (2013): 1–11.

8) Ibid.

9) Vanessa M. Buote, Eileen Wood, and Michael Pratt, "Exploring Similarities and Differences Between Online and Offline Friendships: The Role of Attachment Style," *Computers in Human Behavior* 25 (2009): 560–67.

10) Yuthika U. Girme, et al., " 'All or Nothing': Attachment Avoidance and the Curvilinear Effects of Partner Support," *Journal of Personality and Social Psychology* 108, no. 3 (2015): 450–75.

11) Ibid., 452.

12) Ibid., 471.

13) 2017년 3월 2일 필자가 해리 리스와 개인적으로 연락을 주고받은 내용 중 일부이다.

9장 노화와 죽음 앞에서

1) Juliann Hobdy et al., "The Role of Attachment Style in Coping with Job Loss and the Empty Nest in Adulthood," *International Journal of Aging and Human Development* 65, no.4 (2007): 335–71, cited in Carol Magai, Maria Teresa Frias, and Phillip R. Shaver, "Attachment in Middle and Later Life," in *Handbook of Attachment: Theory, Research, and Clinical Applications*, 3rd ed., eds. Jude Cassidy and Phillip R. Shaver (New York: Guilford Press, 2016), 538.

2) Laura L. Carstensen, Derek M. Isaacowitz, Susan T. Charles, "Taking Time

Seriously: A Theory of Socioemotional Selectivity," *American Psychologist* 54, no. 3 (1999): 165–81.

3) R. Niko Verdecias et al., "Attachment Styles and Sleep Measures in a Community-Based Sample of Older Adults," *Sleep Medicine* 10, no. 6 (2009): 664–67. 또 다음을 보라. Cheryl L. Carmichael and Harry T. Reis, "Attachment, Sleep Quality, and Depressed Affect," *Health Psychology* 24, no. 5 (2005): 526–31.

4) Mario Mikulincer and Phillip R. Shaver, *Attachment in Adulthood: Structure, Dynamics, and Change*, 2nd ed. (New York: Guilford Press, 2016), 248, 251.

5) Ibid., 248.

6) Lynne C. Giles et al., "Effect of Social Networks on 10 Year Survival in Very Old Australians: The Australian Longitudinal Study of Aging," *Journal of Epidemiology and Community Health* 59 (2005): 574–79, cited in Magai, Frias, and Shaver, "Attachment in Middle and Later Life," in *Handbook of Attachment*, 3rd ed., 536.

7) Phillip R. Shaver and Mario Mikulincer, "Attachment in the Later Years: A Commentary," *Attachment & Human Development* 6, no. 4 (2004): 451–64.

8) Robert G. Maunder et al., "Physicians' Difficulty with Emergency Department Patients Is Related to Patients' Attachment Style," *Social Science & Medicine* 63, no. 2 (2006): 552–62.

9) Magai, Frias, and Shaver, "Attachment in Middle and Later Life," in *Handbook of Attachment*, 3rd ed., 545.

10) Ibid.

11) Ibid., 543.

12) Ibid., 545–48.

13) Shaver and Mikulincer, "Attachment in the Later Years," 461.

14) Mikulincer and Shaver, *Attachment in Adulthood*, 2nd ed., 215.

15) Ibid.,

16) Shaver and Mikulincer, "Attachment in the Later Years," 452.

17) Ibid., 453.

10장 역동적이고 만족스러운 일터의 비밀

1) Mario Mikulincer and Phillip R. Shaver, *Attachment in Adulthood: Structure, Dynamics, and Change*, 2nd ed. (New York: Guilford Press, 2016), 244.

2) Glenn I. Roisman, Mudita A. Bahadur, Harriet Oster, "Infant Attachment Security as a Discriminant Predictor of Career Development in Late Adolescence," *Journal of Adolescent Research* 15, no. 5 (2000): 531–45.

3) Mikulincer and Shaver, *Attachment in Adulthood*, 2nd ed., 241.

4) Ibid., 240, 241.

5) Ibid., 481.

6) "anger, disorganization, dishonesty, and despair": Ibid.

7) Ibid., 244.

8) Ibid.

9) Shiri Lavy, Tariv Bareli, and Tsachi Ein-Dor, "The Effects of Attachment Heterogeneity and Team Cohesion on Team Functioning," *Small Group Research* 46, no. 1 (2015): 35.

10) Mikulincer and Shaver, *Attachment in Adulthood*, 2nd ed., 245.

11) Hadassah Littman-Ovadia, Lior Oren, and Shiri Lavy, "Attachment and Autonomy in the Workplace: New Insights," *Journal of Career Assessment* 21, no. 4 (2013): 502–18. 또 다음도 보라. Patrice Wendling, "Attachment Styles Predict Workplace Behavior," *Clinical Psychiatry News* 38, no. 6 (June 2010): 10.

12) Lavy et al., "The Effects of Attachment Heterogeneity," 35.

13) Aharon Tziner et al., "Attachment to Work, Job Satisfaction and Work Centrality," *Leadership & Organization Development Journal* 35, no. 6 (2014): 560, 561.

14) Tsachi Ein-Dor, Mario Mikulincer, and Phillip R. Shaver, "Effective Reaction to Danger: Attachment Insecurities Predict Behavioral Reactions to an Experimentally Induced Threat Above and Beyond General Personality Traits," *Social Psychological and Personality Science* 2, no. 5 (2011): 467–73.

15) Tsachi Ein-Dor and Orgad Tal, "Scared Saviors: Evidence That People

High in Attachment Anxiety Are More Effective in Alerting Others to Threat," *European Journal of Social Psychology* 42, no. 6 (2012): 667–71.

16) Tsachi Ein-Dor and Adi Perry, "Full House of Fears: Evidence That People High in Attachment Anxiety Are More Accurate in Detecting Deceit," *Journal of Personality* 82, no. 2 (2014): 83–92.

17) Lavy et al., "The Effects of Attachment Heterogeneity," 31–32.

18) Ibid., 35.

19) Littman-Ovadia et al., "Attachment and Autonomy in the Workplace," 514.

20) Lavy et al., "The Effects of Attachment Heterogeneity," 27–49.

21) "Obamas Celebrate Small Business Saturday with Shopping Trip," YouTube video, filmed November 2015, posted November 28, 2015, www.youtube.com/watch?v=Pj17MXg7XKw.

11장 최고의 경기를 위해

1) Kelly A. Forrest, "Attachment and Attention in Sport," in *Journal of Clinical Sport Psychology* 2, no. 3 (2008): 243.

2) 2016년 10월 25일 엘리엇 뉴얼(Elliott Newell)이 필자에게 보내온 이메일에서 발췌했다.

3) Sam Carr, Attachment in Sport, Exercise and Wellness (London: Routledge, 2012), 107, quoting Rena L. Repetti, Shelley E. Taylor, and Teresa E. Seeman, "Risky Families: Family Social Environments and the Mental and Physical Health of Offspring," *Psychological Bulletin* 128, no. 2 (2002): 330–66.

4) Carr, *Attachment in Sport*, 112, and Elaine Scharfe and Deborah Eldredge, "Associations Between Attachment Representations and Health Behaviors in Late Adolescence," *Journal of Health Psychology* 6, no. 3 (2001): 295–307.

5) Pamela Meredith, Jenny Strong, and Judith A. Feeney, "Adult Attachment, Anxiety, and Pain Self-Efficacy as Predictors of Pain Intensity and Disability," Pain 123, nos. 1–2 (2006): 146–54. 또 다음을 보라. Zoe Chrisman-Miller, "Exercise Habits, Adult Attachment Styles, and HPA-Axis Hypersensitivity" (undergraduate thesis, Oregon State University

Honors College, Corvallis, 2015), ir.library.oregonstate.edu/xmlui/handle/1957/57896.

6) Carr, *Attachment in Sport*, 46–48.

7) Ibid., 60.

8) Ibid., 60–64.

9) Elliott Newell, "Using Attachment Theory to Better Understand Your Athletes," *Believe Platform*, 2015, believeperform.com/using-attachment-theory-to-better-understand-your-athletes/.

10) "Da'Sean Butler Knee Injury vs. Duke. Bob Huggins,"YouTube video, recorded on April 3, 2010, posted on February 12, 2012, www.youtube.com/watch?v=VtRJXLyS0_U.

11) "Bob Huggins," *Wikipedia*, accessed July 12, 2016, en.wikipedia.org/wiki/Bob_Huggins.

12) Louise Davis and Sophia Jowett, "Investigating the Interpersonal Dynamics Between Coaches and Athletes Based on Fundamental Principles of Attachment," *Journal of Clinical Sport Psychology* 4, no. 2 (2010): 126.

13) A. F. Frøyen and A. M. Pensgaard, "Relationship Quality in Elite Sport: The Perspective of Athletes and Coaches," *Norwegian School of Sport Sciences, Olympiatoppen*, accessed July 12, 2017, www.olympiatoppen.no/om_ olympiatoppen/aktuelt/media43113.media

14) Brandi Stupica, "Rounding the Bases with a Secure Base," *Attachment & Human Development* 18, no. 4 (2016): 373–90.

15) 2015년 6월 12일과 8월 8일에 브랜디 스튜피카(Brandi Stupica)와 필자가 개인적으로 주고받은 내용 중 일부이다.

16) Carr, *Attachment in Sport*, 83.

17) Ibid., 82.

18) Ibid., 86.

19) Forrest, "Attachment and Attention in Sport," 249–50.

12장 애착과 정치 리더

1) Mario Mikulincer and Phillip R. Shaver, *Attachment in Adulthood: Structure, Dynamics, and Change*, 2nd ed. (New York: Guilford Press,

2016), 480-82.

2) Tiffany Keller-Hansbrough, "The Construction of a Transformational Leader: Follower Attachment and Leadership Perceptions," *Journal of Applied Social Psychology* 42, no. 6 (2012): 1537.

3) Mikulincer and Shaver, *Attachment in Adulthood*, 2nd ed., 481.

4) Ibid., 482.

5) Evan Thomas, *Being Nixon: A Man Divided* (New York: Random House, 2015), 9.

6) 2015년 10월 3일 마리오 미컬린서(Mario Mikulincer)와 필자가 개인적으로 주고받은 이야기의 일부이다. 또한 어떤 사람이 자기 어머니를 '성인(聖人)'이라고 부르는 것에 관해서는 다음을 보라. Jude Cassidy, "Truth, Lies and Intimacy: An Attachment Perspective," *Attachment & Human Development* 3, no.2 (2001): 141.

7) Mikulincer and Shaver, *Attachment in Adulthood*, 2nd ed., 482.

8) Ibid., 442.

9) Christopher Weber and Christopher M. Federico, "Interpersonal Attachment and Patterns of Ideological Belief," *Political Psychology* 28, no. 4 (2007): 389-416, at 392.

10) 2015년 9월 9일 마리오 미컬린서와 필자가 개인적으로 주고받은 이야기.

11) 2015년 9월 8일 조슈아 하트(Joshua Hart)와 필자가 개인적으로 주고받은 이야기.

12) Weber and Federico, "Interpersonal Attachment and Patterns of Ideological Belief," 394.

13) Keller-Hansbrough, "The Construction of a Transformational Leader," 1533-49.

14) Erik Hesse, "The Adult Attachment Interview: Protocol, Method of Analysis, and Selected Empirical Studies: 1985-2015," in *Handbook of Attachment: Theory, Research, and Clinical Applications*, 3rd ed., eds. Jude Cassidy and Phillip R. Shaver (New York: Guilford Press, 2016), 555.

15) 쇼사나 링겔(Shoshana Ringel)은 '회피(avoidant)'보다 '무시(dismissive)'라는 말을 쓴다. 이 책에서는 '회피'라는 용어를 일관되게 씀으로써 일반 독자들을 위해 전문 용어를 단순화하는 쪽을 택했다.

16) Tsachi Ein-Dor et al., "Standoffish Perhaps, but Successful as Well," *Journal of Personality* 80, no.3 (2012): 749-68.

17) 다음 예를 보라. Frank Bruni, "Donald Trump's Demand for Love," *The New York Times*, November 22, 2016.

18) Mikulincer and Shaver, *Attachment in Adulthood*, 2nd ed., 480-82.

13장 세상에서 가장 안전한 피난처

1) Pehr Granqvist and Lee A. Kirkpatrick, "Attachment and Religious Representations and Behavior," in *Handbook of Attachment: Theory, Research, and Clinical Applications*, 3rd ed., eds. Jude Cassidy and Phillip R. Shaver (New York: Guilford Press, 2016), 918.

2) Ibid.

3) Bagher Ghobari Bonab, Maureen Miner, and Marie-Therese Proctor, "Attachment to God in Islamic Spirituality," *Journal of Muslim Mental Health* 7, no. 2 (2013):77, 99.

4) Lee A. Kirkpatrick, *Attachment, Evolution, and the Psychology of Religion* (New York: Guilford Press, 2005), 98.

5) Ibid., 55-74.

6) Ibid., 66.

7) Granqvist and Kirkpatrick, "Attachment and Religious Representations and Behavior," in *Handbook of Attachment*, 3rd ed., 921.

8) Bonab et al., "Attachment to God in Islamic Spirituality," 77, 99.

9) Kirkpatrick, *Attachment, Evolution, and the Psychology of Religion*, 92, citing Andrew Greeley, *The Catholic Myth: The Behavior and Beliefs of American Catholics* (New York: Touchstone, 1990), 252.

10) Maureen Orth, "How the Virgin Mary Became the World's Most Powerful Woman," *National Geographic*, December 2015, 36.

11) 히브리어로 된 신의 이름에 대한 설명은 2017년 1월 2일 랍비 데이비드 카츠 (David A. Katz)와 개인적으로 나눈 대화에서 큰 도움을 받았다.

12) Kirkpatrick, *Attachment, Evolution, and the Psychology of Religion*, 125-26.

13) Granqvist and Kirkpatrick, "Attachment and Religious Representations and

Behavior," in *Handbook of Attachment*, 3rd ed., 928.

14) Ibid., 923-30.

15) Ibid., 929.

16) Kirkpatrick, *Attachment, Evolution, and the Psychology of Religion*, 137, 134.

17) Ibid., 131. 같은 발견이 광신적 이교(異敎)로 이끌 수도 있음에 주목하라. 여러 연구에서 사이비 종교 집단의 구성원들은 부모와 관계가 어긋나 있고, 불행한 어린 시절을 보냈거나, 트라우마를 남긴 사건을 아동기에 경험했음을 인정했다.

18) Granqvist and Kirkpatrick, "Attachment and Religious Representations and Behavior," in *Handbook of Attachment*, 3rd ed., 929.

19) Ibid., 924.

20) Kirkpatrick, *Attachment, Evolution, and the Psychology of Religion*, 135.

21) Ibid., 135.

22) Granqvist and Kirkpatrick, "Attachment and Religious Representations and Behavior," in *Handbook of Attachment*, 3rd ed., 925.

23) Ibid.

24) "America's Changing Religious Landscape," Pew Research Center, May 21, 2015, www.pewforum.org/2015/05/12/americas-changing-religious-landscape.

에필로그

1) 2013년 1월 22일 메릴랜드주 볼티모어에서 열린 '서클 오브 시큐리티 페어런팅(Circle of Security Parenting)' 교육 중 글렌 쿠퍼가 한 말이다.

2) Ken Corvo and Ellen deLara, "Bowlby's Ghost: The Political and Moral Reverberations of Attachment Theory," *Attachment: New Directions in Psychotherapy and Relational Psychoanalysis* 4, no. 1 (2010): 63.

3) John Bowlby, *A Secure Base* (New York: Basic Books, 1988), 2.

4) Corvo and deLara, "Bowlby's Ghost," 65-6, citing Peggy Patten and Omar Benton Ricks, "Child CareQuality: An Overview for Parents," *ERIC Digest* (December 2000), eri.ed.gov/?id=ED447969.

5) Dante Cicchetti, Fred A. Rogosch, and Sheree L. Toth, "Fostering Secure

Attachment in Infants in Maltreating Families Through Preventive Interventions," *Development and Psychopathology* 18, no.3 (2006): 623 – 49.

6) Thomas Lewis, Fari Amini, and Richard Lannon, *A General Theory of Love* (New York: Vintage, 2001), 218.

7) Sue Johnson, *Hold Me Tight: Seven Conversations for a Lifetime of Love* (New York: Little, Brown and Company, 2008), 21.

8) 2015년 9월 8일 메릴랜드주 베세즈다에서 열린 '서클 오브 시큐리티 페어런팅' 교육 중 버트 파월(Bert Powell)이 한 말이다. 〈당신은 참 아름답군요(You Are So Beautiful)〉는 빌리 프레스턴(Billy Preston)과 브루스 피셔(Bruce Fisher)가 만든 노래다.

옮긴이_노지양

영어영문학과를 졸업하고 라디오 방송 작가로 일하다 번역가가 되었다. 《사나운 애착》, 《나쁜 페미니스트》, 《헝거》, 《트릭 미러》, 《케어》 등을 옮겼고, 에세이 《우리는 아름답게 어긋나지》(공저), 《먹고사는 게 전부가 아닌 날도 있어서》, 《오늘의 리듬》을 썼다.

애착 효과

2022년 7월 22일 초판 1쇄 발행
2025년 2월 14일 초판 2쇄 발행

- 지은이 ──────── 피터 로번하임
- 옮긴이 ──────── 노지양
- 펴낸이 ──────── 한예원
- 편집 ────────── 이승희, 양경아
- 본문 조판 ────── 성인기획
- 펴낸곳   교양인
  우 04015 서울 마포구 망원로6길 57 3층
  전화 : 02)2266-2776 팩스 : 02)2266-2771
  e-mail : gyoyangin@naver.com

ⓒ 교양인, 2022
ISBN 979-11-87064-86-2   03180